教育部人文社科规划基金项目
"政以养民：十八世纪社仓积贮研究"（20YJA770009）研究成果

政以养民：十八世纪社仓积贮研究

穆崟臣 著

黑龙江人民出版社

图书在版编目(CIP)数据

政以养民:十八世纪社仓积贮研究 / 穆崟臣 著.
—哈尔滨:黑龙江人民出版社,2022.1
ISBN 978 - 7 - 207 - 12664 - 1

Ⅰ.①政… Ⅱ.①穆… Ⅲ.①粮仓—经济制度—研究
中国—清代 Ⅳ.①F329.049

中国版本图书馆 CIP 数据核字(2022)第 017935 号

责任编辑:姚虹云
封面设计:佟 玉

政以养民:十八世纪社仓积贮研究

穆崟臣 著

出版发行	黑龙江人民出版社	
地 址	哈尔滨市南岗区宣庆小区 1 号楼	
网 址	www.hljrmcbs.com	
印 刷	哈尔滨博奇印刷有限公司	
开 本	787 毫米 × 1092 毫米	1/16
印 张	12.5	
字 数	248 千字	
版 次	2022 年 1 月第 1 版	
印 次	2022 年 1 月第 1 次印刷	
书 号	ISBN 978 - 7 - 207 - 12664 - 1	
定 价	59.00 元	

目　　录

绪　　论

一、选题意义

中国是一个古老的农业国家,亦是自然灾害频仍的国度,甚至被国外学者称为
"饥荒的国度"①。在古代传统社会里,"以农为本"实际上是"以粮为本"。粮食问
题为国计民生的第一要务。仓储思想及其实践有着悠久的历史,"议积贮者,自管
贾而降,论甚繁矣"②。是故,历朝历代无不把民食问题摆在治国安邦的重要位置,
洪范八政,以民食为先。与此同时,逐渐形成了旨在贮粮备荒的仓储制度,即通过
国家抑或是民间设立专门的粮仓,如常平仓、预备仓、社仓、义仓等,进行粮食的积
蓄,以便时遭灾祲之时,可以拨盈济虚,开仓赈恤,进而调控物价,稳定社会秩序。
质言之,仓储制度是历代基本的仓政之一,扮演着不可替代的角色,发挥着不可或
缺的作用。

社仓作为中国古代民间积粮备荒的一种仓储类型,历史悠久,发展曲折。其肇
端于隋朝开皇五年设置的义仓。南宋乾道年间,朱熹在吸收前代仓制经验教训的
基础上,与地方官绅一起建立社仓,并制定了详细的社仓事目,将这一荒政举措发
扬光大。社仓由于在仓政管理、谷本来源及分布设置等方面更加亲民,可补官仓之
不足,故受到历朝统治者的重视。迨至清代,社仓制度不断完备,日趋推广,渐成体

---

① 按:此语载于邓拓《中国救荒史》,北京:北京出版社,1998 年,第 1 页。
② [清]储大文:《积贮议》,载[清]贺长龄、魏源等辑《清经世文编》卷三十九《户政十四·
仓储上》,北京:中华书局,1992 年。

系,大致形成了直省设常平仓,乡村立社仓,市镇建义仓的仓储格局。清代是古代仓储发展的集大成时期,社仓在运行机制和经营效绩方面亦达到了前所未有的高度。

在中国历史的发展长河中,十八世纪无疑是一个独特的历史时期。时值康雍乾盛世,政治清明、经济繁荣、文化兴盛。但与此同时,清朝遇到了中国历代王朝都没有感受到的问题,即人口问题。面对日益严重的民食问题,清廷可谓是殚精竭虑,制定了诸多政策予以解决。积极推广社仓建设便是重要举措之一。通过对清代社仓的研究,可以反思古代国家在社会经济生活中的实际作用,并作出较为客观的评价。

因此,本书选取十八世纪社仓为研究对象,考察清代社仓积贮策略的演进,阐述社仓的具体运作,探究社仓所发挥的社会、经济职能,并以此为视角,透视国家和基层社会控制之间的关系,解析中国传统社会国家政策的作用。所以,本选题具有较强的学术意义。

当然,从事社仓研究亦有重要的现实意义。时至今日,仓储仍为救灾体系中不可或缺的一环,是社会保障事业的重要物质支撑。所以,洞悉社仓的微观运营和具体实践,不仅能加强对中国古代荒政的认识,亦可为当今的粮食储备制度、粮食流通的调解制度,甚至是社会保障等方面提供诸多有益的思考视角和宝贵的经验教训。

二、社仓研究的回顾与前瞻

(一)学术史检讨

社仓作为古代仓政、荒政的有机组成部分,在传统社会中发挥着重要作用,备受学术界的重视。学者们对其在政治、经济、社会等方面的影响给予了极大的关注。纵观学界关于社仓问题的论述,从研究时段和著述成果上看,大略可分为两个阶段。

1.社仓制度研究的滥觞

社仓研究最初是从仓储的整体面貌出发进行考察的。二十世纪二三十年代,便已出现较多讨论古代仓政方面的论著。最早涉及此领域的当为于树德,其文《我国古代之农荒预防策——常平仓、义仓和社仓（上、下）》①总结了历代仓储的备荒实效与经验教训，详细阐述了常平仓、社仓、义仓的历史沿革、仓储性质、三仓的差别与利弊，指出社仓虽为民间所有，但独立性仍显不足。此文是近代以来最早专门论及仓储的论文，亦标志着仓储制度研究的肇端。自此以后，古代仓政进入学者们的视野，相关论著相继涌现。林朴初《仓的研究》②一文，从制度史入手，考察了常平仓、义仓、社仓、惠民仓、丰储仓等，论述全面，见解独到。谷霁光《隋唐社仓制度与国家财政》③一文，讨论了隋唐时期社仓制度与社会救济、国家财政的关联，视角较为新颖。曲直生撰文论述中国粮食制度的演变、粮仓的功能，文章概述了社仓的沿革、变迁及经营不善的原因④。

此外，尚有其他学者撰文论述中国古代的仓储制度和荒政制度，诸如日本学者刚田巧《中国仓库制度之史的考察》⑤、刘广惠《中国历代仓库制度与现代农业仓库的推进》⑥、徐钟渭《中国历代之荒政制度》⑦、杨树贤《粮食问题下的仓储制度之研究》⑧、尚钦文《仓储制度的研究》⑨、刘中甫《中国粮仓之沿革及其将来》⑩、马鸿瑞《中国古代仓储制度》⑪、马文生《从谷贱粮荒谈到历史上的均输平粜政策及三仓制度》⑫等文章亦于社仓制度有所论及。

与此同时，有关历代荒政与仓政的学术著作陆续出现，较有影响的有冯柳堂著

---

①　于树德：《我国古代之农荒预防策——常平仓、义仓和社仓（上、下）》，《东方杂志》1921年第18卷第14、15号。

②　林朴初：《仓的研究》，《新生命月刊》1930年第3卷9号。

③　谷霁光：《隋唐社仓制度与国家财政》，《天津益世报史学》1936年9月11日。

④　曲直生：《中国粮食制度之演变》，《中农月刊》（粮食问题专号·上）1947年第8卷第11期。

⑤　[日]刚田巧撰，张汉译：《中国仓库制度之史的考察》，（南京）中国经济研究会主编《中国经济》（月刊）1934年第11期。

⑥　刘广惠：《中国历代仓库制度与现代农业仓库的推进》，《经理月刊》1936年第2卷第1期。

⑦　徐钟渭：《中国历代之荒政制度》，《经理月刊》1936年第2卷第1期。

⑧　杨树贤：《粮食问题下的仓储制度之研究》，《汗血月刊》1936年第6卷第6号。

⑨　尚钦文：《仓储制度的研究》，（南京）中国经济研究会主编：《中国经济》（月刊）1937年第5期。

⑩　刘中甫：《中国粮仓之沿革及其将来》，《粮政季刊》1947年第5、6期合刊。

⑪　马鸿瑞：《中国古代仓储制度》，《贵州经济建设月刊》1947年第2卷第3、4期合刊。

⑫　马文生：《从谷贱粮荒谈到历史上的均输平粜政策及三仓制度》，《新东方》（南京新东方社）1940年第2期。

的《中国历代民食政策》①，是书分为上下两卷，上卷自上古迄至明代，论述此期的民食政策、民食概况和仓储制度等问题，并单辟《社仓之推行及组织》一章，论述社仓的源流和朱子社仓之法。下卷专论清代，阐述其民食政策、农耕情况、仓储制度、粮食调节等，该书以略古详近为原则，引据史籍颇多，尤其是对清代的仓政、粮政论证精审，可资参阅；邓拓所著《中国救荒史》②，全书分为三编：历代灾荒的史实分析、历代救荒思想的发展、历代积极救荒的政策。在第三编中论述仓储政策时，具体讨论了仓储的种类和作用、仓储制度的利弊，指出社仓与义仓的不同之处，即社仓多由民间自营，谷本多是靠地方豪富或一般民家自动输供；郎擎霄所著《中国民食史》③，是书概述了历代粮食生产政策、流通政策、调剂政策、消费节约政策，其中简要叙及了社仓的沿革、性质和利弊问题，强调仓储实为良政，其弊病在体制之外；闻亦博《中国粮政史》④一书，共计九章，从粮食政策管理的角度来评析战国以前迄至民国时期的仓储制度之利弊，于社仓运营实况亦有简要论及，承认社仓虽存在诸多弊薮，但并非制度本身的不完善，而系管理人员的问题；于佑虞编著《中国仓储制度考》⑤一书是国内关于仓储制度研究的第一部专著，亦是关于古代仓储制度研究的阶段性总结，其在学术史上的意义自不待言。全书分绪论、分论和结论三章。首先，论述中国古代仓储制度的发展历史；其次，按朝代分别叙及常平仓、义仓及社仓的运作情况、利弊得失；最后，对历代仓储制度的经验作以总结。是著对社仓考证较为精详，指出世人多将社仓与义仓混为一谈，而实际上，义仓为富者救济贫民之机关，社仓乃农民未雨绸缪之措置，经由地方团体主持，用于备荒救急，借放米粮，固一纯粹之信用合作组织，两者之意义殊不相同。同时，于佑虞还论及了社仓买补之弊。总的来说，建国前有关社仓的论著一般篇幅较短，主要是从制度史的视角进行研究，且多为笼统概述，但对清代社仓研究筚路蓝缕的开创之功不可磨灭，亦为仓储制度的深入研究夯实了基础。

2. 社仓制度研究的发展与深化

二十世纪五十年代至七十年代，由于种种原因，科研缺乏理想的学术环境，对

① 冯柳堂：《中国历代民食政策史》，商务印书馆，1934年。按：本书所引是著系商务印书馆1998年重版本。
② 邓拓：《中国救荒史》，商务印书馆，1937年。按：本书所引是著系北京出版社1998年重版本。
③ 郎擎霄：《中国民食史》（新时代史地丛书），上海：商务印书馆，1934年。
④ 闻亦博：《中国粮政史》，上海：正中书局，1946年。
⑤ 于佑虞：《中国仓储制度考》（社会行政丛书·社会福利类），上海：正中书局，1948年。

古代仓储制度的研究趋于停顿,关于社仓的研究成果更是寥若晨星,仅有陈守实《我国历史上的义仓制度》①和郑昌淦、李华《我国古代备荒的理论和措施》②两篇论文略有涉及。值得注意的是,此期台湾学者萧公权系统研究了明清备荒仓储制度,其著《中国乡村:19世纪的专制统治》③,该书第五章《灾荒控制:社仓和其它仓储》专述清代仓储的救荒作用,分别阐述了常平仓、义仓与社仓的沿革和功能,并讨论了地方士绅和仓储系统的关系,他认为以常、义、社三仓为代表的仓储是一种灾荒时期的社会控制体系,与里甲制度、保甲制度及意识形态的控制同等重要,指出清廷即是通过地方仓储网络在灾祲时期以出粜、借贷抑或是无偿散放的形式将粮食提供给灾民,以便提高民众对抗自然灾害的能力,保证其纳税能力,进而达到控制社会秩序的目的。同时,本书还阐明清代备荒仓储系统在实际运转过程中存在着获取、分配、监督和指定管理人员四个方面的困难,其实际功效并没有达到朝廷控制灾荒的预期目的。萧公权先生关于清代仓储研究的视角、路径、观点对后来的学者对传统社会中仓储功能的认识产生了深远的影响,但有些论点尚需进一步商榷。

改革开放以降,学术界迎来了久违的春天,有关古代仓储的研究如雨后春笋般不断涌现。由于学术交流日益广泛,国外学者的研究理论与方法、学术体系与观点的逐渐引进,比如“社会保障”、“公共领域”、“市民社会”等概念的引入,有利于拓宽学术视野,开辟新的研究领域。所以,社仓制度的研究亦日渐发展与深化。这一阶段的社仓研究最为显著的特点是学者们关注的焦点各异和论证问题的视角新颖。

(1)从政治制度史的视角切入

以制度史为视角来研究社仓,即要探讨社仓制度的沿革与变迁,考察其创立、完善和衰败的过程,探索其因何而变、如何而变的动因,分析其利弊得失,阐述其性质与特点。实际上,这种研究一直是学者们考证问题的重要路径。

台湾学者梁庚尧《南宋的社仓》④一文,指出社仓为一种社会互助制度,朱熹创于福建崇安,其制远溯隋代义仓,近宗王安石青苗法,常年贷米收息,秋后加息偿还,贷本最初由国家的常平仓资助,后息米积累用作贷本,推广至全国后,发生各种

---

① 陈守实:《我国历史上的义仓制度》,《解放日报》1961年7月7日。

② 郑昌淦、李华:《我国古代备荒的理论和措施》,《人民日报》1965年12月7日。

③ Kung - chuan Hsiao, *Rural China: Imperial Control in the Nineteenth Century*, University of Washington Press, 1960, Chap. 5.

④ 梁庚尧:《南宋的社仓》,《史学评论》1982年第4期。

演变,或以田产作贷本,主要由乡居士人主持。日本学人户田欲司以黄震的广德军社仓改革为个案研究,对南宋社仓制度作了具体论述。① 张全明《社仓制与青苗法比较刍议》②一文指出社仓制为宋代荒时暴月平抑高利贷剥削、以利防灾救荒的改革措施,并考证了社仓建立的地点、社仓米粮的来源、管理与贷还办法,此文实际上对朱子社仓之法进行了较为深入的梳理。吴定安指出社仓之法是朱熹经世致用精神的重要体现。③ 许秀文撰文《浅议南宋社仓制度》④,指出正因朱熹创建社仓,中国古代常平仓、义仓和社仓三仓制度才告齐备。作为民办仓储的社仓是官办仓储的有力补充,在南宋基层社会的防灾备荒中,发挥了及时赈济、助民生存的重要作用。社仓制度的建立,促使中国古代的仓储制度在南宋时期发展到了一个更高的阶段,对后世的影响颇为深远。上述论著,在探讨社仓之法时多归于朱熹将其个人的思想推延至社会实践的结果。针对这一学界的倾向,美国亚利桑那州立大学田浩先生撰文《所谓"朱子的社仓"与当代道学社群和政府里的士大夫的关系》⑤,文章指出朱熹既不是社仓概念的首创之人,也不曾单凭个人力量完成对社仓的筹建。社仓的建造得益于在地方社区和道学群体中所形成的社会关系网和自发性团体的支持。虽然,在朱熹的时代,地方民人完全有可能不依赖朝廷支持,而独立建造社仓,但朱熹与政府官员的合作对于社仓的建造确实起着举足轻重的作用。段自成《明中后期社仓探析》⑥一文对明中后期社仓的推行情况、谷本来源、散敛制度、管理方式及其功用作了具体探讨,指出明代初期,社仓由官民共管,而到明中后期,社仓在前期经营的基础上有了新的发展,官府干预明显弱化,民间对社仓的掌控力开始逐步超过官方的控制力,而且社仓遍及全国城市乡村。荒年暴月期间,社仓在救饥和巩固统治方面发挥了不可替代的作用,成为各地备荒积谷的主要渠道之一。

随着古代仓储制度研究的深入,对清代社仓制度的探究逐渐进入学者的视野。林化《清代仓贮制度概述》⑦一文,考察了清代建仓积粮的时代背景、仓谷的

---

① [日]户田欲司:《黄震的广德军社仓改革——南宋社仓制度的再检讨》,《史林》1990 年第 73 卷第 1 期。

② 张全明:《社仓制与青苗法比较刍议》,《史学月刊》1994 年第 1 期。

③ 吴定安:《朱子社仓之法及其影响》,《江西社会科学》2000 年第 12 期。

④ 许秀文:《浅议南宋社仓制度》,《河北学刊》2007 年第 4 期。

⑤ [美]田浩(Hoyt Cleveland Tillman):《所谓"朱子的社仓"与当代道学社群和政府里的士大夫的关系》,《黄山学院学报》2004 年第 4 期。

⑥ 段自成:《明中后期社仓探析》,《中国史研究》1998 年第 2 期。

⑦ 林化:《清代仓贮制度概述》,《清史研究通讯》1987 年第 3 期。

来源途径、仓储的类型及衰落的情形。文中简要论及了清代社仓发展情形,指出社仓是非政府管理的民间粮仓,具有管理简便、赈灾及时的特点,可补官仓之不足,但容易出现借谷无还、绅衿冒领等弊端。侯寿昌利用中国历史第一档案馆藏财政类档案史料,对清代的仓储制度,主要是常平仓、社仓和义仓的兴衰利弊进行了分析,探讨了明清仓制的不同、清代粮仓的种类和仓制的实行,认为社仓属于民间自发的一种社会组织形式,清代社仓名为民办,实为官理。① 日本学者伊原弘介《清代社仓制度研究》②一文,具体、深入地考证了社仓制度在清代的运作。鲍晓娜《略论清代常平仓与社仓(义仓)之政》③一文对清代社仓制度作了初步探讨,文章指出清朝统治者十分重视仓储建设,经过康、雍、乾三代君主的努力,终于实现了常平仓的地方化和社仓的民间化。牛敬忠《清代常平仓、社仓制度初探》④一文,探索了社仓的兴衰过程,论述了其在清代社会经济生活、财政中所占的重要位置,并运用了社会学的随机抽样法,对清代社仓进行了量化研究。文章指出社仓是清代仓廪系统的重要组成部分,社仓的普遍建立是在雍正、乾隆朝完成的。康沛竹从仓储荒政入手,认为清代前期仓储起到一定的防备凶荒、稳定社会经济、巩固统治秩序的作用,降至晚清,随着王朝的衰落,仓储制度亦日益败坏,仓储日趋空虚,其积极作用便日渐削弱,乃至丧失。此文虽不专论社仓,但社仓是仓储制度的重要组成部分,其解释模式大致能看出社仓的发展历程。⑤ 白丽萍《试论清代社仓制度的演变》⑥一文,指出清代社仓的发展从时间上看呈现出明显的时段性特点,从初期的试行开始逐步发展,到乾隆时期达到顶峰,其后因种种因素影响,逐渐衰落,晚期又有短暂勃兴。从管理制度上看,朝廷倾向于官督民办,然而在如何解决社仓管理中官方干预过多以及贪污挪用、社谷借放涣散等问题上,似乎一直未找到好办法,这直接制约着社仓的发展及其作用的发挥。此文对清代社仓制度及其演变的阐述至为明晰。穆鉴臣《试论乾隆朝社仓的管理与运行制度》⑦一文,主要利用中国第一历史档案馆所藏的乾隆朝有关社仓建设的朱批奏折及其他文献资料,对乾隆朝社仓的管理与运行制度作了深入

① 侯寿昌:《清代仓储制度》,载《平准学刊》(第四辑·下),北京:光明日报出版社,1989年。

② 〔日〕伊原弘介:《清代社仓制度研究》,《明代史研究》1983年第11期。

③ 鲍晓娜:《略论清代常平仓与社仓(义仓)之政》,《光明日报》1987年11月11日。

④ 牛敬忠:《清代常平仓、社仓制度初探》,《内蒙古师范大学学报》1991年第2期。

⑤ 康沛竹:《清代仓储制度的衰败与饥荒》,《社会科学战线》1996年第3期。

⑥ 白丽萍:《试论清代社仓制度的演变》,《中南民族大学学报》2007年第1期。

⑦ 穆鉴臣:《试论乾隆朝社仓的管理与运行制度》,《满族研究》2008年第4期。

探究,阐述了社长的选任、社谷收支登记制度、社仓稽查制度,文章指出对清代社仓制度的认识,不能做静态的描述,应该做动态的理解,要放到历史的长河中与具体的历史场景中去考察。常建华《清康雍时期试行社仓新考》①一文综合性使用档案等清代官书资料,梳理康熙朝、雍正朝试行社仓的过程、基本制度、各省实践情况。文章认为康熙、雍正二帝试行社仓是民生政策的重要组成部分,是依据儒家传统政治文化的行政方式。

仓政不仅在制度层面上是传统社会的重要政策,亦是历代政府自身管理、调适与进行社会控制抑或说是社会管理的主要举措,关系到国家机器、官僚制度的正常有序的运转。近年来,有些学者把仓储制度与皇帝以及传统政治结合起来思考,即以政治史的视角把握仓储的建设与国家决策、政府角色联系起来,其研究视角令人耳目一新。陈桦《雍正帝与社仓》②一文,论述了雍正时期的社仓条例及相关政策。赵新安《雍正朝的社仓建设》③一文,主要利用《雍正朝汉文朱批奏折汇编》等文献资料,阐述了清廷建立社仓的原因、社仓的特点、社仓的发展、成效以及停滞的原因,文章指出终雍正一朝,虽制定了比较详备的社仓条例,并大力倡导,各省也或多或少地积贮了一些社谷。但从全国范围来看,成就并不理想,中原和江南的产粮省份,谷本容易筹集,成效还好一些,边远省区便比较差。杜玲《雍正时期社仓的设立:皇帝、官僚与民间》④一文另辟蹊径,把雍正朝的社仓建设纳入到更广泛的视野中进行讨论,分雍正帝的社仓政策、社仓建设中官僚的作为及与皇帝的互动、民间与社仓建设三个层面论述,文章认为雍正帝的社仓政策目标明确,轮廓清晰,推行得当。清廷意欲建立一个完善的民间仓储体系,以便削平丰年歉岁之间的食物供应波动,为日益增长的人口提供稳定可靠的食物保障,而这一切有赖于官方的倡导。在官方的动员下,民间有力之家通过谷本的捐输,推动了社仓的兴建。同时,此文指出民间动员也是社仓日常运行不可或缺的。

把仓储视为政府政策进行考察,进而讨论国家在社会经济生活中的作用也成为学者们研究仓政问题的视角。高王凌在探讨十八世纪的粮政、仓政时,提出了要对传统政府的角色进行重新反省的观点,指出清廷在粮政上存在一种全面包揽、一总解决的想法,这种想法与包括社仓在内的仓储建设的关系至为紧密。⑤ 台湾学者

---

① 常建华:《清康雍时期试行社仓新考》,《史学集刊》2018 年第 1 期。
② 陈桦:《雍正帝与社仓》,《清史研究通讯》1986 年第 4 期。
③ 赵新安:《雍正朝的社仓建设》,《史学集刊》1999 年第 3 期。
④ 杜玲:《雍正时期社仓的设立:皇帝、官僚与民间》,《北方论丛》2006 年第 6 期。
⑤ 高王凌:《活着的传统:十八世纪中国的经济发展和政府政策》,北京:北京大学出版社,2005 年。

李汾阳著有《清代仓储研究》①,是书为第一部系统论述清代仓储的学术专著,故多着些笔墨予以介绍。全书分绪论、清代仓储思想的源流与制度的传承、清代中央仓储制度的建立、清代中央区域的积储策略及其实行成效、清代各省区仓储体系的建构及其内容、地方积储的实行成效、清代中央与地方仓储系统的关系及其成效评估、结论等八章,是著主要是从政府政策的角度来探讨清代的仓储,认为清代前期的积储措施的运作在康熙与雍正朝,对于中国社会的安定繁荣与民众生活的改善,具有一定程度的辅助贡献。乾隆朝的仓储措施开始走向具体化,但是工作的结果,却因为无法突破传统的形式,面对社会新的挑战,而囿限于环境的困境之中。嘉庆、道光朝的仓储工作,因形势恶化,逐渐走向僵化,只能提供消极且幅度越来越小的工作内容,不但不能符合国家环境的需要和民众的实际需求,而且在社会功能上所扮演的角色也是日益减退。咸丰朝以降至于鼎革,中央政府不但失去了协调地方仓储的能力,更因河运的中断,对于京畿本身供需及中央仓储控制能力完全崩解。此书重要的学术贡献是详细地考证了清代的仓场衙门,用了三分之一强的篇幅论述其设置、执掌和弊端。全书实际上是以政略为中心来研究清代的仓储制度,其中第五章谈及了社仓的建立与发展,指出乾隆朝推行社仓的特点,即锐意革除社仓制度推行时的弊端,并针对官方和民间的关系予以改革和强化。同时,针对地域特性,改变以往全国一视同仁的建构方法,依照各地的特性,分别制定各省的社仓规范,希望借此建立乡里的仓储基础,但效果并未如预期。嘉庆以降,清代中央对于地方社仓制度,在态度上由积极的推展转向消极的维持现状。

　　近年来,还有学者把仓储制度与官僚制度、国家机器的运转结合起来讨论,于是将仓政的研究引向深入。魏丕信、王国斌、李中清、蒲德培等合作完成的有关清代仓储系统的学术著作《养民:1650—1850 年间中国的国营民仓系统》②,是书史料扎实,利用了清代的仓储类档案文献,通过仓储系统来透视清代官僚制度的运作,进而对传统政府的职能与角色重新反思与定位。此书实际上是对前揭萧公权观点的商榷。萧公权认为清代仓储从来没有得到很好的执行,其控制灾荒的作用并不显著。《养民》一书的第二部分由魏丕信执笔,他从清代档案文献中获得很多有关粮储数额和仓储管理方面的新资料,对清代的常平仓、义仓和社仓制度作了精妙的分析,且在粮储技术、计算方法、出纳盘查制度、化解亏空等方面作了很细致的实证

　　① 李汾阳:《清代仓储研究》(《近代中国史料丛刊三编》第 96 辑),台北:文海出版社,2006年。

　　② Pierre - Etienne Will & R. Bin Wong with James Lee contributions by Jean Oi,Peter Perdue,*Nourish the People:the State Civilian Granary System in China*,1650—1850,University of Michigan,1991.

研究。在魏丕信看来,地方仓储制度是清廷实现养民目标的一个重要措施,清代前期的政府保证了仓储制度在不同地区、不同部门之间,以及仓储制度与其他制度之间的高度协调。易言之,此期的政府有效地维持了庞大的仓储系统,表现出极高的效率,取得了令人惊叹的成就,反映了清代国家力量的强大。

(2)从区域社会史的角度探究

自从中国学术界引进了西方"国家"与"社会"二元对立的诠释框架以来,有些学者的研究视角便从作为上层的国家转向到以往被忽视的基层社会。所以,从区域社会史的角度来透视古代仓储制度日渐蔚为风气。社仓的研究亦进入了明清社会经济史特别是区域社会史研究的视野,诸多著述相继出现。

随着仓储研究的深入,社会学的方法与理论逐渐引入社仓制度的研究。张大鹏的《朱子社仓法的基本内容及其社会保障功能》①、张品端关于朱子社仓法的社会保障功能的系列论文,《朱子社仓法的社会保障功能》②、《从社仓法看朱熹的社会保障思想》③、《朱熹社仓法的基本内容及其社会保障作用》④,这些文章将社仓与社会保障结合起来考察,探讨了朱子社仓法的社会保障功能。日本学者星斌夫对社仓的保障功能的考察尤为精到。其著《中国の社会福祉の歴史》⑤,将社仓视为传统社会重要的福利政策,详细地考察了社仓制度的源流与嬗变,认为社仓在确保农业生产的正常进行和社会秩序的稳定方面起了不可忽视的作用。另著《中国社会福祉政策史の研究:清代の賑済仓を中心に》⑥具体梳理了清代仓储制度的沿革、相关仓储政策的制定与执行,并考察了各类仓储的运行情况和社会功能。

还有的学者以社仓与基层社会管理、控制关系为视角进行探索。汪火根《明代社仓的社会功能初探》⑦一文,认为社仓本来为积谷备荒所用的,但在推行过程中,社仓却与保甲乡约、社学、宗族等相互渗透,发挥着整合社区、维护社会基层稳定的功能。另文《明代仓政与基层社会控制——以预备仓和社仓为例》,重点考察了明代官方支配的预备仓和绅士主导的社仓在备荒赈灾中地位的变化,文章认为这种

① 张大鹏:《朱子社仓法的基本内容及其社会保障功能》,《中国农史》1990 年第 3 期。

② 张品端:《朱子社仓法的社会保障功能》,《福建论坛》1995 年第 6 期。

③ 张品端:《从社仓法看朱熹的社会保障思想》,《徽州师专学报》1997 年第 2 期。

④ 张品端:《朱熹社仓法的基本内容及其社会保障作用》,《中国社会科学院研究生院学报》2009 年第 3 期。

⑤ 星斌夫:《中国の社会福祉の歴史》,东京:山川出版社,1988 年。

⑥ 星斌夫:《中国社会福祉政策史の研究:清代の賑済仓を中心に》,东京:东京国书刊行会,1985 年。

⑦ 汪火根:《明代社仓的社会功能初探》,《湖北民族学院学报》2003 年第 4 期。

变化反映了中央政府与地方势力在基层社会控制权上的此消彼长。牛敬忠《清代常平仓、社仓的社会功能》①一文，探讨了清代常平仓、社仓在稳定社会秩序、维护农民最低程度的简单再生产及军事、社会福利、社会公益事业等方面的社会功能，并指出常平仓、社仓实质上是封建制度下的一种公共性实物积累，是封建政府对生产、分配过程施行的一种调节、控制措施，是存在于封建的小农经济基础之上的社会管理制度。张岩《论清代常平仓与相关类仓之关系》②一文，着重从制度上对清代常平仓、社仓和义仓三种仓制进行研究，并从起源、建仓方式、宗旨、管理方式、功能等方面分析了清代常平仓与社仓、义仓的关系，此文指出仓储制度能够起到保证社会的稳定发展和实现社会正常运转，争取最佳社会效果的作用，但仓储的首要任务是保障民生，其次才是社会调控。

　　受社会史研究领域"自下而上"和区域史研究取向的影响，对区域性社仓的考察成为仓政研究中的重要课题之一。倪根金《明代广东社仓义仓考》③一文，从社仓、义仓的建立分布、选址、仓谷来源、管理等方面对明代广东社仓、义仓做了全面论述与考证，文章指出明代广东社仓、义仓的分布在地域上呈现不平衡状，而且从管理运行上看，社仓制尚未制度化，并提出社仓是稳定社会的重要机制的论点。陈春声对清代广东社仓的研究颇具建树，撰文《清代广东社仓的组织与功能》④、《清代广东的社仓》⑤，系统论述了清代广东社仓的发展历程、设置、社谷来源、管理制度和社会功能等问题，并将仓储制度与基层社会控制结合起来考虑。其文指出社仓实际上是一种社会控制形式，其演变的过程从一个侧面体现了清廷对基层社会的控制权逐渐下移的趋势。此观点对后来地方仓储研究具有范式作用。

　　吴洪琳对清代陕西社仓的研究贡献很大，其文《论清代陕西社仓的区域性特征》⑥、《清代陕西社仓的经营管理》⑦，考察了清代陕西社仓的基本情况、区域性特征、经营特色，指出清代陕西社仓仓谷最主要的来源是用部分耗羡银采买，其规模较大，分布亦广，但由于地理等因素的限制，分布并不均衡，而且陕北、关中、陕南三个地区的社仓发展、衰落也呈现出不同的特征。刘永刚、饶赟在论述清代陕甘地区

---

①　牛敬忠：《清代常平仓、社仓的社会功能》，《内蒙古大学学报》1991 年第 1 期。

②　张岩：《论清代常平仓与相关类仓之关系》，《中国社会经济史研究》1998 年第 4 期。

③　倪根金：《明代广东社仓义仓考》，《广东史志》2002 年第 2 期。

④　陈春声：《清代广东社仓的组织与功能》，《学术研究》1990 年第 1 期。

⑤　陈春声：《清代广东的社仓——清代广东粮食储备研究之二》，载汤明檖、黄启臣主编《纪念梁方仲教授学术讨论会论文集》，广州：中山大学出版社，1990 年。

⑥　吴洪琳：《论清代陕西社仓的区域性特征》，《中国历史地理论丛》2001 年第 1 期。

⑦　吴洪琳：《清代陕西社仓的经营管理》，《陕西师范大学学报》2004 年第 2 期。

仓储制度时,对其地的社仓亦有探究。①

两湖地区作为清代重要粮仓之所,其社仓建设亦有学者专门讨论。姚建平《清代两湖地区社仓的管理及其与常平仓的关系》②一文,认为清代两湖地区社仓管理模式的一个重要特点是注意把社仓制度和保甲制度相结合,体现出经济手段和政治手段并重的基层控制理念。清代两湖社仓的运营有利于社会控制和社会稳定,在一定程度上具有整合社会意识形态、稳定基层秩序的功能。白丽萍对清代两湖地区社仓有系统深入的研究。其《清代两湖平原的社仓建设》③一文,考察了有清一代两湖地区的社仓的设置与分布、仓谷来源、仓政管理,并展示了社仓建设的时段性,指出了社仓在乡村、市镇、州县并立分布的特点,以及在管理制度上日渐合理化的趋势。其文《清代两湖平原的社仓与农村社会》④,论述了清代两湖平原社仓兴举的背景、进程、社仓的运营,并探讨了社仓与农村社会的关系。另文《清代长江中游地区义仓的设置、运营及与社仓的关系》⑤一文,关注于社义二仓之间的关系,在发展阶段、举办形式、管理、社会功能等方面考察了义仓与社仓的差别,认为二仓既互相补充,又有所区别,共同担负着基层社会救济的重任,并对地方社会产生着影响。

任吉东则以直隶省获鹿县为重点,考察了近代乡村社仓的组织与管理,用实证的方法,借助个案研究,分析解读传统社仓体系的管理与作用以及在近代乡村社会变迁过程中的传承与嬗变,从长时段勾画出社仓的发展历程和在乡村社会中发挥的重要作用⑥。黄鸿山、王卫平以江南地区为中心,考察了社仓的兴废及其原因⑦。段建宏、岳秀芝以晋东南为研究范围,分析了明清晋东南社仓、义仓设立的背景、时空分布、社会功能,认为明清时期晋东南社仓是全国社仓建设的一个缩影。社仓作

① 刘永刚、饶赟:《浅论清代陕甘地区仓储制度及其流变》,《延安大学学报》2008 年第 3 期。

② 姚建平:《清代两湖地区社仓的管理及其与常平仓的关系》,《社会科学辑刊》2003 年第 4 期。

③ 白丽萍:《清代两湖平原的社仓建设》,《武汉大学学报》2006 年第 1 期。

④ 白丽萍:《清代两湖平原的社仓与农村社会》,陈锋主编:《明清以来长江流域社会发展史论》,武汉:武汉大学出版社,2006 年,第 335—381 页。

⑤ 白丽萍:《清代长江中游地区义仓的设置、运营及与社仓的关系》,《江汉论坛》2008 年第 12 期。

⑥ 任吉东:《沿袭与嫁接:近代乡村社仓组织与管理——以直隶省获鹿县为例》,《南方论丛》2008 年第 3 期。

⑦ 黄鸿山、王卫平:《清代社仓的兴废及其原因——以江南地区为中心的考察》,《学海》2004 年第 1 期。

为一种重要的社会保障制度,在农村民众的生产、生活以及灾贫群体的救助方面都有着重要的意义,起到了"司乡之养事"的作用。① 陈建凯讨论了清代江西社仓的时空分布与运营,认为清代江西社仓在不同时段表现出不同的发展态势,康雍乾时期国家繁盛,统治者对社仓表现出极大热情,社仓建设风生水起;嘉道以后,国家衰弱动乱,社仓也随之毁坏废弃。②

(二)清代社仓研究尚需深入的问题

国内外学者于社仓研究的情况约略如上所述,几代学人相因相承,从政治制度史和区域社会史等不同视角进行考察,取得了丰硕的成果,不断地把社仓研究引向深入。近来阅读有关社仓的文献和相关论著,发现社仓研究尤其是十八世纪的社仓研究,并非题无剩义,且尚存很大的探究空间。质言之,尽管有关社仓的探讨取得很多成果,但尚有许多问题亦需深化。

第一,大部分学者在研究清代社仓制度时,重点往往集中在制度本身,多为静态的描述,只讨论社仓制度的历史沿革、社仓性质、社仓的功能等方面,但对社仓内部的具体运行机制的考察仍显不足。正如日本学者滨下武志所指出的,以往制度史研究混淆构造和运用两个概念,强调制度的结构,而轻视制度的来源以及运用,仓储的制度也概莫能外。③

第二,虽然区域社仓研究仍呈现方兴未艾的态势,但在考察地方社仓建设时,对国家决策、政府政策及帝国的官僚机制等问题缺乏应有的关注。学者们在偏重区域仓储研究时,忽视了主导社会政治经济发展的国家政治的运作、政府政策制定与执行等实政性问题。实际上,清代社仓研究要有所突破,必须"既关注大政制定的背景、经过等内容,又要探索其实际运作的各个环节,如皇权与官僚在政策推行中的关系变化、地方高级官员与中下级官员的态度反应、政策推行的方式、政策与基层民众产生的摩擦与融合(政策推行的社会效应,或言政策的渗透性)等等,凸显社会事务中的政府角色与作用问题"④。换言之,在研究清代社仓时,不能忽略清代积贮政略的考虑与相关制度、政策的探索。唯有如此,才能动态地理解社仓制度及其嬗变,并以此为视角,反思传统社会国家在社会经济生活中的角色和作用。

---

① 段建宏、岳秀芝:《明清晋东南社仓、义仓初探》,《唐都学刊》2010 年第 3 期。

② 陈建凯:《清代江西社仓的时空分布与运营》,《农业考古》2016 年第 3 期。

③ [日]滨下武志著,高淑娟、孙彬译:《中国近代经济史研究——清末海关财政与通商口岸市场圈·序》,南京:凤凰出版传媒集团、江苏人民出版社,2006 年,第 5 页。

④ 和卫国:《中国政治史研究的反思》,《北方民族大学学报》2009 年第 2 期。

第三,以往对清代社仓的研究倾向于宏观考察,但对社仓与基层社会的管理抑或是控制,社仓与宗族、士绅的关系等问题,都需要进一步考论。

三、研究思路、理论与方法

社仓是中国古代仓储制度的重要组成部分,与常平仓、义仓并称"三仓",其地位与作用于此可见一斑。本书主要依据清代仓储类档案史料,参酌其他官私文献,考察社仓制度的沿革,探索十八世纪社仓积储策略的演进,论述社仓的运营,并阐释社仓的功能。

在思考与写作过程中坚持的理论、方法有两点:

第一,坚持历史唯物主义和辩证唯物主义的原则,运用传统史学的研究方法,在充分占有史料的基础上进行课题研究。

第二,在论文具体写作过程中,需兼用历史学、政治经济学、社会学的理论与分析方法。

概而言之,本书尝试采取制度史与社会经济史相结合,微观考察与宏观论述相结合的方法,以十八世纪为考察时段,讨论清代的社仓制度及其运行,把社仓置于清朝政略之中,并以此为切入点,考虑国家在社会经济中所扮演的角色和政府政策所发挥的作用,进而反思清代中前期官僚机器运转的有效性,以便正确评估清朝的历史地位。

四、史料审读

"史料为史之组织细胞,史料不具或不确,则无复史之可言"[①]。历史研究的前提是占有大量的原始史料,在收集、爬梳史料的基础上进行综合分析研究,尽可能还原历史发展的本来面貌,揭示事实背后的深刻历史内涵与发展规律。历史研究要创新,需要发掘新史料,运用新的分析方法,唯有如此,才能提出新观点,推进学术研究的深入。新史料包括新近发现的和较少为学界利用的已有史料。清代档案史料浩如烟海,对于治清史者无疑是珍贵的资料宝库,也为高水平的研究提供了坚实的基础。

中国第一历史档案馆藏有大量关于清代仓储类的题本和奏折,于清代仓储制度史、农业经济史及区域社会史的研究具有很高的史料价值。其中关于清代社仓

---

① 梁启超:《中国历史研究法》,上海:上海古籍出版社,1998年,第40页。

的档案,基本保存完好,但没有被学界很好地运用。本选题将系统利用这批清代档案进行研究。

此外,《康熙朝汉文朱批奏折汇编》、《康熙朝满文朱批奏折全译》、《雍正朝汉文朱批奏折汇编》、《雍正朝满文朱批奏折全译》、《宫中档乾隆朝奏折》、各朝上谕档等档案史料在文中也大量引用。当然,考察此问题还要翻检起居注、历朝实录、圣训、会典(则例、事例)等文献史料。《皇清奏议》、《清经世文编》等,以及官员的文集、私人的笔记也是需要广泛搜集的文献。

本课题试图将制度史与社会史结合起来思考。所以,在具体论述过程中,尤其在考察区域社仓建设时,要大量引用地方志。作为地方性资料的方志是本研究的重要史料来源。

第一章　社仓制度的源流与传承

　　粮食安全关系到国家机器的正常运转和社会秩序的稳定与否,不仅是重大的政治问题,亦是重要的经济问题和社会问题。在传统农业社会中,历朝历代均把民食政策摆在治国安邦的重要位置,故有"洪范八政,食为政首"的说法,并逐渐形成了重视粮食储备的观念和思想。

第一节　粮食储备思想的积淀

　　中国粮食储备的思想与历史十分悠远,石器时代便出现了贮藏粮食的窖穴。商周以降,随着农业生产的发展和频仍的自然灾祲对民食的影响,重储思潮日趋兴起,仓储制度亦逐渐形成,积谷备荒的实践也渐次展开。先秦时期的统治者与思想家就已认识到粮食的战略性地位,并提出一些粮食储备的主张,如储粮备荒、积谷备战和积贮安民等思想。

　　古代中国是一个灾荒的国度,水、旱、蝗等灾害造成粮食减产,甚至绝收,辛勤耕作的民人时常艰于口食。是故,储粮备荒的主张便应运而生。

　　　　天有四殃,水旱饥荒,其至无时,非务积聚,何以备之。[1]

---

[1]　黄怀信、张懋镕、田旭东:《逸周书汇校集注》卷三《文传解》,上海:上海古籍出版社,1995年,第259页。(按:本书在第一次征引文献时注明版本,再次引用时不复标注。)

墨子曾说即便是上世之圣王,亦不能使五谷常收,旱水不至,故"仓无备粟,不可以待凶饥"①。管仲曾云:"飘风暴雨为民害,涸旱为民患,年谷不熟,岁饥籴贷贵,民疾疫,当此时也,民贫且罢。牧民者,发仓廪。"②这种储粮备荒的认识于仓储建设具有不可估量的指导意义。

粮食是关系"天下之大命"的重要战略物资,一定程度上决定着军事战争的胜负和国家的兴亡。周文王曾曰:"有十年之积者王,有五年之积者霸,无一年之积者亡。"③管子云:"民事农则田垦,田垦则粟多,粟多则国富,国富者兵强,兵强者战胜,战胜者地广","粟也者,民之所归也"④。商鞅提出了"农战兴国"的思想,"按兵而农,粟爵粟任,则国富"⑤。墨子认为,"凡五谷者,民之所仰也,君之所以为养也。故民无仰,则君无养;民无食,则不可事。故食不可不务也"⑥。凡此均系积谷备战、贮粮强国的思想。

"五谷食米,民之司命也"⑦,此语诠释了积粮对于治国安民的意义。管子曾把粮食的多寡与社会秩序的稳定结合起来论述,"上不利农则粟少,粟少则人贫,人贫则轻家,轻家则易去,易去则上令不能必行,上令不能必行,则禁不能必止"⑧。同时,其还将积贮粮食作为管理民众的重要举措,"凡有地牧民者,务在四时,守在仓廪"⑨。管子的粮食储备思想是先秦时期之集大成者,对后世的仓政起着范式作用。

此后贤君名相以及政治家、思想家对仓储粮食重要性的论述大略遵循上述路径。应该说,社仓制的肇始与此当有密切关联。

---

① [清]孙诒让撰,孙启治点校:《墨子闲诂》卷一《七患》,北京:中华书局《新编诸子集成》本,2001 年,第 28 页。

② 黎翔凤撰,梁运华整理:《管子校注》卷一六《小问》,北京:中华书局《新编诸子集成》本,2004 年,第 960 页。

③ 黄怀信、张懋镕、田旭东:《逸周书汇校集注》卷三《文传解》,上海:上海古籍出版社,1995 年,第 262—263 页。

④ 黎翔凤撰,梁运华整理:《管子校注》卷一五《治国》,北京:中华书局《新编诸子集成》本,2004 年,第 924、926 页。

⑤ 蒋礼鸿:《商君书锥指》卷一《去强》,北京:中华书局《新编诸子集成》本,1986 年,第 34 页。

⑥ [清]孙诒让撰,孙启治点校:《墨子闲诂》卷一《七患》,第 25 页。

⑦ 黎翔凤撰,梁运华整理:《管子校注》卷二二《国蓄》,第 1259 页。

⑧ 黎翔凤撰,梁运华整理:《管子校注》卷一五《治国》,第 927 页。

⑨ 黎翔凤撰,梁运华整理:《管子校注》卷一《牧民》,第 2 页。

第二节　社、仓释义与社仓制度的源流

一、多重内涵的"社"

"社"是一个古老且含义比较复杂的历史概念。自古便有学人讨论其源流与内涵，大略有三种释义。

"社"的本意指"地祇"，即土地神①。祭祀土地神的场所被称为"社"。《礼记·祭法》载："王为群姓立社，曰大社。王自为立社，曰王社。诸侯为百姓立社，曰国社。诸侯自为立社，曰侯社。大夫以下，成群立社，曰置社。"郑玄为之注云："群，众也。大夫以下，谓下至庶人也。大夫不得特立社，与民族居。百家以上则共立一社，今时里社是也。"孔颖达疏云："大社在库门之内之右"，"王社在大社之西"，"大夫以下，谓包士、庶。成群聚而居，其群众满百家以上，得立社，为众特置，故曰置社"，"大夫北面之臣，不得自专土地，故不得特立社，社以为民，故与民居。百家以上，则可以立社"。② 于此可见，上古时代民人聚居之地均有"社"的祭祀。不过由于后世私社的崛起，社神也因时代不同而发生诸多变化，甚至将宗族祠堂之神称为社神、社主，或者将地域内的先贤人格偶像化，进而流变为社神。这就使社的概念外延更加扩大。如传统的观念视国家、朝廷为社稷，有时也简称"社"。③

"社"的另一重要含义为基层聚落组织，即"里社"、"乡社"等。明末清初之际的思想家顾炎武认为社之名起于古之国社、里社，"故古人以乡为社"，他援引《管子》、《汉书·五行志》、《隋书·礼仪志》等典籍指出社的发展演变，"方六里名之曰社"，"旧制二十五家为一社，而民或十家、五家共为田社，是私社"，"百姓二十五家

---

① 按：著名文化人类学专家凌纯声对"社"的起源有不同见解，指出"社是一社群最原始祭神鬼的坛墠，凡上帝、天神、地祇及人鬼，无所不祭。后来社、祖分开，在祖庙以祭人鬼、祖先，再后郊祀又分立成为四郊，以祀上帝、天神和地祇。最后社以祀土神与谷神为主，故又可称为社稷"。详见凌纯声：《中国古代社之源流》，载《中央研究院民族学研究所集刊》（第17辑），1964年。

② 上引俱见[汉]郑玄注，[唐]孔颖达疏，龚抗云整理：《礼记正义》卷四六《祭法》，北京：北京大学出版社，1999年，第1304－1305页。

③ 参阅陈宝良：《中国的社与会》，杭州：浙江人民出版社，1996年，第1—2页。

为一社,其旧社及人稀者不限"。① 从历史的发展进程看,"社"作为一种乡村社会的组织单位的含义,迄至明清亦未为改变。

"社"还可指称信仰相同、志趣相投者结合而成的团体,如晋代的"莲社"、唐朝的"香山社"、宋时的"西湖诗社"、元代的"月泉吟社"、明代的各种"文社",时至清代,商业各行以社相称蔚然成风,如康熙年间,扬州称茶肆为"紫云社",称酒家为"青莲社",等等。②

此外,"社"尚有其他义涵。但本书所要探讨的社仓之"社"当指古代乡村基层行政地理单位。

二、"仓"的历史演变

作为储备粮食的"仓"与人类的历史一样悠久。早在原始农业时代人们便开始窖藏余粮,以应不时之需。据陕西省考古研究所杜葆仁先生的研究,新石器时代,生产水平有所提高,生活资料有比较可靠的来源,人们开始了定居生活,这时仓便出现了。不管是仰韶文化,还是龙山文化,在房子遗址周围常有储存东西的窖穴遗迹,其中有相当一部分窖穴是专为贮藏粮食而挖的。新石器时代藏粮窖穴的发现,说明了中国粮仓是随着农业生产的产生而出现的一种设施。另外,这一时期贮藏粮食的窖穴多密集地分布在一起,一个地方往往有数个或十数个,说明了这些窖穴内储的粮食是氏族公社公共所有的,大概是集中起来统一管理的。③ 此时储藏粮食的窖穴与后世的仓廒在形制上有很大的不同,但可视为仓的渊源。

夏商周三代已开始重视存储粮食,并建有地上储粮的仓。《尚书·大禹谟》载:"德惟善政,政在养民。水、火、金、木、土、谷惟修;正德、利用、厚生惟和。"④商纣王帝辛曾"厚赋税以实鹿台之钱,而盈巨桥之粟"⑤。西周时期,储粮备荒就受到了高度重视。《礼记·王制》云:"国无九年之蓄曰不足,无六年之蓄曰急,无三年之蓄曰国非其国也。三年耕,必有一年之食。九年耕,必有三年之食。"⑥据《周礼》记

---

① 上引俱见[清]顾炎武著,[清]黄汝成集释,秦克诚点校:《日知录集释》卷二二《社》,长沙:岳麓书社,1994年,第787页。

② 参阅陈宝良:《中国的社与会》,第4—5页。

③ 参阅杜葆仁:《我国粮仓的起源和发展》,《农业考古》1984年第2期。

④ [汉]孔安国撰,[唐]孔颖达疏,廖名春、陈明整理:《尚书正义》卷四《大禹谟》,北京:北京大学出版社,1999年,第88—89页。

⑤ [汉]司马迁:《史记》卷三《殷本记》,北京:中华书局,2019年。

⑥ [汉]郑玄注,[唐]孔颖达疏,龚抗云整理:《礼记正义》卷一二《王制》,第377页。

载,此时还设置了"遗人"、"廪人"、"仓人"执掌储粮事宜。遗人"掌邦之委积,以待施惠。乡里之委积,以恤民之艰厄;门关之委积,以养老孤;郊里之委积,以待宾客;野鄙之委积,以待羁旅;县都之委积,以待凶荒。"①。廪人"掌九谷之数,以待国之匪颁、周赐、稍食"②。仓人"掌粟入之藏,辨九谷之物,以待邦用。若谷不足,则止余法用;有余,则藏之,以待凶而颁之"③。先秦时期的"仓"及荒政措施成为后世常平仓、义仓、社仓制度的滥觞。

"仓"作为专门存储粮食的场所,很早便出现在古代文献之中。但相关名称很多,如廪、仓、囷、庾等单音词,还有仓廪、仓囷、仓庾、仓库等双音词。《诗经·小雅·莆田》载:"乃求千斯仓,乃求万斯箱。"④许慎对仓做出解释:"仓,谷藏也"。《诗·小雅·楚茨》曰:"我仓既盈,我庾维亿。"⑤据此可知,仓和庾还是有些差别的。《诗经·魏风·伐檀》有云:"不稼不穑,胡取禾三百囷兮?"⑥囷即圆仓也。作为粮仓的统称,"仓"与"廪"二名往往联用,如《荀子·王制》载:"将畜积并聚之于仓廪。"⑦可见,"廪"在形式上大略与"仓"是相同的。但蔡玄指出了两者的不同,"谷藏曰仓,米藏曰廪"⑧。学者孙机通过对文献的考辨,认为仓和廪同为方形,只是廪较仓为小,构筑也较为讲究。⑨之外,仓与囷亦有连用的情形,如《吕氏春秋·仲秋》有"修仓囷"的记载。囷与仓的区别大体在形制上,圆形曰囷,方形为仓。实际上,这些词汇在具体使用时,对则小区,散则义通。

三、社仓制度的渊源

学者们在探讨社仓之制时,均溯源至隋朝。社仓之名见诸文献起于隋代。隋

---

① ［汉］郑玄注,［唐］贾公彦疏,赵伯雄整理:《周礼注疏》卷十三《地官司徒·遗人》,北京:北京大学出版社,1999 年,第 344 页。

② ［汉］郑玄注,［唐］贾公彦疏,赵伯雄整理:《周礼注疏》卷一六《地官司徒·廪人》,第 424 页。

③ ［汉］郑玄注,［唐］贾公彦疏,赵伯雄整理:《周礼注疏》卷一六《地官司徒·仓人》,第 428 页。

④ 周振甫:《诗经译注》卷五《小雅·莆田》,北京:中华书局,2002 年,第 350 页。

⑤ 周振甫:《诗经译注》卷五《小雅·楚茨》,第 343 页。

⑥ 周振甫:《诗经译注》卷三《魏风·伐檀》,第 155 页。

⑦ ［清］王先谦撰,沈啸寰、王星贤点校:《荀子集解》卷五《王制篇》,北京:中华书局《新编诸子集成》本,1988 年,第 173 页。

⑧ ［汉］郑玄注,［唐］孔颖达疏,龚抗云整理:《礼记正义》卷一五《月令》,第 484 页。

⑨ 参阅孙机:《汉代物质文化资料图说》,北京:文物出版社,1991 年,第 207—208 页。

开皇五年(585 年)，工部尚书长孙平奏："古者三年耕，而余一年之积；九年作，而有三年之储。虽水旱为灾，人无菜色，皆由劝导有方，蓄积先备。请令诸州百姓及军人劝课当社共立义仓，收获之日，随其所得，劝课出粟及麦，于当社造仓窖贮之，即委社司执帐检校，每年收积勿使损败。若时或不熟，当社有饥馑者，即以此谷赈给。"[1]长孙平初步设计出的义仓经营模式：一是于当社建仓；二是随其所得劝课出粮；三是委任社司执帐检校。由此可见，义仓组织在其初兴阶段，在仓谷来源、仓址选择、劝谷途径、运营模式等方面都属于"取之于民，用之于民"的民间自救性仓储。是故，虽为义仓，因于当社立仓，可视为社仓的肇始。而且此时，社仓与义仓为混同相通的概念。如开皇十六年诏："秦、渭、河、廓、幽、陇、泾、宁、原、敷、丹、延、绥、银等州社仓，并于当县安置……社仓准上中下三等税，上户不过一石，中户不过七斗，下户不过四斗。"[2]是诏所提社仓即为之前的义仓。唐代尚书左丞戴胄也认为义社同义。贞观二年，其上言曰："隋开皇立制，天下之人节级输粟，名为社仓，终文皇代，得无饥馑。及大业中，国用不足，并取社仓以充官费，故至末途，无以支给。"[3]当然，社仓是否源于隋代，学界对此多有辨析。日本学者欠端实考证了义仓、社仓的区别：一是，仓址选择上的差别。义仓作为军事补给基地，多设于西北靠近战争的前沿地区，而社仓多建在山东、关中等地区；二系仓谷来源不尽相同。义仓依劝课，社仓则分等级；三为管理方式各异。义仓由官府管理，社仓则需民间自营。[4]

　　隋代以降及至南宋，社仓建设由于管理不善、经营不济等因素，其赈济效果并不理想。贞观初年，户部尚书韩仲良奏请天下州县置建义仓，使得义仓规模得以不断扩大[5]。唐代的义仓实际上已失去了社仓创建之本意。五代十国时期，政治分裂，社会动荡，社仓之法未遑制作。北宋虽有官员倡建社仓，并提出了经营办法，"每社有仓，各置守者，耆为输纳，官为籍记。岁凶，则出以赈民；藏之久，则又为立法，使新陈相登"，但因王安石阻挠，"遂不果行"。[6]

　　真正意义上的社仓直到南宋时期，在大儒朱熹等人的倡导下才获得一定程度的发展，并深刻影响了后世的社仓建设。

---

① 　[唐]魏征等：《隋书》卷二四《食货志》，北京：中华书局，2019 年。

② 　[唐]杜佑：《通典》卷一二《食货·轻重》，杭州：浙江古籍出版社，2000 年。

③ 　[后晋]刘昫等：《旧唐书》卷七〇《戴胄传》，北京：中华书局，2019 年。

④ 　参阅欠端实：《隋代の义仓について》，载《东方学》(第 52 辑)，1976 年。

⑤ 　关于唐代的仓储情况可参阅张弓著《唐代仓廪制度初探》相关章节，北京：中华书局，1986 年。

⑥ 　[宋]董煟撰，[元]张光大增修，[明]朱熊重订：《救荒活民书》，载李文海、夏明方主编《中国荒政全书》(第一辑)，北京：北京古籍出版社，2002 年，第 91—92 页。

第三节　清代以前社仓积贮概况

常平仓和义仓是元代主要的备荒仓储,社仓并未得到较大发展。明代前期,预备仓是地方最为重要的粮仓。所以,清代以前社仓积贮的情况,可资重点述及的时段实为南宋一代与明朝后期。

一、南宋的社仓

自常平、义仓立制之后,便成为统治者和思想家们心中最为合理有效的仓储制度。但官办常平仓和义仓在实际推行过程中出现的诸多弊数,促使有识之士对其制进行反思、整顿与完善。所谓的"朱子社仓法"①便应运而生,且使社仓制在南宋得以推广,并取得较好的社会效果。②

尽管建立社仓系统的功劳总是归于朱熹一人名下,但是实际上,在建造社仓的初始阶段,朱熹相对于他的同辈学人来说,扮演着一个次要的角色③。最早行社仓之制的系朱熹好友魏掞之,史有明文记载,"诸乡社仓自掞之始"④。绍兴二十年(1150 年),魏掞之在建宁府建阳县长滩铺设置社仓,遇歉收之年以谷贷民,不收谷息⑤。魏掞之建造社仓的举措给了朱熹诸多借鉴:

① 按:乾道七年(1171 年),朱熹在建宁府崇安县创办"五夫社仓",并在总结实践经验的基础上,制定了一个社仓具体运营的条规,即《社仓事目》,后人把《社仓事目》及"五夫社仓"经营管理办法统称"朱子社仓法"。

② 按:本书绪论部分已对学界有关朱子社仓之法的研究作了梳理,这亦是目前社仓研究成果最为突出的方面。迄今对南宋社仓论述最为全面、系统,且见解独到的当推台湾大学历史系梁庚尧教授,其文《南宋的社仓》考述了南宋社仓制的肇始、发展与演变。是文原载《史学评论》1982 年第 4 期,先后收入《宋代社会经济史论集》(下),台北:允晨文化实业公司,1997 年,以及陈国栋、罗彤华主编:《经济脉动》(台湾学者中国史研究论丛),北京:中国大百科全书出版社,2005 年。虽然学者们对朱子社仓法多有讨论,但此系本书整体思路的一部分,尚需概要述及。

③ 〔美〕田浩:《所谓"朱子的社仓"与当代道学社群和政府里的士大夫的关系》,《黄山学院学报》2004 年第 4 期。

④ 〔元〕脱脱:《宋史》卷四七五《魏掞之传》,北京:中华书局,2019 年。

⑤ 〔宋〕李心传:《建炎以来系年要录》卷一六一,绍兴二十年九月丙申,上海:上海古籍出版社,1992 年。

　　建阳之南,里曰招贤者三,地接顺昌、瓯宁之境,其陋多阻,而俗尤劲悍。往岁兵乱之余,粮莠不尽去,小遇饥馑,辄复相挺,群起肆暴,率不数岁一发。虽寻即夷灭无噍类,然愿民良族,晷刻之间,已不胜其惊扰矣。绍兴某年,岁适大祲,奸民处处群聚,饮博啸呼,若将以踵前事者。里中大怖,里之名士魏君元履为言于常平使者袁侯复一,得米若干斛以贷,于是物情大安,奸计自折。及秋将敛,元履又为请得筑仓长滩厩置之旁,以便输者,且为后日凶荒之备,毋数烦有司。自是岁小不登,即以告而发之,如是数年,三里之人始得饱食安居,以免于震扰夷灭之祸。而公私远近,无不阴受其赐……元履既没,官吏之职其事者,不能勤劳恭恪如元履之为,于是粟腐于仓,而民饥于室,或将发之,则上下请赇,为费已不赀矣……元履既为是役,而予亦为之于崇安,其规模大略仿元履,独岁贷收息为小异。元履常病予不当祖荆舒聚敛之余谋,而予亦每忧元履之粟久储速腐,惠既狭而将不久也。①

　　从上述记载不难看出,魏掞之设置社仓之目的是稳定因粮食问题所造成的动荡的社会秩序。其卒后,继之管理者不得其人,以至于丧失设置社仓的初衷,亦可推知,魏掞之所创设的社仓在其生前并未得到推广,社仓之制真正得以在全国颁行,实归功于朱熹。这亦是社仓之制始于朱熹看法的渊源。

　　在论述朱熹创建社仓得益于魏掞之启示的同时,有一点不应忽视,即朱熹对以往仓政和王安石常平新法的反思与扬弃。朱子十分重视历代的仓储制度,他曾指出:

　　予惟成周之制,县都各有委积,以待凶荒。而隋唐所谓社仓者,亦近古之良法也。今皆废矣,独常平义仓,尚有古法之遗意,然皆藏于州县,所恩不过市井惰游辈,至于深山长谷,力穑远输之民,则虽饥饿致死,而不能及也。又其为法太密,使吏之避事畏法者,视民之殍而不肯发,往往全其封鐍,递相传授,或至累数十年不一省。一旦甚不获已,然后发之,则已化为浮埃聚壤,而不可食矣。②

----

　　① 朱杰人、严佐之、刘永翔主编,戴扬本、曾抗美点校:《朱子全书·晦庵先生朱文公文集(五)》(第24册)卷七九《建宁府建阳县长滩社仓记》,上海:上海古籍出版社、合肥:安徽教育出版社,2002年,第3777—3779页。
　　② 朱杰人、严佐之、刘永翔主编,戴扬本、曾抗美点校:《朱子全书·晦庵先生朱文公文集(五)》(第24册)卷七七《建宁府崇安县五夫社仓记》,第3721—3722页。

于此可见,朱子社仓法实际上是在深刻反思常平仓、义仓等仓政存在的弊端和缺失以及继承前代仓储制度的合理因素的基础上提出的。

乾道四年(1168年),建宁府崇安县发生灾荒,其地民人大饥,饿莩遍地,距其境不足二十里的浦城县又发盗乱,社会失序,崇安为之震动,朱熹适居于崇安之开耀乡,于是与乡人刘如愚共同请府赈贷,得常平米六百石,赈恤乡里,以苏民困,社会秩序因此而恢复安宁。至冬,乡民归还谷米。翌年夏,朱熹等人又复请于府曰:

> 山谷细民无盖藏之积,新陈未接,虽乐岁不免出倍称之息贷食豪右,而官粟积于无用之地,后将红腐不复可食。愿自今以来,岁一敛散,既以纾民之急,又得易新以藏,俾愿贷者出息什二,又可以抑侥幸、广储蓄。即不欲者,勿强。岁或不幸,小饥则弛半息,大祲则尽蠲之,于以惠活鳏寡,塞祸乱源,甚大惠也,请著为例……粟分贮民家……为社仓以储之,不过出捐一岁之息,宜可办。沈公从之,且命以钱六万助其役。①

从此记可以看出,朱熹对于社仓的运营不主张无偿赈济,而倡行仓谷贷借敛散之法。社谷归仓时,他认为需要收取适度的低息,常年出息20%,小饥出息10%,灾祲年间免息,进而发挥"惠活鳏寡,塞祸乱源"的社会保障和安定社会秩序的功能。

淳熙八年(1181年)十一月,浙东遭灾,浙东提举朱熹负责救灾,并趁此机会上奏宋孝宗,陈述社仓创建经过、规约条法、成功经验:

> 臣所居建宁府崇安县开耀乡有社仓一所,系昨乾道四年,乡民艰食,本府给常平米六百石,委臣与土居朝奉郎刘如愚同共赈贷,至冬收到元米……每石量收息米二斗,自后逐年依此敛散。或遇少歉,即蠲其息之半,大歉则尽蠲之。至今十有四年,其支息米造成仓廒三间收贮,已将元米六百石纳还本府。其见管三千一百石,并是累年人户纳到息米,已申本府照会,将来依前敛散,更不收息,每石只收耗米三升……遇敛散时,即申府差员官一员监视出纳。以此之故,一乡四五十里之间,虽遇凶年,人不阙食。窃谓其法可以推广,行之他处,而法令无文,人情难强。妄意欲乞

---

① 朱杰人、严佐之、刘永翔主编,戴扬本、曾抗美点校:《朱子全书·晦庵先生朱文公文集(五)》(第24册)卷七七《建宁府崇安县五夫社仓记》,第3720—3721页。

圣慈特依议役体例,行下诸路州军,晓谕人户,有愿依此置立社仓者,州县量支常平米斛……每石收息二斗,仍差本乡土居或寄居官员士人有行义者,与本县官同共出纳。收到息米十倍本米之数,即送元米还官,却将息米敛散,每石只收耗米三升。其有富家情愿出米本者亦从其便,息米及数,亦当拨还。①

此议得到朝廷的支持,渐次施行。至此,社仓正式作为一项国家仓储制度,成为古代三仓的重要组成部分。

在探讨朱子社仓法时,有一点需要特别注意,即社仓的出现及其实践并非朱熹用一己之力,解一时之需,而是当时道学社群实施其社会政治理想的要求和反映。以朱熹为代表的道学家志在行"三代之政"、"禹稷之事"。《婺州金华县社仓记》便载有朱熹社会政治理想的诉求:"予惟有生之类,莫非同体,惟君子为能无有我之私以害之,故其爱人利物之心为无穷,特穷而在下,则禹稷之事有非其分之所得为者。然苟以其家之有余,而推之以与邻里乡党,则固吾圣人之所许,而未有害于不出其位之戒也。"②

从政治文化的角度来说,宋代儒家士大夫一共经历了三个发展阶段:第一阶段从宋初到仁宗朝,确立了"治道"的大方向,即重建一个以"三代"理想为依归的政治、社会秩序。因第一阶段的政治文化已臻成熟之境,儒家士大夫不但接受了重建"三代"秩序的理想,而且已自觉到这个任务必须由他们亲自承担起来。第二阶段政治文化的高潮则在熙宁变法。士大夫从"坐而言"转到"起而行"的时期。最初不同思想流派的士大夫都来支持王安石的新法,如此士大夫至少在理论上取得了"共定国是"、"同治天下"的合法权利。这是一个重大的突破,使士大夫的政治主体意识得以具体地落实在政治行动之中。第三阶段的政治文化,主要便是朱熹的时代,即以程朱为代表的"内圣"之学的介入,由"内圣"推至"外王",承接北宋诸贤的"回复三代之治"的衣钵,以"正心"、"修身"的内圣之学"以渐不以骤"地开出新的"外王"。③

梁庚尧先生整理了南宋社仓的分布及贷本来源情况。据其统计数据可知,社

①　朱杰人、严佐之、刘永翔主编,刘永翔、朱幼文点校:《朱子全书·晦庵先生朱文公文集(一)》(第20册)卷一三《辛丑延和奏札·四》,第649—650页。

②　朱杰人、严佐之、刘永翔主编,戴扬本、曾抗美点校:《朱子全书·晦庵先生朱文公文集(五)》(第24册)卷七九《婺州金华县社仓记》,第3776页。

③　参阅余英时:《朱熹的历史世界:宋代士大夫政治文化的研究(下)》,北京:生活·读书·新知三联书店,2004年,第409—423页。

仓广布于福建、两浙、江东、湖南、湖北、广南、淮南各地，可说是几乎遍布南宋各区。而各社仓的倡办人，如诸葛千能、张洽、李燔、赵师夏为朱熹门人，真德秀、赵景纬为朱熹再传弟子，万镇为三传弟子，魏了翁、李道传、李大有则为私淑朱熹之学者；其他如陆九韶为陆九渊的家兄，和朱熹是时相论学的好友，丰有俊为陆九渊门人，刘宰为张栻再传弟子，潘景宪为吕祖谦门人，也都是理学同道。① 可见，在推广社仓的过程中，朱熹无疑是最为重要的人物，也无怪一提及社仓，人们便不由自主地想到朱子。

正如有的学人指出，宋代的仓储制度继承了汉代的常平仓和隋代的义仓，设在城邑。南宋时创立的社仓，散在乡间。"社仓的出现弥补了常平仓和义仓救助范围只及城镇、不能遍及乡里的不足，使宋代救荒仓储的基本架构在前代的基础上更趋完善，尽管其在运行中出现了一些问题，但仍给予后世以巨大启迪，提供了更为实用的仿效成就，乃是不争的事实。"②

二、明代的社仓

有明一代，自然灾害较为严重，明朝在立国之初亦十分重视荒政建设，形成了一定规模的仓储体系。国家控制的粮仓大略有两种：一是用作军队饷粮、官僚禄米、王室享用粮的储备仓，即京通二仓；二为与漕粮运输制度紧密相关的专门作转运漕粮的水次仓。地方粮仓则由各王府的私家粮仓、官办的预备仓③、民办的社仓等构成。

明代社仓建设肇端于宣德、正统之际。章懋曾云："宣正以来，岁或不收，而生灵嗷嗷，无所仰给。朝廷始用之议，令天下郡县，劝募富人入粟于官，以为荒备。其输粟至千石者，赐以玺书，旌为义民。时无锡薛候理常，乃作大仓于县城之南数里，

---

① 参阅梁庚尧：《南宋的农村经济》，北京：新星出版社，2006 年，第 243 页。
② 许秀文：《浅议南宋社仓制度》，《河北学刊》2007 年第 4 期。
③ 按：有些学者指出明代的预备仓即是古之常平仓。陈关龙对此有所辩证，认为预备仓吸收了历代备荒仓储的经验，是一种集农村借贷和救灾保险为一体的社会制度实施。如果从积蓄来源，特别是从放支形式来考察，它大体经过了三次大的演变。第一次是在明前期，积谷来源于政府拨款和义捐，管理上采取官督民办，支放主要采取借贷的形式；第二次是明中期以后，主要靠政府采买充实粮仓，支放则采取赈粜形式，但由于吏治腐败，谷仓常空，到万历年间，预备仓几乎名存实亡；第三次变动正是万历以后，由于积谷标准大为降低，特别是科罚管理不严，徒有预备仓之名。参阅陈关龙：《论明代的备荒仓储制度》，《求索》1991 年第 5 期。

仓岭之下,储谷以万计,又谓之义民仓。"①于此可见,明代社仓萌生于宣、正年间。

明代社仓记录见诸文献记载乃出现于正统元年(1636 年)。是年七月,顺天府推官徐郁上疏奏言四事,其一建议有司增设社仓,"建立义仓,本以济民,然一县止一二所,民居星散,赈给之际,追乎拘集,动淹旬月,不免饿莩,乞令所在有司,增设社仓,仍取宋儒朱熹之法,参酌时宜,定为规画,以时敛散,庶荒岁有备而无患"②。虽其言甚切,但并没有被广泛采纳,且有质疑之声。靳学颜指出兴办社仓之弊,"社仓举之甚易而效甚捷,然非官府主持于上,则其事终不能成矣……言社仓者,此曰官户,当优免我也。彼日召役,何科扰我也!又田多者,曰我不愿赈于后,亦不愿出于今也。如是,不过贫民下户之输,无几矣"③。

嘉靖八年(1529 年),兵部侍郎王廷相奏请将义仓贮之里社,定为规式:

> 乃令各抚、按设社仓。令民二三十家为一社,择家殷实而有行义者一人为社首,处事公平者一人为社正,能书算者一人为社副,每朔望会集,别户上中下,出米四斗至一斗有差,斗加耗五合,上户主其事。年饥,上户不足者量贷,稔岁还仓。中下户酌量振给,不还仓。有司造册送抚、按,岁一察核。仓虚,罚社首出一岁之米。其法颇善,然其后无力行者。④

这是明廷要求令各地抚按办理社制,创办社仓的诏令。规定了社正、社副的择任标准,仓谷的敛散办法以及仓政的运营方式。

当然此令的颁行抑或说社仓建设之所以在明中后期受到重视,有其特殊的历史背景:官办官营的预备仓管理混乱,仓谷多被侵盗、挪用,逐渐走向衰败,预备仓已不能承担积谷备赈的重任,社仓渐次兴起;天灾兵祸却日益频繁,饥荒引发的社会危机迫使统治阶级重视社仓建设。明中后期,由于国家财政日益困难,预备仓政逐渐废弛,使得名称杂异的社仓在明中后期异军突起。有的地方设乡会仓,有的地方建保赤仓,有的地方兴义仓,有的地方立翼富仓。虽名称不同,但其实一样。明中期,一些州县的乡村已遍设社仓。这种发展势头一直持续到明朝末年。⑤

---

① [明]章懋:《兰溪县新迁预备仓记》,载[明]陈子龙、徐孚远、宋征璧等辑《明经世文编》卷九五,北京:中华书局,1962 年。

② 《明英宗实录》卷二○,正统元年秋七月庚戌,台湾"中研院史语所"校勘本。

③ [明]靳学颜:《讲求财用疏》,载[明]陈子龙、徐孚远、宋征璧等辑《明经世文编》卷二九九。

④ [清]张廷玉:《明史》卷七九《食货志·三》,北京:中华书局,2019 年。

⑤ 参阅段自成:《明中后期社仓探析》,《中国史研究》1998 年第 2 期。

从张朝瑞的《社仓议》、汪道亨的《修举社仓事宜》、沈鲤的《社仓条议》、蔡懋德的《修复社仓议》等有关社仓的议论,可以窥见明代后期社仓经营的大略发展,兹择要录后,以观其概。

(一)张朝瑞①之《社仓议》。

张朝瑞认为社仓之制乃古人良法。在民为邦本,食为民天社会里,水旱凶荒不时而至,官仓积谷有限,备荒善策必须参酌社仓事宜,倡议各保甲、乡约创立社仓,诚心劝谕各村士民,使其咸知倡建社仓之利,以期民人情愿出谷,并制定了一些旌奖标准。如此日积月累,则以一村之粮,足以赡养一村之民。青黄不接之时,出放社谷,归谷时加息十二,小饥减半,大饥全部蠲免。大稔年景,令各村权宜添入。同时,他担心推行过程中出现的奸民负骗、官司挪移等弊端,建议府县颁给印文簿于乡约正副,每岁进行稽查。每年于本乡选择一位公直殷实者管理社仓,并免其火夫丁差,以示酬劝。这样即便遇有水旱灾荒,以此之谷加之官谷共同赈恤,则贫者不患艰食,富者免于劝借,盗贼亦可因之匿迹,社会秩序得以安宁。基于此,张朝瑞制定了社仓运行的具体办法②:

> 一、社仓之设,本以为一乡也。谷以义名,则当以义相先,斯为善俗……大凡当秋熟之时,或每亩量出谷半升,或通乡各户,富者以石计,贫者以升斗计,俱报数,约正副登簿,保长收入社仓。每春有阙食者,量准借与,就于保长处会同约正副,批立合同,登记簿籍。秋收之日,加息二分纳还。但借谷者,亦不得多至十石以外。
>
> 一、每遇年荒,大户例有劝借。盖官谷有限,各村又无义谷故也……且尚义出谷,而使本乡之人俱感其惠,亦处富和邻之一道也。不然,富本众所忌也,积心悭吝,因之阻坏义举,设遇凶荒宁能独保其富哉?
>
> 一、出谷虽非贫者之事,而岁时丰稔,或一斗,或二三斗亦可,量力出办,准与荒年揭借义谷,亦有数倍之利。若丰收之年,斗谷不肯出者,荒歉

---

① 按:张朝瑞,字子祯,明海州(今连云港)人。历任鹿邑(今河南开封市)县令、金华府知府、杭嘉湖参政、大鸿胪寺卿。故后,朝廷追谥为"清格"。著有《孔门传道录》、《禹贡本末》、《皇明贡举考》、《南国贤书》、《宋登科录》、《金华荒政志》、《崇正书院志》、《邹鲁水利记》、《常平仓记》等书。

② [明]张朝瑞《社仓议》所述及的具体举措载于[清]俞森:《社仓考》,载李文海、夏明方主编《中国荒政全书》(第二辑第一卷),北京:北京古籍出版社,2004年,第108-109页。

之年,义谷官粮俱不准与。

一、各乡旧有土神庙,即有社祭之礼,但俗尚奢侈,因而迎神赛会,花费不赀,不特亵渎神明,幽有鬼责,致怠事端且,明有人非,从今乡约举行,一切禁止,或有情愿施舍,冀神佑助,即宜准作香钱,自家告诸神明,登记乡约簿,积为义谷,以济人贫,难岂不神人两得之乎……或有贫不能存,丧不能举者,亦于义谷内量给以助之,会众公议而后动支,各明白登簿,以备稽查,毋得循私滥支冒破。

一、各村纳谷,或社仓未备,权借民间空房收贮,待置仓后再行收入,或乡村空旷,苦于看守,不愿立仓者,即公议积贮,亦从其便。

一、给借固贵均平,亦虑陷失谷。本每年支借之时,须会众公议,量其可借,方准托保借与。敢有轻借游手无赖之人,以致负骗,及强梁奸贪之徒以市私恩,俱于收管人名下追赔。其收管人,敢有捏开花名私取规利者,众共呈官追罚。若出入公明,每年亦宜量给,以酬收管之劳。

(二)汪道亨之《修举社仓事宜》

汪道亨所拟修举社仓的事宜较张朝瑞更为具体详备。包括议本谷、议罚谷、议仓庾、议收掌、议稽核、议社学等十二个小项。实际上,大略可归纳为社谷的收敛、仓庾的修建、仓政的运行等三个方面①。

1. 社谷来源

汪道亨所议社仓来源分为本谷、义谷、罚谷三类。本谷收集办法较为具体,本社集社长、社副、社众开会商议,按贫富、人口多寡,将户分为三等,每等开列三则。每月约定会议一次,上上户,每会一石,上中户六斗,上下户四斗,中上户三斗,中中户二斗,中下户一斗,下户则无需纳谷。假若有家道殷实,却毫无斗谷入仓者,即书其名加以"顽吝"二字贴于社仓之内,一旦遇有荒歉,官谷、社谷,俱不准借贷。如果乡村隘小,户口不能分为三等,等不能列三则者,则权宜酌量减损。

义谷为富而有德之人在本谷之外捐输之谷。汪道亨为此特意制定了奖赏之法:"输二石入仓者,纪善一次……三十石者,纪三大善,州县掌印官奖赏;输五十石以上者,该府暨州县送匾,书'好义'二字;输百石以上者,本道送匾,书'施仁'二

---

① 下文所述[明]汪道亨《修举社仓事宜》提及的具体措施均载于[清]俞森:《社仓考》,载李文海、夏明方主编《中国荒政全书》(第二辑第一卷),第110-113页。

字,照例给与冠带;输至二百石以上者,准给冠带优礼,本道及两司送匾,书'乐善'二字,其输四百石以上者,申请两院送匾,书'积德'二字,给与冠带,仍优免杂泛差役,犯罪不许加刑。此外,若输粟八百石以上者,申请两院照例奏请,竖坊表里。"

罚谷大略为经乡约正、副和地方有司对没经法律程序而处理争讼等事件过程中酌量惩罚当事人所纳之谷,此谷须输之该社,登簿备查。

息谷为社仓之谷出陈易新之时,借贷之人归谷时所加息缴纳的粮食。

2. 聚议仓庾

在注重以上四等仓谷收贮仓庾之法的同时,汪道亨还强调须查各处旧有仓廪。狭小僻远的仓址需设法增加房屋,假借他处的临时仓房亦相应择地建造。凡是修建仓屋之地,四围须空旷无物,不能靠近居民烟火。如其有与之相近者,须买砖堆砌以备不虞。建仓所需费用俱于社谷内取之。若有尚义之士单独承担此费用,地方有司重加奖赏。"其平素无仓地方,若新敛有谷,或于各乡约宽余处所寄囤,或各乡约所有空居,即度其值易买,俾乡约社仓合置一处尤便。或借废寺庙庵观暂贮,俟谷积果多,则公议扣谷建仓。凡有人乐助者,或银谷,或木石,随意多寡,俱登记于簿,勒石垂名……该州县将总数报之府州,以便稽察。"

3. 社仓运营之法

汪道亨所拟修举社仓运营之法包括息谷收纳、社谷出纳、社仓管理、社仓稽查等方面。

社仓建置初年,谷本尚属无多,出借仓谷归仓之时,每石取息谷二斗,但时值稍歉之年,则减半收取,只收一斗。社仓兴办三年之后,谷本逐渐丰裕,每石取息一斗,若遇小歉,止取五升息谷,大祲之岁,则尽免其息。与此同时,汪道亨还制定了到期不还息谷的惩处办法。凡借谷民户,如果过时不还,或以湿恶不堪之谷归仓,扭送官府重加治罪,以后不再借予。息谷收纳办法大略如此。

至于仓谷出借之时,须会同集议,考虑其是否具有偿还能力,方准借贷,如游手无赖、刁顽无信、强豪不驯之人,不得轻易借与,"如或轻与,以致负骗者,俱在保人及收管人名下追赔。收管之人,捏开诡名冒领私取规利者,许人评告,另行追罚,每放借完日,即将本社中下人户支借过谷石若干,应该息谷若干,一一登簿,以便稽考,余谷收贮,不得混支升合,每年终结算,出入明白,给与收管人一石,以偿其功"。

凡遇大祲之年,官府行赈之时,上等人户尚可自给,中下等之民户,可照所输谷原数,听其分别领取。非凶荒之年,则不许支借。本谷之外,尚有义、罚、息等谷,社长等人集体商议,"量本社应存若干以防后日,应赈若干以救目前,分数议定,而后开仓"。其平时施谷入仓，先上上户，依次至中下户而止。其凶年赈谷，则先下下户，依次至中上户而止。民户之中，"有先富而后贫者准赈，先贫而后富者不准赈，其年力强壮能为人营运及堪为人佣，社中有兴作者收之，给与工食佣工。有力强而不为佣，不事生业，坐以待赈者，赈凡二次即止。其分赈宜常留赢余，以备后赈"。

仓政的管理系于社长。社仓之收掌出入，当立社长掌管。社长选任最好以本处德高望重的长者为主，倘若兼为家资殷实之人为之则更好。此外，亦可以约正、保正为之。凡社仓经理之事务皆听其裁决。同时，尚需立社副二人，以年富力强且德行才能服众者为之，或以约讲、约副、保副等人为之，以收相互制衡之效。当然，社长与社副是有权责分工的。"社长专管封锁，社副二人，一管出簿，一管入簿"之外，立社杰二人或四人，以壮年公直且有才干者充任。社杰诸人俱从社长、社副指派。既立诸人之后，"须置社谷出入二簿，先将各户输谷登记入簿内，待出放之时，仍将各户借过若干数目登记出簿内，造完送官查验，印发本社，待后照数催收"。社仓日常管理的费用，如纸札、修整仓厫、书算、守仓人等茶食工费、春秋送报应办仪馔等花销，"俱各订为定式，使不丰不俭，经久可行。或所用反过于所积，或所积仅供其所用，则非立法之意，预备储蓄之策矣，务宜斟酌"。

社仓设立后，还需人看守，以防偷盗。看管之人或社长或社副或社杰等人，皆以居住之地是否靠近社仓为准。如果上述人等俱不临近仓厫，则宜另立社直数名，"或以本地人夫轮流值日，或换甲选择，一季一换，俱听便酌处"。当然这些举措，都不如于社仓之旁，设立社学，令子弟在校读书，"则莫非看守之人，不必更立社直矣。务须加意防闲，不致疏虞为要。"社仓虽置典守，为防奸民侵渔之弊，尚须严加稽核。但若经由官府逐一盘查，则必成为累民之举。不如免其稽查，只于本府管粮厅置循环簿二册，所辖各州县把"每年五月将放过若干，十二月将收过若干，赴厅倒换备查。各仓放出收完，俱报本州县。其余出入，民自收掌。官司或因路便，或出不意抽查，以革奸弊。其经管之人，如果公勤谨慎，众所悦服，增息谷至三百石以上者，禀官旌奖，其有侵欺及借贷之人负捃互相容隐者，许诸人指名首告，官司著实查追，不得姑息。"

汪道亨开列的修举社仓事宜最具特点的是推恩与社学两项。社仓行至三年以后，社谷已有赢余，凡社中贫士、孝子、顺孙、宗族亲戚不能维持生计之人，或没有能力操办婚丧嫁娶者，以及孀守多年的节妇等乏者，"俱听社长等酌议周恤，登簿报官，不许徇私冒滥"。为兴教化，原无社学之处，社长等人须共同酌议，于公众地亩置建社学，亦参照社仓出谷事例，"劝谕众人随力乐助，或待社仓行久，以义、息等谷创立。建立之后，即报州县，亦顺里挨甲编号置匾，书写'某字号社学'悬挂馆门"。诚如于佑虞所论："汪氏之社仓事宜,可与朱氏社仓事目比照。而汪氏之推恩、社学两项,虽超出一般民食以外,而教养兼施,诚为吾国救济制度放一异彩也。"①

(三)沈鲤②《社仓条议》

归德沈鲤所作《社仓条议》主要论及两方面内容:一是,阐述官赈与社仓的异同,指出社仓积贮的便利之处;二是,议论社仓具体经营举措抑或说是讨论如何防止社仓运营出现的欺弊现象。③

沈鲤所议社仓较官赈之便有八个方面,大略可归为以下几点:官赈建置有限,社仓则积之多方,备之无穷;官赈官自为之,势孤难措。社仓则合群力为之,势众易举;官赈易受里甲诸人蒙蔽,使公家积贮徒以惠奸。社仓若有公正好义者司其营运,民可得其实惠;官赈须逐一审核,社仓则可随时赈济,无需旷日等待;官赈不免有盘拨转运之烦、需索使用之费、斗斛高下之分、疾疫之虞等弊薮,社仓则悉无此累;社仓可以收教化之功,官赈则无此功用。

沈鲤虽认为社仓乃千古良法,但需制定条规,以防欺弊。如推举好善而公正、老诚而精敏的绅衿士民十余人分任社正、社副、社直等职务;加强稽查户口、簿记登录、仓厫建设等工作。

(四)蔡懋德④之《修复社仓议》

蔡懋德《修复社仓议》主要是对朱子社仓之制的权宜变通,旨在简便社仓法规以便遵循,大要有六⑤:

---

① 参见于佑虞：《中国仓储制度考》(社会行政丛书·社会福利类),上海:正中书局,1948年,第97页。
② 按:沈鲤(1531—1615年),字仲化,号龙江,归德(今商丘)人,明代万历年间著名政治家、理学家。嘉靖四十四年(1565年)进士,授检讨。神宗立,进左赞善,累迁吏部左侍郎,擢礼部尚书,诏修《景帝实录》,拜东阁大学士,加少保,进文渊阁。其历嘉靖、隆庆、万历三朝,被称为"三代帝王师",世称"沈阁老"、"归德公"、"伊洛真儒"。万历四十三年(1615年),在商丘病逝。有《亦玉堂稿》、《文雅社约》等著述传世。
③ 下文所引[明]沈鲤《社仓条议》均载于[清]俞森:《社仓考》,载李文海、夏明方主编《中国荒政全书》(第二辑第一卷),第115 – 121页。
④ 按:蔡懋德,字维立,江苏昆山人,历任江西提学副使、山西巡抚。
⑤ 下文所引[明]蔡懋德《修复社仓议》俱见[清]俞森:《社仓考》,载李文海、夏明方主编《中国荒政全书》(第二辑第一卷),第126 – 128页。

1.定仓制

应行朱子随时敛散加息减蠲之法,但须仿其意而权作变通,即附乡约保甲而行。"每乡有约,每约有仓,以本里之蓄济本里之饥,权丰岁之赢,救歉岁之乏,缓急相通,不出同井,子母相生,总利吾侪"。

2.因仓基

将寺观梵宇之坚固空房设法修缮以备贮谷。随宜酌用预备、常平之剩廒,空闲公署之余屋,如此可省营造社仓之费。

3.裕仓本

除请给予官米、劝谕民间义举外,尚需随方设法,鼓舞流通,如纳粟援例等,若此则"仓本不患为无米之炊矣"。

4.推仓长

社仓既附约所,即选举有家有行之约正、约副管理其事,夏散冬收,听在本约通融权贷。县正官印簿籍二本,一存县,一存仓,上报出入时日、数目,以凭不时清查,官府不必另委查盘滋扰。

5.发仓储

青黄不接之时出贷仓谷,至冬收纳借谷,视情形量加息米、耗米,一如朱子社仓之法。其间若岁有大荒小歉,开列极贫、次贫之户,酌情减免有差。节妇、孤寒、火灾、病患情尤可矜者,亦可公议减免。如有年富力强之顽户,故意拖延不还者,则禀明官府予以追缴借谷,且不许其再贷。

6.厘仓蠹

约正、约副笕仓,务要敛散公平,登报清核,为里中所推服,果能坚守三年,官府赐给匾额以示奖赏。与此同时,优免杂差,以诏劝励。如不称职者,许讲约之时,里众公禀选换他人。若有武断生事,欺侵仓谷者,则按法治罪。

除上述张朝瑞、汪道亨、沈鲤、蔡懋德等人的社仓议论外,沈兰先之《社仓议》也值得注意。其在社仓经营虽没提出超越前人的具体举措,但他更关注社仓在社会控制或者说社会教化方面的作用，"凡社仓，每里一乡约则一社仓"①。

从上述明代时人的社仓议论及学界的研究成果可以窥知，明中后期的社仓有了新的发展，"其谷本来源得到扩大，散敛制度进一步健全，官府之干预明显弱化，施行范围遍及全国城市乡村，在荒年救饥和巩固明朝统治方面发挥了不可替代的重要作用，因而成为各地备荒积谷的主渠道"②。

---

① ［明］沈兰先：《社仓议》，相关论述见于［清］俞森：《社仓考》，载李文海、夏明方主编《中国荒政全书》（第二辑第一卷），第135页。

② 段自成：《明中后期社仓探析》，《中国史研究》1998年第2期。

第二章 十八世纪社仓积贮政略的演进

十八世纪是世界历史的一个分水岭,也是中国历史上重要的发展时段。对于清代而言,十八世纪的魅力或者说是特点即此期中国遇上了世界大多数国家直至所谓"近现代"时期才能出现的人口问题。清廷为了解决日益严重的人口问题,出台了一系列政策,充实仓储,增加积贮确为重要一端,而兴举社仓乃系此中应有之义。下文将从国家政略层面入手,讨论十八世纪社仓积储策略的时代特征与发展脉络。

第一节 顺治、康熙年间试行社仓

从宏观上讲,顺治、康熙年间是社仓积储政略的建构期,或者可以界定为试行阶段。虽然清廷制定了相关的政策,亦不乏如张伯行、李光地等理学名臣疏请试行,然并未取得预期成效。但毋庸置疑的是,此期社仓政策的颁行、运营经验的积淀为雍乾年间社仓大规模展开、社仓制度的日臻完备奠定了制度上的基础。

一、顺治朝社仓积贮的萌芽

清朝入鼎中原之后,沿袭明朝的典章制度,即所谓的"清承明制"。实际上,承袭的不仅仅是典制,此期因国家尚未统一,多种力量逐鹿中原,戎马倥偬,未遑制作,故清廷的积贮策略,甚至是地方的仓储体系亦是在明代的基础上不断发展、完善的。

明清鼎革之际，兵火连年，国库如洗，财政困难。史载"河南、山东、湖广、陕西、江南北、浙东西、江西、闽、广诸行省，迭经兵火水旱，田多荒废。"①明末的横征暴敛，清初圈地、薙发、逃人法等弊政的推行使兵民穷困，黔首冻馁，史科右给事中魏裔介曾上奏疏言："方今畿辅多失业之民，吴越有水涝之患，山左荒亡不清，闽楚馈饷未给，两河重困于畚锸，三秦奔疲于转运，川蜀虽下，善后之计未周，滇黔不宁，进取之方宜裕。"②是疏大略反映了当时战乱不断，灾害频仍，田荒民困之状。此等情境，清廷实无暇顾及地方积贮事宜。即便是京师要地，仓庾尚且空虚，官民所需"漕粮"亦大量拖欠，顺治元年（1644 年）至七年，钱粮全无销算，"遂致挂欠漕粮三百余万石"③。

地方仓储则受到更大的冲击和破坏，民生日蹙。从顺治九年（1652 年）的一份题本可见一斑，"楚省节经兵燹之后，民之困积久空……叠据南北道、府、川、县告旱之文，咸称赤地千里……山上之蕨薇采食已空，水中之芹藻争唼殆尽……且民无食则思乱，催之迫则走险"④。此虽仅提及湖北一省，实际上他省概况大致类此。面对此等窘境，世祖不断思考裕民之策。整顿仓储便提到制定积贮政略的日程上来。

清代社仓建设或者说是社仓政策，肇始于顺治年间。清朝定鼎北京之后，为了稳定政局和继续统一事业，针对"荒政未修，仓廪无备"⑤的情形，便在所控制的省区陆续清理地方仓储。作为一项政策颁布，则始于顺治十一年（1654 年）。是年六月颁诏天下：

> 各府州县，俱有豫备四仓及义仓、社仓等法，每处积贮，多者万余石，少者数千石，各省仓储俱数百万计，故民有所恃，荒歉无虞。今责成各地方该道专管，稽察旧积，料理新储，应行事宜，听呈督抚具奏，每年二次造册报部，该部察积谷多寡，分别议奏，以定该道功罪。⑥

---

① ［民国］赵尔巽等：《清史稿》卷二百四十四《王命岳传》，北京：中华书局，2003 年。

② 《清世祖实录》卷六十六，顺治九年七月癸酉，北京：中华书局，1985 年。

③ 《清世祖实录》卷五十四，顺治八年闰二月乙丑。

④ 中国第一历史档案馆藏：《内阁题本》，顺治九年七月十二日，湖广总督罗绣锦、湖广巡抚迟日益、提督柯永盛等题。按：2005 年在"一史馆"参阅档案时，国家清史工程正在整理清代的《内阁题本》，不能借阅。此条档案转引自周远廉：《清帝列传·顺治帝》，长春：吉林文史出版社，1993 年，第 104 页。

⑤ 《清世祖实录》卷八十一，顺治十一年二月丙戌。

⑥ 《清世祖实录》卷八十四，顺治十一年六月庚辰。

但当时的形势决定了这一诏令不可能得到很好的贯彻。从顺治十二年(1655年)的一些谕旨可以窥见其执行的效果,"饥寒百姓,转徙死亡","乃年来水旱相仍,干戈未靖,民穷莫拯,兵食不充","饥窘人民,转徙沟壑"。①

笔者管见所及尚未翻检到顺治年间时人讨论社仓利弊的言论,各地所建社仓亦是寥若凤毛。不难推知,顺治年间的社仓建设可以定格为政策号召阶段,以示统治者关心民瘼的姿态,实际上并无建树可以称道。

二、康熙朝试行社仓

迨至康熙年间,改变民族压迫政策,民族矛盾逐渐缓和;削平三藩,统一台湾,抗俄签约,使清廷的统治日趋稳固;改革赋役制度,鼓励开垦荒地,注重农业生产,使清朝入主中原以来财政困难、经济凋敝的窘境得以改观。凡此种种为清朝仓储体系的建立与完善夯实了基础。社仓建设也日渐成为国家仓储系统抑或说是积贮策略的组成部分。

康熙十八年(1679年),谕令"天下立社仓、义仓,以本乡之人管理其事。时议整饬常平仓法,劝谕官绅士民捐输谷石,于乡村立社仓,市镇立义仓,公举本乡敦重善良之人管理,出陈入新,春月借贷,秋收偿还,每石取息一斗。储谷多者,管仓人给予顶带。"②这可视为清廷指导地方建设社仓的行政指令,但此谕过于笼统,社仓制度的具体运作未得其详,只是概要地规定乡村建仓、春贷秋还、民人自为、著绩旌表等原则。翌年(1680年),圣祖谕户部:"积谷原备境内凶荒,若拨解外郡,则未获赈济之利,反受转运之累,人将惮于从事,必致捐助寥寥。嗣后常平积谷,留本州县备赈。义仓、社仓积谷,留本村镇备赈,永免协济外郡,以为乐输者劝。"③此谕是为了劝民捐输以筹社谷,但其效果不能估计过高。诚如李汾阳所论,"从当时国家连常平系统都未健全的环境来看。康熙初期的义、社仓不过是沿袭明代的遗规,事实上还缺乏有效的规模。由于清代长期依赖捐输,作为建立及补充地方常平仓储的主要来源,常平捐监事例,是地方民众家有资财者,捐输谷米取得生监资格的重要方法,相对的再用同样的鼓励捐输,建立社仓的方法因为资源重叠及排挤,有着先天上的不利因素"④。

---

① 《清世祖实录》卷八十八,顺治十二年正月甲辰。
② 《清朝文献通考》卷二十二《职役考·二》,杭州:浙江古籍出版社,2000年。
③ 《清圣祖实录》卷八十八,康熙十九年二月丁卯,北京:中华书局,1985年。
④ 参阅李汾阳:《清代仓储研究》,第190页。

康熙二十九年（1690 年），圣祖谕户部：

> 朕抚御区宇，夙夜孜孜，惟期厚民之生，使渐登殷阜。重念食为民天，必盖藏素裕，而后水旱无虞。曾经特颁谕旨，著各地方大吏，督率有司，晓谕小民，务令多积米粮，俾俯仰有资，凶荒可备，已经通行。其各省遍设常平及义仓、社仓，劝谕捐输米谷，亦有旨允行。后复有旨，常平等仓积谷，关系最为紧要，见今某省实心奉行，某省奉行不力，著再行各该督抚，确察具奏。朕于积贮一事，申饬不啻再三……嗣后直省总督、巡抚及司道府州县官员，务宜恪遵，屡次谕旨，切实举行，俾家有余粮，仓庾充切，以副朕爱养生民至意。如有仍前玩愒、苟图塞责，漫无积贮者，将该管官员及总督巡抚一并从重治罪，尔部即遵谕通行。①

此谕反映了圣祖"养民为本"为"治天下之道"的为政理念和重视积谷的仓储思想，但其中言及"各省遍设常平及义仓、社仓"乃系溢美之词、夸大之语。实际上，终康熙一朝，社仓建设一直处于"试行"阶段，根本没有出现各省遍设的盛况。

康熙四十二年（1703 年），清廷正式以国家政略的角度试行社仓制度于畿辅地区，如果有裨于民生，则各省援例建置，以备不虞。

> 直隶各省州县，虽设有常平仓收贮米谷，遇饥荒之年，不敷赈济，亦未可定，应于各村庄设立社仓，收贮米谷。直隶有旗下庄头，可合数村立一社仓。其管理社仓事宜，令庄头内有情愿经管者，交与收贮。百姓村庄，公设社仓，百姓有情愿经管者，交与收贮，以备饥荒，传谕直隶巡抚，如设立社仓，果有益于民生，著各省亦照例于各村庄设立社仓，收贮米谷。大学士会同九卿详议具奏……设立社仓于本乡捐出，即贮本乡，令本乡诚实之人经管，上岁加谨收贮，中岁稟借易新，下岁量口振济。②

从是谕可知，康熙帝切念民生之意，深求备荒之法，既于直隶各属设立常平仓积谷，复仿社仓之制于乡村积贮米谷，可谓筹划精详，措置有方。

---

① 《清圣祖实录》卷一百四十四，康熙二十九年正月癸卯。
② ［乾隆］《大清会典则例》卷四十《户部·积贮·社仓积贮》，乾隆二十九年武英殿刻本，北京大学图书馆古籍部藏。

直隶巡抚李光地接到谕旨后,即通行辖境各府详议劝输办法。因是年直隶适值灾祲,荒年暴月,粮价腾贵,是故富民所出米谷未能甚多。永平、宣化、保定、正定、顺德等府,共捐得米谷27112余石,顺天、河间、广平、大名数府,虽未经册报,约有不下一二万石米谷。① 康熙四十三年(1704年)三月初四日,李光地奏报若夏麦秋禾收获丰登,则好义愿捐者必众,如此社仓立法应有成规。除旗民村庄等待册集齐全之日外,"分别量地设仓,收贮看守","上岁加谨收贮,中岁粜旧贷新,下岁量口发赈",并建议"令地方官勿得预其出入之权,但令主其事者,每秋后开单报官,俾有钩考"。李光地恳请圣祖将此疏下九卿详议,以期社仓能"贻永利而不至于滋群弊也"。② 由于文献遗失等因,目前尚未见到圣祖的明确训谕,但毋庸置疑的是此议得到批准,并试行于直隶。

社仓虽系良法,但行之不易。那么,李光地在畿辅地区试行社仓是否取得实效了呢? 史籍有载,"嗣于三年内,直属劝捐米谷共七万四千九百七十石有奇,出借穷民得息米一千五十一石有奇。又四十四年,永、保二府陆续捐谷四百三十五石有奇"③。可见社仓试行所取得的成效并不理想,且招民怨。

李光地系康熙年间著名的理学名臣,辅弼帝业,清勤谨慎,深得圣祖礼遇和器重。其倡议于直隶试行社仓,虽无有显效,但仍准再行一年,以观成效。

康熙四十五年(1706年)十二月十九日,户部咨文"设立社仓事宜,再行一年,果否于民有济,具题到日再议"④。时任直隶巡抚的赵弘燮奏报直省社仓捐输情形时指出,

　　　　社仓米谷等项,臣再三劝谕,止捐有一万四千六百余石,为数无几。当此丰收之岁,尚然完纳寥寥,倘遇歉年,地方官奉行不善者,势必不便于民。应请再行一二年,如果与民有益,臣再奏请通行。⑤

此折反映出三个问题:一是康熙年间社仓谷本来源有限,劝谕捐输成效不佳;

　　① ［清]李光地著,［清]李维迪校辑:《榕村全集》卷二十七《覆社仓疏》,道光九年刻本,北京大学图书馆古籍部藏。

　　② ［清]李光地著,［清]李维迪校辑:《榕村全集》卷二十七《覆社仓疏》。

　　③ 《清朝文献通考》卷三十四《市籴考·三》。

　　④ 中国第一历史档案馆编:《康熙朝汉文朱批奏折汇编》(第1册),康熙四十七年正月十八日,直隶巡抚赵弘燮奏,北京:档案出版社,1984年,第804页。

　　⑤ 《康熙朝汉文朱批奏折汇编》(第1册),康熙四十七年正月十八日,直隶巡抚赵弘燮奏,第805—806页。

二系此期的社仓建设并不是民自为之,官府在此中起着举足轻重的作用;三为终康熙一朝,社仓一直处于试行的状态,并没有大规模地通行。赵弘燮的建议得到圣祖俞允,但试行的效果仍然不显。

康熙五十年(1711年)五月,赵弘燮疏言康熙四十六年至四十九年期间,劝捐及所获息谷等项共一万三千余石。此中情弊他于折中亦有言及,"臣细细体察民情,愿意者少,而不愿意者多;地方官善于奉行者少,而不善奉行者多。更或乡耆不良,弊端丛生,尚未历有成验"①。且奏请展限三年行之,圣祖恩准。转瞬三年逝去,康熙五十三年(1714年)十月,赵弘燮奏称三年间直属捐过杂粮一万五千七百余石,"民情鲜于乐输,更可概见。夫社仓原系良法,奉行不善,反足累民",但若全然交与有司,则会弊端百出;如听民自捐,则富民自谋有余,断不肯欣然捐输。所以,赵弘燮建议"应于听捐之中,少寓鼓舞之意"。② 其法大略如下:

> 富民捐至若干,作何免其徭役,绅衿捐至若干,作何分别奖励,则人皆知劝,而输将自易。至于有田地之民,捐不及应免应奖之数者,或石或斗或升,亦听其自捐,而录其姓名于册,遇有蠲免钱粮之年,准其一体蠲免。倘有地亩,而竟不捐输者,亦不相强,止将姓名另记一册,遇蠲免之年,不准豁免,则人皆知惩,而见义乐为。③

此奏在清代社仓制度的发展中具有里程碑的性质,实际上赵弘燮是将旌表制度与社仓制度结合起来,也范定了此后劝输旌奖的模式。虽没制定出具体的办法,但正是这份奏折促使清廷在国家政略或者说是仓政中捐输旌表之例的渐次完善。

康熙五十四年(1715年),议定直省社仓劝输之例,"凡富民能捐谷五石者,免本身一年杂项差徭;多捐一二倍者,照数按年递免。绅衿能捐谷四十石,令州县给匾;捐六十石,知府给匾;捐八十石,本道给匾;捐二百石,督抚给匾;其富民好义,比绅衿多捐二十石者,亦照绅衿例,次第给匾;捐至二百五十石,咨部给以顶带荣身。

---

① 《康熙朝汉文朱批奏折汇编》(第3册),康熙五十年五月二十二日,直隶巡抚赵弘燮奏,第487页。

② 《康熙朝汉文朱批奏折汇编》(第5册),康熙五十三年十月二十七日,直隶巡抚赵弘燮奏,第823—825页。

③ 《康熙朝汉文朱批奏折汇编》(第5册)康熙五十三年十月二十七日,直隶巡抚赵弘燮奏,第825页。

凡给匾民家,永免差役"。①

　　康熙五十五年(1716 年),张伯行奏请宜立社仓,言及"圣王之世,纵遇水旱,百姓不致流离者,皆由良法善政,素有储积故也",认为社仓系历代备荒之善政,仓谷出之于民,仍用之于民,不仅足以备荒,且不费国帑库藏,"乃经国之良法,救民之善政",揆之时境,诚可举行。② 更为重要的是,张伯行还采撷历代之成法,酌量事宜,拟定社仓条约十六款。虽康熙朝的社仓建设并未收得实效,但其所拟社仓规约在制度层面上尚可特书一笔,兹将条款择其要点归并,勒为立仓之法、捐输之法、放贷之法、奖惩之法及社仓功用五个方面,开列如下:

　　　　一、立社仓之法。每乡各立一处仓廒以储社谷,如果乡村规模较小,不能单独设立,或二乡或三乡共立一仓。社中有仓可盛者,则共同收贮;如无仓可盛,或社谷尚少,无需仓储者,须择殷实之家二人,一收东仓,一收西仓。社仓运营令乡人自为之,不掌于官府。选一位家道殷实,素有德行之人为社正,择一位处事公平,人所信服之人为社副,任一位忠厚老实,可以承命奔走之人为社长,令一位颇晓文书,精通算法之人为社佐。每人各司其职,各承其责,协心同力,共襄仓政。

　　　　二、社仓捐输之法。依据土地之多寡,家道之贫富,量为捐输。分上、中、下等次,以为捐输多少的标准。如此办理,则事得公平,民心自服。捐输无论多寡,总分东、西两仓,各贮其半。社谷借出、还仓事宜则仿朱子已行之法。捐输之日,社正、社副、社长、社佐共同收贮。秋收捐输,听从民便,豆米兼收,不必拘定一格。

　　　　三、收放之法。同社之中,有衣粮仅足自给者,或并不足自给者,秋收之时,曾经捐输若干米谷,来春青黄不接之时,不能度日,许其将所捐之米粮取出。如果还不能足食,亦许借本乡社仓之粮。借粮加息之法,就丰收之岁言之,如遇灾荒年景,则许本人将原捐之粮领出自用,若仍不敷食用,

<hr />

　　① 《清朝文献通考》卷三十四《市籴考·三》。按:此例是以国家的角度制定的奖励办法。实际上,在具体操作过程中抑或说是地方旌表的标准会做出权宜变通和调整。比如张伯行试行社仓时,建议"如一乡之中,有能劝捐至五十石者,该县给匾旌奖;劝捐至一百石者,该道给匾旌奖;劝捐至二百石者,该司给匾旌奖;劝捐至二百石以上者,将劝捐之人姓名申报,本都院给匾旌奖;如绅衿士庶人等,劝捐自五十石以至二百石以上者,亦照捐输之例旌奖;至士民捐输多者,该县优以礼貌,免其差徭。"参见[清]张伯行:《饬置社仓捐积谷石檄》,载《正谊堂文集》卷五《檄文》,光绪二年刻本,北京大学图书馆古籍部藏。

　　② [清]张伯行:《再奏设立社仓并附条例折》,载《正谊堂文集》卷三《奏折》。

则将仓中之米粮酌量借给，偿还之时不必加息。其真正乏食又不能偿还者，社正副验明销册，不必索取，此亦合朱子之遗法。收放之日，社正、社副、社长、社佐共同验看，共同监收，不许会中之人私自收放米粮。谷石出入事宜，听社正等共同酌议，但官府有司不得干预其事，亦不得因端借用。如有此等情事，许社中人呈报上司，以因公挪用罪名参处。

四、奖惩之法。社正、社副、社长、社佐诸人，遇到官府各项差使杂役，俱应该优免。社正、社副如有事见官，地方官宜礼貌相待，以示优异。社正等人实心效力，一年之内，仓粮完足，无亏空侵蚀等弊者，知县给匾旌奖；二年无亏空侵蚀者，知府给匾旌奖；三年无亏空侵蚀者，司道给匾旌奖，以示鼓励。社中或有设法借去拖欠不还以致亏空者，许同社之人禀之于官，按法究治，以一罚十，以警将来。

五、社仓功用。有武断乡曲、游手好闲不事生业者，共同摈斥，不许入会。如有改恶从善者，同社之人能保其自新，亦令入会，以励将来，则于积贮之中，寓善俗之道矣。或遇婚葬之事，自己力量不能备办者，许将本人原捐之粮借出暂用，及其偿还，不必加息，如仍或不足，同社之人能出财力相助，则县官奖赏之，亦即古人乡田同井，百姓亲睦之义也。①

制定如此周详的社仓规约，想必能取得良好的社会效果，但历史事实并非符合制度设计者的初衷，而朝相反的方向演进。此种情况在中国漫长悠久的历史长河中时有发生，毕竟制度的制定与制度的执行不是一个层面的问题，而在有治人无治法的帝制社会更易出现此等情况。

实际上，在张伯行奏立社仓之时，对其成效圣祖就表示疑虑，他认为请立社仓，言之甚易，行之甚难，社仓所收谷石，交百姓收贮于寺庙，定会出现亏空之弊。所以，圣祖要求大学士等会同九卿详议具奏张伯行之请果否可行？② 大学士九卿等议覆的结果是张伯行疏请直隶等地方建立社仓应不准行。圣祖亦表示赞同，并指出设立社仓，于民生殊无帮助，"丰年犹可，若遇饥馑之年，开仓赈济，所司奉行不善，往往生变"③。但由于它因，圣祖还是同意张伯行试行社仓。但推行的结果正如圣祖所料，"张伯行曾奏于永平府设立社仓，永平知府近日行之甚苦"④。此虽是针对

---

① 参阅[清]张伯行：《再奏设立社仓并附条例折》，载《正谊堂文集》卷三《奏折》。
② 参阅《清圣祖实录》卷二百七十，康熙五十五年十月丁亥。
③ 《清圣祖实录》卷二百七十，康熙五十五年十月戊戌。
④ 《清圣祖实录》卷二百七十二，康熙五十六年四月丁酉。

张伯行试行社仓所发之论,但实际上我们可以将其看作康熙帝对社仓积储的总体论调。

康熙六十年(1721 年)四月,圣祖对推行社仓发表了概括性的议论:

> 古人云:三年耕,则一年之蓄;九年耕,则有三年之蓄,言虽可听,行之不易。如设立社仓,原属良法,但从前李光地、张伯行曾经举行,终无成效。至于各省积贮谷石,虽俱报称数千百万,实在存仓者无几,即出陈易新之法,亦不为不善,第春间仅有所出,秋后并无所入,州县官侵蚀入己,急则即以折银掩饰,此等积弊,朕知之甚详。①

是年九月,奉差山西赈济都察院左都御史朱轼疏言,请于山西省建立社仓,以备荒歉。圣祖于此作了长篇批示,同时亦再度表达了其对社仓制度运作效果的顾虑:

> 建立社仓之事,李光地任巡抚时,曾经具奏,朕谕以言易而行难,尔可始试。李光地行之数年,并无成效,民多怨言。张伯行亦奏称社仓颇有裨益,朕令伊行于永平地方,其果有成效,裨民之处,至今未奏。且社仓之有益无益,朕久已留心采访,凡建立社仓,务须选择地方殷实之人,董率其事,此人并非官吏,无权无役,所借出之米,欲还补时,遣何人催纳? 即丰收之年,不肯还补,亦无可如何,若遇歉收,更谁还补耶? 其初将众人米谷扣出收贮,无人看守,及米石缺空之时,势必令司其事者赔偿,是空将众人之米,弃于无用,而司事者,无故为人破产赔偿矣。社仓之设,始于朱子,其言具载文集,此法仅可行于小邑乡村,若奏为定例,属于官吏施行,于民无益。②

此谕是圣祖长期观察,留心采访,累积实务经验对社仓建设抑或说是社仓制度所表达的整体看法。他总结了李光地、张伯行试行社仓的成效,述及了社仓运营过程中的诸种弊端和产生这些问题的具体原因。圣祖的批评说明了此间的社仓运营与实际执行成效之间,不能说有天壤之别,但确实存在着太大的落差。

经过十余年的试行,隐约可见圣祖的心路历程和其对于社仓观念的转变。

---

① 《清圣祖实录》卷二百九十二,康熙六十年四月己酉。
② 《清圣祖实录》卷二百九十四,康熙六十年九月丙申。

对推行社仓果否能收实效日益持怀疑的态度。康熙五十五年(1716年)可以说是一个大致分水岭,此前圣祖虽表示疑虑,但尚且鼓励试行,如有成效,则照例通行;此后,圣祖在论及社仓时,多有"闻之似善,而行之甚难"①、"言之甚易,行之甚难"②、"设立社仓殊无裨益"③、"社仓之法,既属难行"④、"言虽可听,行之不易"⑤云云。这些表达无疑说明了圣祖于社仓的态度,即顾虑重重。在社仓积储的政略上则愈加小心谨慎。所以,朱轼奏请于晋省建立社仓,以备荒歉,引泉溉田,以兴水利时,圣祖谕令:"此事不必令他人办理,即令伊久住山西,鼓励试行,若所言有效,甚善。"⑥朱轼或许揣摩到圣祖的真实想法,不久奏言"臣从前奏晋省请立社仓,兼兴水利。奉旨令臣试行,臣仰惟皇上至圣至明,于民间利弊及山川地土之宜,无不洞晰。臣一时冒昧陈言,今细加筹画,实属难行,伏祈皇上俯鉴臣愚,免令试行"⑦。这显系推托之语,不免临阵脱逃之嫌,圣祖并未谕允,下旨"朱轼亲至山西,深知地方情形,既请立社仓,兴水利,著仍留山西,鼓励试行"⑧。圣祖是否有让其通过实践始知社仓推行之难的想法亦未可知。

第二节　雍正年间推行社仓

翻检文献,康熙朝的社仓建设多有"鼓励试行"、"姑施"等字眼。据此可以窥知,康熙年间社仓在具体实践层面上属于试行阶段。而且主要在畿辅地区的部分府县搞试点,以观成效,并未通行全省,遑论推行全国了。所以,清代社仓制度的全面推行要延至雍正时期。

一、雍正朝社仓积贮策略的演进

虽然康熙年间的社仓建设并未取得佳效,但社仓的试行却导源了清代大规模

---

① 《清圣祖实录》卷二百六十八,康熙五十五年闰三月壬午。
② 《清圣祖实录》卷二百七十,康熙五十五年十月丁亥。
③ 《清圣祖实录》卷二百七十,康熙五十五年十月戊戌。
④ 《清圣祖实录》卷二百七十二,康熙五十六年四月丁酉。
⑤ 《清圣祖实录》卷二百九十二,康熙六十年四月已酉。
⑥ 《清圣祖实录》卷二百九十四,康熙六十年九月丙申。
⑦ 《清圣祖实录》卷二百九十四,康熙六十年九月癸丑。
⑧ 《清圣祖实录》卷二百九十四,康熙六十年九月癸丑。

推行社仓实践的滥觞。

雍正帝朱批李卫奏折时提及圣祖康熙帝曾力谕社仓"万不可行"①，且期间的社仓经营效果并不理想，但并未影响到世宗进行全新尝试的决心。雍正元年（1723年）八月，詹事府②詹事鄂尔奇前此曾奉命校士太原道，途经平定等州县，适值百姓苦于饥荒，生计维艰，遂上奏言及"先事而计，庸人皆可以奏功；事至而谋，奇人不能以速效"，其区别在于是否事前筹备，并指出三晋地区积贮米谷的三点便利之处，进而建议"仿古常平、社仓之制，稍加变通而行之"③。据詹事府执掌，其可参加重大政务的集议，大略可知八月之前，清廷应该没有督令各地推行社仓的谕旨。寻后，世宗便以念切民生为意，颁谕社仓积谷，以备不虞，以足民食。④ 翻检《清世宗实录》《雍正起居注》《雍正上谕内阁》《雍正朝汉文谕旨汇编》等文献并没找到此谕，其内容全貌未得其详，但上谕之事既已在闽浙总督觉罗满保的奏折中提及，言之凿凿，确为可信。是故，可以推论此道谕旨当颁行于雍正元年八月至十月之间。

正因有此谕旨，满保才专折奏闻福建省官员捐输社仓谷石的情况。大部分省份的督抚得到奉行社仓的密谕之后，纷纷着手建造。广西总督孔毓珣覆奏："社仓一事，为济众备荒极善之政。臣辗转图维，请先行常平借贷之事，而渐通乎社仓之法。"⑤闽浙总督满保、福建巡抚黄国材奏报筹建社仓情形："臣等钦遵谕旨，转传司道各官熟为筹画，并劝谕府州县官，乘此秋收丰熟之时，随力捐贮。"⑥湖广总督杨

_____

① 中国第一历史档案馆：《雍正朝汉文朱批奏折汇编》（第9册），雍正五年闰三月初一日，浙江巡抚李卫奏，南京：江苏古籍出版社，1989年，第365页。

② 按：清沿明制，于顺治元年（1644年）设詹事府，为辅导东宫太子之机构，是年十一月裁撤，其事务一并入内三院。顺治九年复置，设詹事、少詹事，以内三院官兼任。康熙五十一年（1712年），废立皇太子后停止。乾隆十八年（1753年）谕："詹事府东宫僚佐，储贰未建，其官原可不设，第以翰林叙进之阶，姑留以备词臣迁转地耳"。自此以后，詹事府官员专备翰林院迁转之资。詹事府设詹事、少詹事，左、右庶子，洗马、左、右中允，左、右赞善，主簿、笔帖式等职。其职掌是：凡皇帝坐朝或秋审、朝审以及九卿、翰、科、道会议之事，詹事、少詹事均得"侍班"或参加集议。凡纂修实录、圣训，詹事府詹事、少詹事例得充副总裁官及纂修官。纂修其他书史，少詹事皆得充任纂修官。

③ 《雍正朝汉文朱批奏折汇编》（第1册），雍正元年八月初五日，詹事府詹事鄂尔奇奏，第761页。

④ 《雍正朝汉文朱批奏折汇编》（第2册），雍正元年十月初六日，闽浙总督觉罗满保、福建巡抚黄国材奏，第80页。

⑤ ［清］孔毓珣：《议覆社仓保甲疏》，载《清经世文编》卷二十三《吏政·九》。

⑥ 《雍正朝汉文朱批奏折汇编》（第2册），雍正元年十月初六日，闽浙总督觉罗满保、福建巡抚黄国材奏，第80页。

宗仁亦奏报了湖北举行社仓情形,"至于举行社仓一事,臣奉谕旨即与各官加意讲求,特立条约六条,先为择地建仓,然后劝捐谷本,出纳听民自主,不许官吏会计侵肥,遍示晓谕,并立掖奖尚义之典。今士民咸知原为伊等思患预防,而有司皆能实力劝化,共捐谷本,踊跃争先"。①

雍正二年(1724年)四月,世宗曾谕湖广总督杨宗仁、湖北巡抚纳齐喀、湖南巡抚魏廷珍等曰:

> 国家设立常平诸仓,蓄谷积粟,偶逢旱涝,详报踏勘,往返察验,未免后时。古人云:备荒之仓,莫便于近民,而近民则莫便于社仓。前谕尔等劝导建设,盖专为安民起见也,尔等自应转谕属员,体访各邑士民中,有急公尚义之心者,使主其事。果掌管得人,出纳无弊,行之日久,谷数自增。至于劝捐之时,须俟年岁丰熟,输将之数,宜随民力多寡,利息之入,务从平轻,取偿之期,务从平缓。如值连年歉收,即予展限,令至丰岁完纳。一切条约,有司毋得干预。至行有成效,积谷渐多,该督抚亦止可具折奏闻,不宜造册题报,使社仓顿成官仓,贻后日官民之累……谕到,该督抚速会同司道府等官,确商妥议,务得安民经久之法,以副朕意。②

由此可见,社仓建设已不是前谕所言及的"非上谕之事",但所谕对象尚十分有限。略后,雍正二年(1724年)闰四月初四日,世宗谕令各省总督、巡抚留心体察社仓事:"社仓之设,原以备荒歉不时之需,用意良厚,然往往行之不善,致滋烦扰,官民俱受其累。朕意以为,奉行之道,宜缓不宜急,宜劝谕百姓听民便自为之,而不当以官法绳之也。近闻各省渐行社仓之法,贮蓄于丰年,取资于俭岁,俾民食有赖而荒歉无忧,朕心深为嘉悦。但因地制宜,须从民便,是在有司善为倡导于前,留心照应于后,使地方有社仓之益,而无社仓之害,此则尔督抚所当加意体察者也。"③此为谕令各直省督抚加意讲求社仓之法,标志着雍正朝已将社仓建设作为国家仓储战略抑或说是地方积贮的重要部分。寻后,各地督抚纷纷奏报所辖境内设立社仓的情况。湖广总督杨宗仁"与各官筹画,咨商抚臣举行,出

---

① 《雍正朝汉文朱批奏折汇编》(第2册),雍正二年正月十九日,湖广总督杨宗仁奏,第505页。

② 《清世宗实录》卷十八,雍正二年四月丙辰,北京:中华书局,1985年。

③ 中国第一历史档案馆编:《雍正朝起居注册》(第1册),雍正二年闰四月初四日,北京:中华书局,1993年,第220—221页。

纳听民自主,不许官吏会计侵肥,群情踊跃,俱愿乐捐谷本"①。贵州巡抚毛文铨亦遵旨奏闻设立社仓等情形,"黔省渐有行之者,臣切谕各属,总不许以官势临之,听其感化自为,磨以岁月,则社仓之法无不行"②。广西巡抚李绂折奏,"近日奉旨设立社仓,督臣孔毓珣请将常平仓谷借民取息为本,意亦甚善……若各府均贮有捐谷,则以捐谷借民取息为社仓之本,而常平仓谷可专存为粜卖平价之用矣。盖一转移间,而捐谷不忧朽蠹,不累官民,各府垦荒有资,社仓有本,较之偏积四府似为妥便,可以久行"③。翌年(1725年)三月,署理山西巡抚事务刑部左侍郎伊都立遵旨"劝谕民间建设社仓,以备积贮",并令所属州县"从容劝谕,务有成效"④。

雍正二年(1724年)不仅谕令各地兴建社仓,以备不时之需。此外,还制定了较为完备的社仓之法,旨在指导各地社仓建设:

> 社仓之法,原以劝善兴仁,该地方官务须开诚劝谕,不得苛敛,以滋烦扰。至收贮米谷,先于公所寺院收存,俟息米已多,成造仓廒收贮,设立簿籍,逐一登明,其所捐之数,不拘升斗,积少成多。若有奉公乐善,捐至十石以上,给以花红;三十石以上,奖以匾额;五十石以上,递加奖劝。其有好善不倦,年久数多,捐至三四百石者,该督抚奏闻,给以八品顶带。其每社设正副社长,择端方立品、家道殷实者二人,果能出纳有法,乡里推服,令按年给奖。如果十年无过,该督抚题请,给以八品顶带。徇私者,即行革惩;侵蚀者,按律治罪。其收息之多寡,每石收息二斗,小歉减息之半,大歉全免。其息止收本谷,至十年后,息已二倍于本,止以加一行息。其出入之斗斛,均照部颁斗斛,公平较量。社长豫于四月上旬申报地方官,依例给贷,定日支散。十月上旬申报,依例收纳,两平较量,不得抑勒多收。临时愿借者,先报社长,州县计口给发。交纳时,社长先行示期,依限完纳,其簿籍之登记,每社设立用印官簿,一样二本,一本社长收执,一本

① 《雍正朝汉文朱批奏折汇编》(第2册),雍正二年闰四月二十二日,湖广总督杨宗仁奏,第975页。

② 《雍正朝汉文朱批奏折汇编》(第3册),雍正二年七月初六日,贵州巡抚毛文铨奏,第285页。

③ 《雍正朝汉文朱批奏折汇编》(第3册),雍正二年七月二十五日,广西巡抚李绂奏,第364—365页。

④ 《雍正朝汉文朱批奏折汇编》(第4册),雍正二年七月二十五日,署理山西巡抚事务刑部左侍郎伊都立奏,第657页。

缴州县存察。登记数目，毋得互异。其存数一本，夏则五月申缴，至秋领出。冬则十月申缴，至来春领出，不许迟延，以滋弊窦。每次事毕后，社长、州县各将总数申报上司。如有地方官抑勒挪借，强行粜卖、侵蚀等事，社长呈告上司，据实题参。①

此社仓规约系清朝积储政略中首次明确规定了社谷筹集方式、仓谷的收贮与贷还之法、簿籍登记以及捐输奖励、社长职责和地方官权责。

雍正年间，尤其是雍正五年（1727 年）之前，在清廷的极力号召下，各省社仓建设取得了显著的成就。如湖北省社仓基本上是在雍正初年设立的，各州县社仓"分设于各乡，多者至一县有一百九十余处；社仓积谷多者，至一县有一万四千余石"②。雍正二年正月，湖广总督杨宗仁奏报了湖北社仓兴建的情形，据江夏、武昌、蒲圻、咸宁、崇阳、兴国、大冶、通山、汉阳、汉川、黄冈、麻城、蕲水、黄安、罗田、随州、孝感、江陵、枝江、谷城等州县各报建仓，"每州县三五十所不等，约共劝捐谷本将及三十万石，看此民情喜悦，效验已著"③。世宗对此深为喜悦，批示道"社仓之事，各省中彰成初创之功也，勉之"，并提醒杨宗仁要严束属员不插手其间，任百姓自为方好。④ 雍正初年两湖地区的社仓建设，档案中有所反映，"查官民俱各踊跃，现有成效。自上年秋成之后至年底，据湖北各属报捐社谷六万四百八十三石四斗零；湖南各属报捐社谷四万三千三百二十四石四斗零。北南共捐谷十万三千八百

---

① ［乾隆］《大清会典则例》卷四十《户部·积贮·社仓积贮》。按：《清世宗实录》亦记录了是年户部等衙门遵旨议覆积贮备荒事宜，酌议六条社仓之法，与［乾隆］《大清会典则例》所载有些出入，但大体原则归于一致，引注于此，以备勘对。"一、民间积贮，莫善于社仓。积贮之法，务须旌劝有方，不得苛派滋扰，其收贮米石，暂于公所寺院收存。俟息米已多，建廒收贮。设簿记明，以便稽考。有捐至三四百者，请给八品顶带；一、社长有正有副，务择端方立品，家道殷实之人，以司出纳，著有成效，按年给奖。十年无过，亦请给以八品顶带；一、支给后，每石将息二斗。遇小歉之年，减息一半。大歉，全免其息。十年后，息倍于本，祇收加一之息；一、出入斗斛，官颁定式。每年四月上旬，依例给贷，十月下旬收纳。两平交量，不得抑勒；一、收支米石，社长逐日登记簿册，转上本县，县具总数申府；一、凡州县官，止许稽查，不许干预出纳。再，各方风土不同，更当随宜立约，为永远可行之计。应令各督抚于一省之中，先行数州县，俟二三年后，著有成效，然后广行其法。"（《清世宗实录》卷二十六，雍正二年十一月戊申。）

② ［民国］《湖北通志》卷四十八《经政志六·仓储》，民国十年刻本，北京大学图书馆古籍部藏。

③ 《雍正朝汉文朱批奏折汇编》（第 2 册），雍正二年正月十九日，湖广总督杨宗仁奏，第 505 页。

④ 《雍正朝汉文朱批奏折汇编》（第 2 册），雍正二年正月十九日，湖广总督杨宗仁奏，第 505 页。

余石,现今添造社仓,陆续交收"①。

此期江西的社仓营运也得到了长足发展,赣州府兴国县"社仓原额储谷八石五斗,雍正二年劝措谷一千七百八十六石五斗九升,知县吴璋劝捐谷一千七百八十六石五斗分储四关六乡"②。南安府上犹县"社仓一十九处,雍正二年,合邑捐谷一千七百三十九石,放借行息"③。饶州府"社仓共五十八所,并作五十三处,分立各乡,连息谷共二万九千二百一十九石三升五合二勺,雍正二年知县李汝霖捐建"④。

清代山东地区的社仓除沿用明代旧仓外,新仓基本始建于雍正五年(1727年)之后。其地社仓的特点是大部分系官府所建,且多建在城内。雍正五年二月山东巡抚塞楞额奏请在衙署内择地建立社仓,"查社仓一事,本属善政,屡奉谕旨着敕令地方官举行,虽经通饬遵照,然各属究未见有能行之者。臣思济南乃省会重地,自应首先倡举,为各属观瞻……各商所捐之项,现有三千两,臣意欲将此项银两,就于济南城内盖造社仓,以备积贮。但济南地处潮湿,难觅高阜。查臣署内大堂住房外尽后一带向有小房百余间,近年尽皆坍塌,基址犹在,其地面颇觉高燥,拟于此处建造社仓百间,约可收贮米谷八万石"⑤。世宗亦做出批复,虽认为此举系极好之事,但也表达了疑虑,恐社仓逼近抚署多有不便,巡抚衙门亦不能过于窄小,谕令酌量办理,莫让后人议论。同时,他还建议"风水亦着人看看不妨,有益方可举行。凡事不可趁一时一己之意率行,不论事之大小,必当详审斟酌,方不贻后日之悔"⑥。塞楞额随即找能识风水之人看过,据云"署后建仓虽无妨碍,而署侧开门多有未便",并奏闻查得"济南城内裁缺都司衙门旁有空地一块,基址高燥,可建仓廒十二座,每座十间,共计一百二十间。臣已斟酌详审,毫无关碍,因将从前公捐之三千两交与济南府知府张体仁监督盖造,已于本月十二

①　中国第一历史档案馆藏:《宫中朱批奏折·财政类·仓储》,雍正十三年二月初十日,湖广总督迈柱奏。

②　[同治]《赣州府志》卷十《舆地志·官廨·兴国县》,同治十二年刻本,北京大学图书馆古籍部藏。

③　[光绪]《南安府志补正》卷二《仓庾》,光绪元年刻本,北京大学图书馆古籍部藏。

④　[同治]《饶州府志》卷六《食货志二·仓储》,同治十一年刻本,北京大学图书馆古籍部藏。

⑤　《雍正朝汉文朱批奏折汇编》(第9册),雍正五年二月初十日,署理山东巡抚印务·侍郎塞楞额奏,第60页。

⑥　《雍正朝汉文朱批奏折汇编》(第9册),雍正五年二月初十日,署理山东巡抚印务·侍郎塞楞额奏,第60页。

日动土兴工"①。此举虽有悖社仓设置的地点选择,但无可置疑的是开启了山东大规模兴建社仓的序幕。

广东省社仓建设的情况,据陈春声的研究可知,"除惠州、潮州二府的大多数州县在雍正元年就建立社仓外,广东大多数府州在雍正二年都有了社仓之设。只有清远、长乐和香山等县的社仓是雍正三年才建立的"②。

雍正二年(1724年),广西社仓营建亦卓有成效,梧州府的苍梧县社仓设置"一在长行司署,一在东安司署,一在安平司署";怀集县"十三乡堡各一,知县陈廷嵩建";太平府永淳县的社仓分布,"一在城外西圩,一在甘常屯,一在古辣圩"。③陕西省于雍正七、八年(1729—1730年)在全省各乡共设仓545处。④河南总督田文镜奏报豫省社仓情况,"自雍正三年并二年以前,本息劝捐谷麦共计十万九千七百六十七石五斗零,建立社仓七百九十八座,分贮各该地方⋯⋯今又据布政使费金吾查据开封等八府所属暨汝、陈等七州并所属各县汇报⋯⋯实在新旧二项共贮社仓谷、麦、豆一十四万四千二百八十四石一斗九升零。从此年复一年,愈积愈多"⑤。

但并不是所有省份都取得了骄人的成绩,如浙江省社仓的推广就未见成效。雍正五年(1727年)闰三月,浙江巡抚李卫奏明浙省社仓等情形,"保甲、社仓二项,虽尽力行催,尚不能汇齐底绩,见有成效",各属虽有捐输之人,但寥寥无几,究其原因"缘浙属人情狡啬,止图利己,而未肯轻破悭囊之故也。且社仓之法,只宜劝输奖励,听民自便,难以刻责州县计期奏功"。⑥

雍正初年,各省社仓迅猛的发展固然可喜,但同时也浮现了一些运营过程中的弊病,在一些捐谷不足的地方,为增加储量,不惜以摊征或征收附加税等方式筹募谷本,如此则是变相增加了百姓负担,如上海、南汇等地就以随漕捐纳米为本,拨归社仓⑦。与此同时,社仓运营过程中,由于经营不善,出现了亏空等情弊。雍正四年

---

① 《雍正朝汉文朱批奏折汇编》(第9册),雍正五年三月十九日,署理山东巡抚印务·侍郎塞楞额奏,第285—286页。

② 参阅陈春声:《清代广东社仓的组织与功能》,《学术研究》1990年第1期。

③ [嘉庆]《广西通志》卷一百二十九～一百三十二《建置略·廒署》,《续修四库全书》本。

④ 参阅吴洪琳:《论清代陕西社仓的区域性特征》,《中国历史地理论丛》2001年第1期。

⑤ 《雍正朝汉文朱批奏折汇编》(第10册),雍正五年八月二十八日,河南总督田文镜奏,第481—482页。

⑥ 《雍正朝汉文朱批奏折汇编》(第9册),雍正五年闰三月初一日,浙江巡抚李卫奏,第363—364页。

⑦ [日]星斌夫:《中国社会福祉政策史の研究——清代の赈济仓を中心に》,东京:东京图书刊行会,1985年,第218页。

（1726年），世宗谕令对常平仓、社仓进行盘查，以观其成效。此谕颁布之后，各地便开始大规模盘查社仓等项实贮谷石数目，如是年七月，吏部郎中孙常遵旨盘查直隶赞皇等县社仓，其中内邱县"借给穷民仓谷，每出谷一斗，实止七升有零。据此核算，是该县借给穷民仓谷实止六千石有零。除实借在民外，该县浮开谷二千一百余石，显有掩饰亏空情弊"①。同年，翰林院编修金以成亦遵旨盘查顺义等厅县社仓等项的实贮数目②。他如两广、江西、两湖等地程度不同地存在浮夸捏报、名不符实的现象，尤以湖广最为严重。湖广为天下第一出米之区，但民间往往狼藉花费，不思积贮备荒，虽社仓系为地方经久之计，"自杨宗仁故后，督抚既不留心，有司遂致怠玩，缘收掌在民，无关考成，竟不鼓励稽察，今仅报实贮谷一十七万六千石零。现在被水乏食，各州县社仓俱无存贮"③。翌年正月，傅敏折奏"全楚州县社仓亏缺者，几至四分之一"④。雍正帝于此亦体会到当年圣祖康熙力谕社仓不可行的苦衷，在其心路历程中渐有退缩之意，"圣祖曾力谕此事万不可行，但未详谕其不可之由。朕即位多言社仓之益，朕原欲试行，看数年来保知其难而不可行，不过暂留此一着，亦有益无损事也"⑤。不过，于人情世态、吏治民生无不洞悉且具有丰厚执政经验的雍正帝很快就调整心态，谕令通查追赔，特颁谕旨，以示决心：

> 社仓之设，所以预积贮而备缓急，原属有益民生之事……数年之内，各省督抚中奉行最力者，则湖广总督杨宗仁。今据傅敏陆续盘查具奏前来，始知湖广所属州县社仓一案，原报甚多，而现贮无几。此中情弊想因不肖有司侵蚀入己，或那移以掩其亏空，又或因杨宗仁始初料理此事之时，意在锐于举行，而所属各官迎合其意，遂虚报谷石之数，以少为多，均未可定……今湖广社仓亏空之数，即交与傅敏悉心清查，分别核实，倘谷已如数交仓而州县侵蚀那移，忍以百姓预备之需充一己之私用者，著即于

① 《雍正朝汉文朱批奏折汇编》（第7册），雍正四年七月十三日，吏部考功清吏司郎中孙常奏，第672—673页。

② 其具体情况可参阅《雍正朝汉文朱批奏折汇编》（第7册），雍正四年七月十五日，翰林院编修金以成奏，第675—677页。

③ 《雍正朝汉文朱批奏折汇编》（第8册），雍正四年十二月初四日，署理湖北总督印务、都察院左都御史傅敏奏，第570页。

④ 《雍正朝汉文朱批奏折汇编》（第8册），雍正五年正月二十五日，署理湖北总督印务、都察院左都御史傅敏奏，第932页。

⑤ 《雍正朝汉文朱批奏折汇编》（第9册），雍正五年闰三月初一日，浙江巡抚李卫奏，第365页。

原侵那之州县名下严追赔补，断不容短少颗粒。①

雍正七年（1729年）六月，陕西总督岳钟琪疏奏恳请陕属设立社仓应将特颁谕旨恭录镌石，并拟列社仓条约，刊刻木榜，以昭程序。世宗谕令署督查郎阿、巡抚武格刊石颁布，"俾各州县乡社小民，咸知朝廷经营设法之盖藏，实百姓自为敛散之资用。倘地方官有于社仓谷石，创议交官，不交百姓，或指称原系公项，预为公事侵那之地者，俱以扰挠国政，遗误民生论，从重治罪。其岳钟琪所拟社仓条约，著户部抄录，交与该督抚，分发各州县，刊刻木榜，于各乡社仓竖立，以为永久程序"②。岳钟琪拟定的社仓收放稽查条约计十六项③，后文专述，兹不赘引。其所拟社仓规约得到世宗俞允，于此可见雍正帝念切民依之怀，于社仓积贮的孜孜不倦之心。

正是在世宗的再三训谕下，各直省严查亏空，实力劝输，社仓积贮又复发展。雍正九年（1731年）六月，福建布政使潘体丰具奏："闽省积谷，民捐自康熙二十一年起，官捐自康熙三十一年起，迄今通省官民捐贮积谷，除各案亏空参追外，现存官捐谷一十七万五千五百八十石零，民捐谷一十六万四千二百石零，俱实贮在仓。"④足见福建官民踊跃捐输情形。河南的社仓积谷更显佳效，翌年四月，河东总督臣田文镜奏报豫省捐输社仓谷石数目，"除旧管捐贮社仓谷、麦、豆、高粱、稻谷等项，共二十二万九千八百六十五石零外，又于雍正九年分据开封等八府属汝、陈等七州并所属汇报，新收捐谷八千五百二十三石零，荞麦二石，以麦易谷二百二十八石，息谷一万六千三百六十九石零。以上共二万五千一百二十二石零。新旧二项应实在贮仓共二十五万四千九百八十八石"⑤。河南社仓积谷成绩一直较优，除动用官帑直接采买贮仓之省外，它省鲜有能望其项背者。雍正十三年闰四月，河东河道总督王士俊奏称，"雍正十二年分，所有开、归等十府，汝、光、陕等三州报捐社谷，合计其数，三倍于前……开、归等十府，汝、光、陕三州并各州县，雍正十二年分旧管劝捐谷麦、豆、高粱、稻谷共三十万五千六百一十石四斗八升零，新收劝捐谷麦四万九千七

---

① 《雍正朝起居注册》（第2册），雍正五年六月初一日，第1277-1279页。按：引文中"那"通"挪"，原文如此，笔者未加改动，下同。

② 《雍正朝起居注册》（第4册），雍正七年六月二十六日，第2921页。

③ 其具体内容详阅《雍正朝汉文朱批奏折汇编》（第15册），雍正七年五月二十七日，宁远大将军岳钟琪奏，第421—424页。

④ 《雍正朝汉文朱批奏折汇编》（第20册），雍正九年六月（注：此奏无具折日期），福建布政使潘体丰奏，第848页。

⑤ 《雍正朝汉文朱批奏折汇编》（第22册），雍正十年四月十三日，河东河道总督田文镜奏，第127页。

百八十九石九斗八升零,息谷六千五百二十二石一斗二升零,开除无。实在共贮社仓谷麦、豆、高粱、稻谷三十六万一千九百二十二石五斗九升零"①。

从上文可知,终雍正一朝,世宗无刻不以民依为念,对社仓积贮则宵旰勤求,于社仓经营之道亦多有训谕,并不时加以稽查,以防蠹弊。对雍正朝社仓积贮演进之考察,雄辩地彰显了其筹划间阎盖藏之心,轸念元元民食之意。如所周知,清代社仓建设所取得的成就远迈前朝,无论如何这与雍正帝的孜孜讲求,努力推行是分不开的。

二、雍正朝社仓政策之特点

前文主要按历史发展的脉络阐述了雍正朝社仓建设的进程,下面把视角转向讨论此间社仓积贮政略的特点。

(一)举行社仓,以足民食

雍正帝继位之后,"裕国"与"安民"就成为清廷亟待解决的问题。他曾谕内阁:"国以民为本,民以食为天"②,"能安民方能裕国"③。可见,"安民"是"裕国"的前提条件。一定意义上讲,"安民"的核心即是筹储民食。世宗解决民食问题的基本方略可谓多途并举,如重农务本、蠲免钱粮、建设仓储体系等等。雍正皇帝十分重视积贮,曾曰:"古者视岁之上中,为储蓄之博节。盖官民经画久远,不为一时苟且之计。积之于丰年,用之于歉岁,所为有备无患,法良而意美也。朕自临御以来,宵旰勤求,无刻不以民依为念,乃重农积粟之诏屡下。"④雍正四年七月,更是把民食问题提高到国家政略的高度加以评说,"筹画民食为第一要政,莫要于此事者"⑤。但如何才能达到民食充足,民间各有预备的目标呢?关键在于备与无备之别。是故,未雨绸缪,完备仓储便成为备不时之需,足民食之用的最佳选择,而举行社仓积谷亦是题中应有之义。

---

①　《雍正朝汉文朱批奏折汇编》(第 28 册),雍正十三年闰四月初八日,河东河道总督王士俊奏,第 207 页。

②　《清世宗实录》卷四十七,雍正四年八月丙戌。

③　《世宗宪皇帝朱批谕旨》,雍正二年四月十三日,朱批湖广总督杨宗仁奏折,文渊阁《四库全书》本。

④　《雍正朝起居注册》(第 1 册),雍正三年九月二十四日,第 579—580 页。

⑤　《雍正朝汉文朱批奏折汇编》(第 7 册),雍正四年七月十六日,川陕总督岳钟琪奏,第 686 页。

雍正朝社仓积贮的政策目标十分明确，即是力争践行朱子社仓"为民"、"利民"、"便民"之法。世宗曾指出："朕之举行社仓，实因民生起见。"①其实早在雍正元年（1723年）闽浙总督满保等就曾论及雍正朝社仓积谷一事，"仰见我皇上念切民生，无时无事不以闾阎之休戚上厪宸衷，所以备不虞而足民食者，睿虑周详，皇仁溥博，从古帝王未有如我皇上之胞与为怀、恩同覆载者也"②。此折言语虽不免有溢美之嫌，但也反映了世宗举行社仓之目的实系"贮蓄于丰年，取资于俭岁，俾民食有赖，而荒歉无忧"③、"为吾民筹画养赡之道"④。这个政策目标决定了社仓建立的方式、进程及其运行原则，它不但从积极的方面肯定了一些官员出于"利民"和"便民"的目标在社仓建立和运行中的富于灵活性的举措，也从消极的方面禁止官员们"扰害"民间，对官吏"经管侵肥"社仓保持高度的警惕。⑤

社仓积谷以备民食无疑是最现实的考虑，如果经营完善即可收到"为民"、"利民"之效。雍正十年，世宗再次阐发此意，"社仓之设，原为利民，还交米谷，应观天年，地方少觉勉强，不必严催"，"万不可令有司因社仓而累民"。⑥当然，"便民"之功实源于社仓所具备的特质。如社仓建置要"因地制宜，须从民便"⑦。再者，社仓多设在乡村，其运营百姓自为、程序简便、籴借方便、救灾及时。不难看出，社仓确系便民之举。所以，当世宗听闻湖广百姓因捐输社谷以致怨畏时，随即谕令总督杨宗仁"严查不肖逢迎欺隐属员，再速安百姓之疑，皆令知原为百姓，并非为仓谷"，劝捐米谷亦"不可限定数目，令百姓必照数补足使不得"⑧。再如，雍正二年，世宗听说两湖地区社仓捐输有勒派之弊，便颁谕询问，杨宗仁专折奏闻，"实无勒派，按照完粮一两者，务贮社仓谷一石之事。抚、司、道、府衙门各可稽查，非臣敢有蒙蔽皇上圣听也"⑨。雍正帝举行社仓以期足食便民于此可见一斑。

---

① 《雍正朝起居注册》（第2册），雍正五年六月初一日，第1278页。

② 《雍正朝汉文朱批奏折汇编》（第2册），雍正元年十月初六日，闽浙总督觉罗满保、福建巡抚黄国材奏，第80页。

③ 《雍正朝起居注册》（第1册），雍正二年闰四月初四日，第220—221页。

④ 《雍正朝起居注册》（第1册），雍正三年九月二十四日，第580页。

⑤ 参阅杜玲：《雍正时期社仓的设立：皇帝、官僚与民间》，《北方论丛》2006年第6期。

⑥ 《雍正朝汉文朱批奏折汇编》（第22册），雍正十年四月十三日，河东河道总督田文镜奏，第127页。

⑦ 《雍正朝起居注册》（第1册），雍正二年闰四月初四日，第221页。

⑧ 《雍正朝汉文朱批奏折汇编》（第2册），雍正二年四月十三日，湖广总督杨宗仁奏，第788页。

⑨ 《雍正朝汉文朱批奏折汇编》（第2册），雍正二年闰四月二十二日，湖广总督杨宗仁奏，第975页。

（二）奉行之道，宜缓不宜急

雍正元年（1723 年）十月，闽浙总督满保、福建巡抚黄国材专折奏报了闽省官员捐输社仓米石的情况，世宗朱批曰："此非官举之事，原着尔等密密缓缓，相机劝导百姓自为。"①翌年（1724 年），就社仓政策的推行事宜谕直省督抚："社仓之设，原以备荒歉不时之需，用意良厚，然往往行之不善，致滋烦扰，官民俱受其累。朕意以为，奉行之道，宜缓不宜急。"②是年（1724 年）七月，贵州巡抚毛文铨奏闻设立社仓等事，世宗批示："此事悠久，徐徐实力行之。"③雍正四年（1726 年）十二月，特谕督抚，"社仓一事，甚属美政"，但"非上谕之事，亦不宜报部举行，即尔督抚亦不便勒令属员奉行，只可暗暗劝谕好府州县徐徐行之"④。又，次年（1727 年）闰三月，浙江巡抚李卫具奏浙省社仓等情形事，雍正帝指出，社仓建设"可缓缓为之"⑤。再，同年（1727 年）九月，世宗谕各省督抚藩臬等："积贮社仓之类，行之必以其渐，地方始无纷扰，若骤然举行，而迫之以官法，奸胥猾吏将借端为非，转为小民之累"⑥。从这些朱批谕示可以看出，渐进性可谓雍正朝社仓推行的显著特点。

（三）民捐民守，民借民还

之所以名为社仓，实系其经营模式为百姓自为。雍正二年（1724 年）正月，湖广总督杨宗仁奏报湖北社仓建设效验已著，世宗深为喜悦，鼓励曰："社仓之事，各省中尔成初创之功也，勉之"，同时要求严束属员不插手其间，告诫其社仓运作"任百姓自为方好"⑦。同年四月，杨宗仁具折奏闻湖广地方凡二麦可望秋

---

① 《雍正朝汉文朱批奏折汇编》（第 2 册），雍正元年十月初六日，闽浙总督觉罗满保、福建巡抚黄国材奏，第 81 页。

② 《雍正朝起居注册》（第 1 册），雍正二年闰四月初四日，第 220 页。

③ 《雍正朝汉文朱批奏折汇编》（第 3 册），雍正二年七月初六日，贵州巡抚毛文铨奏，第 285 页。

④ 《雍正朝汉文朱批奏折汇编》（第 8 册），雍正四年十二月二十四日，直隶总督李绂奏，第 724 页。

⑤ 《雍正朝汉文朱批奏折汇编》（第 9 册），雍正五年闰三月初一日，浙江巡抚李卫奏，第 365 页。

⑥ 《清世宗实录》卷六十一，雍正五年九月丙子。

⑦ 《雍正朝汉文朱批奏折汇编》（第 2 册），雍正二年正月十九日，湖广总督杨宗仁奏，第 505 页。

成大有，秋收之后，社仓皆可告成，民间各有预备，盖藏无虞。雍正皇帝朱批曰：

> 社仓一事，朕谆谆告尔听民自为，严束属员，不可逼迫……百姓知其力而乐为方好。①

世宗的批示道出了此间社仓运作的民间主体性。而这种民间性大略体现在两个方面。

一是，社仓的运营力图做到"全委于民"，即奉行之法"不当以官法绳之也"②，"总不许以官势临之"③。那么，如何才能做到"全委于民"呢？雍正四年十二月，世宗训谕："不必造册，亦不必限额，量州县人数之多寡，积年做去，出旧入新，以随民便。"④雍正五年（1727 年）八月，河南总督田文镜奏称：

> 社仓积谷一项，民捐民守，民借民还，不经官吏之手，无俟详请之烦，每岁青黄不接之时，乏食贫民藉以就近接济，与民生大有裨益……惟贵劝捐得法，输将则听之于民；守掌得人，出入则示之以久……凡府、州、县因公进见之时，即嘱其首先倡捐，以为民劝，并令劝谕绅衿、富户共勷厥成，不得强人不愿，勒令捐输，亦不得官吏侵收，有名无实。⑤

所谓的"民捐民守，民借民还"，即"听民自为"、"听民自主"或"听民自便"。岳钟琪也有类似观点，他曾备陈社仓收放条约，认为"社仓之法，原令民间自行积贮，每年自借自还，歉年得以自济"⑥。可见，他们观点的主旨是主张社仓运营"全委于民"。那么，"全委于民"有何优点这一问题便需要解释。岳钟琪的奏折中给出了答案：

---

① 《雍正朝汉文朱批奏折汇编》（第 2 册），雍正二年四月十三日，湖广总督杨宗仁奏，第788 页。

② 《雍正朝起居注册》（第 1 册），雍正二年闰四月初四日，第 220 页。

③ 《雍正朝汉文朱批奏折汇编》（第 3 册），雍正二年七月初六日，贵州巡抚毛文铨奏，第285 页。

④ 《雍正朝汉文朱批奏折汇编》（第 8 册），雍正四年十二月二十四日，直隶总督李绂奏，第 724 页。

⑤ 《雍正朝汉文朱批奏折汇编》（第 10 册），雍正五年八月二十八日，河南总督田文镜奏，第 481 页。

⑥ 《雍正朝汉文朱批奏折汇编》（第 15 册），雍正七年五月二十七日，宁远大将军岳钟琪奏，第 415 页。

> 全委于民,官无册籍,则议者必谓日后虚实赢缩略无可稽,终不如着落印官开报印册,乃可以专责成便查考。臣于此审思熟计,但就数年以来,臣身在地方亲自督办,而目中所见,自巡抚以至州县不下数百员矣,总未有一人能味社仓两字之义者。然则但一交官吏之手,纵立法万分尽善,当悉成纸上空言,官吏必不肯实力奉行,势必于地方百姓有害无利……若全委于民,使知为众人躯命所关,皆渐视为切己之物,则立法而善也。行之弊少而利多,纵立法不善,亦可利弊相当,不致有害无利。①

将粮石分贮各社仓,交与民间管理,此系一端。

二是,体现在仓政的日常管理上。比如说,社长的选任就需"令同社各村堡之老民公举仓正、仓副,经管本社仓粮"②,"公举殷实良善、素不多事之人充当仓正、仓副"③。当然,社谷委诸社长管理,仍易出现侵挪等弊,但系"民弊",亦轻于"官弊"。

> 春借秋还,立社以愈多而愈便,即一千京石之粮,值银不过三四百两,所谓殷实之仓正、仓副,纵止有田百亩之家,而正、副两人业产之所值,即已倍于社仓粮数矣。以数百名仓正、仓副之中,岂无侵脱亏虚之事,但众人耳目共见共闻,掩盖较难,败露甚易,一经发觉,其身家办此而有余,岂如官吏侵那动辄盈千累万,及参追亏空徒延岁月,往往子虚,是即以弊言之,民弊亦善于官弊也。④

社仓谷石系由"民捐民守,民借民还",仓政由百姓自为,不经官吏之手,一定程度上可避免仓因吏胥舞弊而出现的诸多积弊。

---

① 《雍正朝汉文朱批奏折汇编》(第 15 册),雍正七年五月二十七日,宁远大将军岳钟琪奏,第 418 页。

② 《雍正朝汉文朱批奏折汇编》(第 15 册),雍正七年五月二十七日,宁远大将军岳钟琪奏,第 417 页。

③ 《雍正朝汉文朱批奏折汇编》(第 15 册),雍正七年五月二十七日,宁远大将军岳钟琪奏,第 421 页。

④ 《雍正朝汉文朱批奏折汇编》(第 15 册),雍正七年五月二十七日,宁远大将军岳钟琪奏,第 418—419 页。

(四)有司晓谕,按例稽查

正如论者所言,社仓的民间主体性意味着官方不能过度作为,不能"以官势临之","不可逼迫",但社仓的民间主体性并不意味着官方的不作为。① 雍正帝针对举办社仓事宜多有晓谕,如"万万强不得"、"万不可强"、"但不可强之"、"酌量为之",云云。可见,在世宗社仓积贮的践行理念中,地方官员是不能过分干预的,当然更不能官为代行。雍正五年(1727年)闰三月,浙江巡抚李卫奏明浙省保甲、社仓情形,世宗指出,社仓"若动令官行,则有损无益也"②。是年(1727年)六月,特颁谕旨:

> 社仓之设,所以预积贮而备缓急,原属有益民生之事,朕御极以来,令各省举行,曾屡颁训谕,务俾民间踊跃乐输,量力储蓄,不可绳以官法,诚以此事若非地方官效率照看,则势有所难行;若以官法相绳,则又恐勉强催迫转滋烦扰,是以再三训饬,惟期设法开导,使众乐从,不致一毫扰累,乃为尽善也。③

虽然世宗强调社仓运作宜听民便自为,而不能以官法相绳,但同时他亦认为地方有司要"善为倡导于前,留心照应于后"④。此谕范定了地方官府在兴建社仓时所应发挥的两方面作用:一为有司劝谕,事前倡导;二系遵例稽查,事后留心。在实际的执行中亦是按此开展的。如雍正二年(1724年)正月,湖广总督杨宗仁接到举行社仓的谕旨之后,"即与各官加意讲求,特立条约六条……遍示晓谕,并立掖奖尚义之典……有司皆能实力劝化"⑤。雍正四年(1726年)六月,田文镜亦奏,"社仓一事,臣前在布政使任内时,即仰体皇上念切民依之圣怀,劝谕所属各州县设立社仓,劝民量力捐输,并公举社长以司出入。嗣蒙皇上天恩,畀以巡抚重任,臣复钦遵

---

① 参阅杜玲:《雍正时期社仓的设立:皇帝、官僚与民间》,《北方论丛》2006年第6期。

② 《雍正朝汉文朱批奏折汇编》(第9册),雍正五年闰三月初一日,浙江巡抚李卫奏,第365页。

③ 中国第一历史档案馆编:《雍正朝汉文谕旨汇编·上谕内阁》(第7册),雍正五年六月初一日,桂林:广西师范大学出版社,1999年,第99页。

④ 《雍正朝起居注册》(第1册),雍正二年闰四月初四日,第221页。

⑤ 《雍正朝汉文朱批奏折汇编》(第2册),雍正二年正月十九日,湖广总督杨宗仁奏,第505页。

谕旨,见有好府州县暗暗劝谕,令其实力奉行,毋得强勒扰害"①。各级有司劝谕举行社仓从各地的相关折奏中大略可见,此即是倡导于前。虽然世宗一再强调社仓不能官举,但仍不时对其经营状况进行稽查,以图收取实效。雍正帝不时拣员盘查各地社仓情形已如前述。更为重要的是,清廷还制定了或恩准了封疆大吏所拟的相关社仓稽查规约与制度②,此将于后文专为论述。

第三节　乾隆年间通行社仓

清朝的社仓建设取得成效最为显著、体制更为完备、制度建设更为周详是在乾隆时期,尤其是乾隆中前期。清朝的社仓政策远迈前代,而乾隆朝无疑是其重要的发展时期,完善了社仓管理与运营的各项制度。更为重要的是,乾隆朝的社仓建设打上了显著的时代烙印,同时亦体现了传统帝制社会国家在社会经济生活或者事务中所扮演的角色以及所发挥的作用。

一、社仓大规模营建的时代背景③

(一)人口、耕地、粮价与社仓积贮

明清鼎革之际,在战争、灾祲和瘟疫的三重打击下,中国的人口数量急剧下降。随着清廷统治政策的不断调适、"三藩之乱"的荡平和台湾回归中央的管辖,清朝的统治日渐稳固,凡此都为清代人口的迅速恢复、增殖奠定了基础,创造了条件。

---

① 《雍正朝汉文朱批奏折汇编》(第 7 册),雍正四年六月二十一日,河南巡抚田文镜奏,第509 页。

② 雍正二年定社仓法:"每社设用印官簿二本,一社长收执,一州县存查,登载数目,毋得互异。其存官一本,夏则五月申缴,至秋领出;冬则十月申缴,至春领出,毋许迟延,以滋弊窦,每事毕,州县、社长将本数申报上司。(《清朝文献通考》卷二十三《职役考·三》。)雍正七年,宁远大将军岳钟琪更是拟定了社仓收放稽查条约十六条,世宗谕令户部抄录交与该督抚,分发各州县刊刻木榜,于各乡社仓树立,以为永久程序。"其具体内容详见《雍正朝汉文朱批奏折汇编》(第15 册),雍正七年五月二十七日,宁远大将军岳钟琪奏,第 421—424 页。

③ 按:本节主要论及乾隆年间的情况,但为了阐述的连贯性,在叙述过程中把视线上溯至清初。

从清代人口变动的轨迹看，康熙中叶以降至乾隆年间，中国人口从缓慢恢复进入到快速增长阶段。据姜涛先生的研究可知，1650 年时中国人口约为 0.9 亿，是为明清之际人口的谷值。1680 年前后，增长到 1 亿，平均年增长率不超过 3.5‰。此后，1700 年时，全国人口进一步增长到 1.3 亿。1720 年前后，已赶上或超过明代盛年（1620 年前后）的人口水平，即达到 1.6 亿左右。1740 年前后，全国人口达到 2亿。1680—1740 年间的平均年增长率约为 11.6‰[①]。

虽然，清代时人不可能有如此精确的认识，但他们确也发现了当时的人口问题，并提出了一系列的经济对策。康熙四十二年（1703 年），圣祖谕大学士等曰："观近日南方风景，民间生殖较之康熙三十八年南巡时似觉丰裕。"[②]北方地区亦出现类此情境。康熙四十六年（1707 年），圣祖巡行边外，看见数十万人之多的山东人或行商，或力田，便有"于此可以知小民生息之繁矣"[③]之感叹。康熙四十八年（1709 年），圣祖鲜明地提出了人口与民食问题：

> 本朝自统一区宇以来，于今六十七八年矣。百姓俱享太平，生育日以繁庶，户口虽增，而土田并无所增，分一人之产，供数家之用，其谋生焉能给足？……不可不为筹之也。[④]

雍正初年，李绂曾论曰："圣祖皇帝爱育黎元，太和保合，至六十余年，天下民人，较之康熙初年，不啻加倍。"[⑤]

雍正帝即位伊始，便感人口压力日剧，"国家承平日久，生齿殷繁"[⑥]，"生齿日盛，食指繁多，则谋生之计，不可不讲"[⑦]。此外，"生齿日繁"、"生齿日增"、"生齿繁庶"、"生齿日盛"、"生齿益繁"、"户口愈繁"等语不绝于书，俯拾即是。从中可以窥见，世宗已忧虑因人口不断增长而引发的民食问题，并详为筹划解决之道。

终乾隆一朝，高宗时有户口繁庶，民食可虞之言。而乾隆五年（1740 年）人口

---

① 参阅姜涛：《中国近代人口史》（中国社会史丛书），杭州：浙江人民出版社，1993 年，第27 页。

② 《清圣祖实录》卷二百一十一，康熙四十二年二月丁酉。

③ 《清圣祖实录》卷二百三十，康熙四十六年七月戊寅。

④ 《清圣祖实录》卷二百四十，康熙四十八年十一月庚辰。

⑤ ［清］李绂：《条陈广西垦荒事宜疏》，载《清经世文编》卷三十四《户政九·屯垦》。

⑥ 《清世宗实录》卷六，雍正元年四月乙亥。

⑦ 《清世宗实录》卷四十九，雍正四年十月辛未。

统计制度的变革①，即人口普查制度的建立，更使得清廷有了一个相对准确的全国人口数，这无疑对国家制定相应的经济政策起着不可低估的作用。当然，此制度也为学者深入研究清代的人口问题提供了可能。学者将此后乾隆朝的人口变动大体分为两个阶段：乾隆六年至三十九年(1741—1774 年)，民数由 14341 万人增加到 22103 万人。在这一阶段中，乾隆七年较六年增加 1600 余万人，增幅过大(增长率高达 114‰)。其后则大体以较为平缓的速率逐年增长，平均年增长率为 10.2‰，或每年增加 190 余万人；乾隆四十年至五十九年(1775—1794 年)，民数由 26456 万人增加到 31328 万人。这一阶段因 1775 年比 1774 年猛增 4000 余万人(年增长率高达 197‰)，而与第一阶段形成一个陡坡。但本阶段其后各年的增长也相当平缓，即大体保持在年增长率 8.9‰，或每年增加 250 余万人的势头。②

　　清代人口急剧增长，但如果土地随之大规模地垦殖，加之农业技术的相应提高亦可缓和人口与耕地之间的矛盾。

　　明末清初的战乱，延续近半个世纪。兵燹之余，小民流离失所，田地榛芜，满目疮痍，荒凉至极。与此同时，清初的人口亦大量减少，人口与耕地在一个非常态的环境下保持着一种苦涩的均衡。土地大量抛荒不仅影响到民人生计，而且导致了清廷的财政困难。是故，垦荒拓地便成为清朝刻不容缓的大事。③

　　康熙中叶以降，清朝的统治秩序日渐稳固，出现了所谓盛世景象，统治者也时常感到人口增殖所带来的民食压力。康熙四十六(1707 年)，圣祖谕："南方地亩，见有定数，而户口渐增，偶遇岁歉，艰食可虞。"④康熙四十八年(1709 年)，圣祖明确提出人地矛盾问题，"溯自顺治二年以迄今日，垂七十载，承平日久，生齿既繁，纵当

---

　　① 按：乾隆五年十二月户部议行岁查民数一事，"查各省户口殷繁，若每岁清查，诚多纷扰。应俟辛酉年编审后，户口业有成数。今各督抚，于每岁仲冬，除去流寓人等，及番苗处所，将该省户口总数与谷数一并造报，毋庸逐户挨查。"(《清高宗实录》卷一百三十三，乾隆五年十二月丙辰。)此前清朝虽有人丁的统计，但清代前期史籍所载"户"、"口"、"丁"，实质上都是一种纳税单位，不能作为人口估计的折算数据。有关乾隆六年之前"丁"的实质，学界多有讨论，可阅读[美]何炳棣著，葛剑雄译：《明初以降人口及其相关问题：1368—1953》，北京：生活·读书·新知三联书店，2000 年，第 28—41 页；姜涛：《中国近代人口史》，第 14—22 页；曹树基：《中国人口史·清时期》(第五卷)，上海：复旦大学出版社，2001 年，第 51—68 页。

　　② 参阅姜涛：《中国近代人口史》，第 29 页。

　　③ 按：关于清初及十八世纪清朝的垦政可参阅彭雨新：《清代土地开垦史》第一、二、三章的论述，北京：农业出版社，1990 年；方行、经君健、魏金玉主编：《中国经济通史》(清代经济卷)，北京：经济日报出版社，2000 年，第 43—79 页。

　　④ 《清圣祖实录》卷二百三十一，康熙四十六年十一月乙亥。

大获之岁，犹虑民食不充"①。翌年(1710年)，上谕户部："南北人民风俗及日用生计靡不周知，而民生所以未尽殷阜者，良由承平既久，户口日蕃，地不加增，产不加益，食用不给，理有必然，朕洞瞩此隐，时深轸念。"②雍正帝临御以来，"凡有益于民生者，无不广为筹度。因念国家承平日久，生齿殷繁，地土所出，仅可赡给，偶遇荒歉，民食维艰，将来户口日滋，何以为业？惟开垦一事，于百姓最有裨益"③。雍正年间的垦荒虽取得一定的成绩，但在限年紧迫的驱使下，出现了严重的捏报、虚报等浮夸问题，各省奏报开垦数额多有名无实，竟成累民之举。

顺治、康熙、雍正年间的垦荒虽不能如圣祖所论"户口虽增，而土田并无所增"④、"人丁虽增，地亩并未加广"⑤。如下图2-1所示，"人丁"与"地亩"表现出惊人的相似之处，可谓如影随形，有着极强的相关性，虽然人丁的变动并不实际反映人口的变动，但我们大略还是可以推知此期人口的增长是快于田地的拓殖速度的。

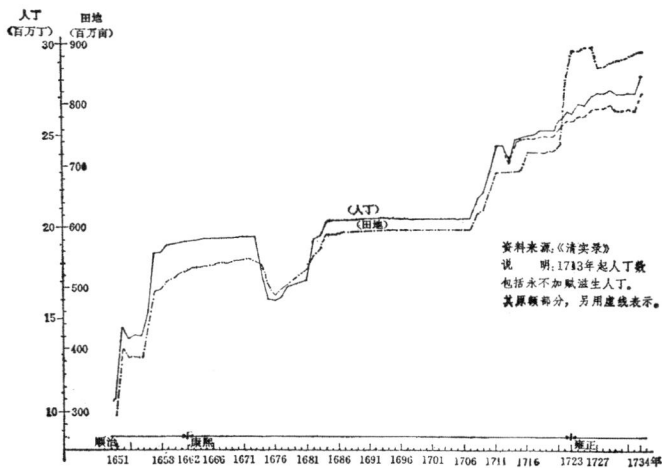

图2-1 1651—1734年人丁、地亩数的变动
(此图来源自姜涛《中国近代人口史》，第23页)

---

① 《清圣祖实录》卷二百三十六，康熙四十八年正月辛巳。
② 《清圣祖实录》卷二百四十四，康熙四十九年十月甲子。
③ 《清世宗实录》卷六，雍正元年四月乙亥。
④ 《清圣祖实录》卷二百四十，康熙四十八年十一月庚辰。
⑤ 《清圣祖实录》卷二百四十九，康熙五十一年二月壬午。

　　新的人口统计制度建立之后,见诸《户部清册》、《清高宗实录》等文献的清代人口数额大量增加[①],于下图 2－2 可见一斑。

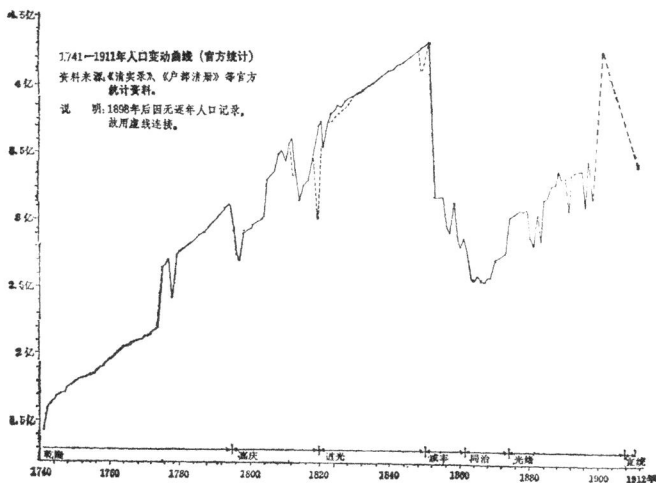

图 2－2　1741—1911 年人口变动曲线(官方统计)

(此图来源自姜涛:《中国近代人口史》,第 35 页)

　　乾隆朝人口的大致变动已如前述,那么,此期的土地开垦是否取得了实效? 高宗即位以后,便针对雍正年间垦荒浮夸问题发出上谕:

　　　　各直省督抚题报开垦者,纷纷不一……经朕访察其中多有未实,或由督抚欲以广垦见长,或由地方有司官欲以升科之多,迎合上司之意,而其实并未开垦,不过将升科钱粮,飞洒于现在地亩之中,名为开荒,而实则加赋,非徒无益于地方,而并贻害于百姓也。嗣后各该督抚宜仰体皇考爱民至意,诚心办理,凡造报开垦亩数,务必详加查核,实系垦荒,然后具奏,不得丝毫假饰,以滋闾阎之扰累,若不痛洗积弊,仍蹈前辙,经朕访闻,必从重处分,不稍姑贷。[②]

----

　　①　按:据《户部清册》、《清实录》、《清朝文献通考》等文献还原此期人口数仍存在不少缺点,因为在制度上的规定以及具体操作过程中有诸多问题,故其数是低于实际的人口数据。何炳棣先生认为,乾隆六年至四十年的实际人口至少要比官方统计数高 20%。(参见［美］何炳棣著,葛剑雄译:《明初以降人口及其相关问题:1368—1953》,第 28－41 页。)

　　②　《清高宗实录》卷四,雍正十三年十月乙亥,北京:中华书局,1985 年。

但实际上,除了边疆地区尚有大量土地可以垦殖,而此期清廷对东北、蒙古等地实行封禁政策,至少是乾隆初年边疆还不可能得到大规模的农业开发。内地省份实则没有太多的土地可以垦为沃壤。清廷经过几度筹措,于乾隆五年(1740 年)提出以后垦殖的方向,是年高宗谕:

> 从来野无旷土,则民食益裕,即使地属畸零,亦物产所资,民间多辟尺寸之地,即多收升斗之储,乃往往任其闲旷,不肯致力者,或因报垦,则必升科;或因承种,易滋争讼,以致愚民退缩不前。前有臣工条奏及此者,部臣以国家惟正之供,无不赋之土,不得概免升科,未议准行。朕思则壤成赋,固有常经,但各省生齿日繁,地不加广,穷民资生无策,亦当筹画变通之计。向闻边省山多田少之区,其山头地角,闲土尚多,或宜禾稼,或宜杂植,即使科粮纳赋,亦属甚微,而民夷随所得之多寡,皆足以资口食。即内地各省,似此未耕之土,不成丘段者,亦颇有之,皆听其闲弃,殊为可惜,用是特降谕旨,凡边省内地,零星地土,可以开垦者,嗣后悉听该地民夷垦种,免其升科,并严禁豪强首告争夺,俾民有鼓舞之心,而野无荒芜之壤。①

这条谕旨传达了一个重要信息,即若想深化垦殖只能寄希望于"山头地脚"等不成丘段之地了②。据此可以推见,单靠垦荒是不能保证人口与耕地的同步增长。易言之,此举也解决不了日益加剧的民生问题。

人口日增,人地矛盾日剧,也影响到粮价的波动。当然,粮价波动的原因是很复杂的,但时人多将粮价与人口结合起来思考,这可能是此种解释模式具有合理性的体现。康熙帝曾有"米价终未贱者,皆生齿日繁,闲人众多之故耳"③,"如此丰年,而米粟尚贵,皆由人多地少故耳"④之论。雍正五年(1727 年),世宗上谕内阁:"户口日增,生齿益繁,而直省之内,地不加广。近年以来,各处皆有收成,其被水歉收者,不过州县数处耳,而米价遂觉渐贵……良由地土之所产如旧,而民间之食指

① 中国第一历史档案馆编:《乾隆朝上谕档》(第 1 册),乾隆五年七月二十六日,北京:档案出版社,1991 年,第 605 页。
② 按:乾隆三十八年,高宗明确指出:"至于内地开垦一说,则断无其事,各省督抚,亦断不得以此为言。"(《清高宗实录》卷九百四十八,乾隆三十八年十二月戊子。)
③ 《清圣祖实录》卷二百五十,康熙五十一年四月乙亥。
④ 《清圣祖实录》卷二百五十六,康熙五十二年十月丙子。

愈多,所入不足以供所出,是以米少而价昂,此亦理势之必然者也。"①乾隆元年 (1736 年),高宗谕曰:"湖南为产米之乡,向来米价平时,每石不过七八钱。近闻湖南省城,米价腾贵,自正月二十四五以后,每石贵至一两七八钱不等,民间有艰食之虑。"②乾隆初年更是围绕粮政、粮价问题展开了大范围的廷议,学界多有讨论,兹不赘述。

乾隆初年所面对的人口问题、民食问题已如前述。而问题的核心无疑是人口问题,其他均系由人口问题所派生的。在探讨此问题时,有一点需要注意,或许有的读者会问,道光以后清朝的人口不是增长的更快吗?人口与耕地的矛盾不是更大吗?为何道光以降迄至清朝灭亡社仓积贮却没有大规模的兴办?而雍乾年间社仓却大规模发展。这的确是一个不能回避的问题。此问题如不能合理解释,则时代背景之分析便沦为赘言。我想以下几个方面或许可以作为原因。一是,前文所论为乾隆朝抑或是整个十八世纪清廷社仓积贮的大背景,面对相同的情境,国家实际上是可以做出不同的抉择,如十八世纪清朝政府在民间积贮方面选择了社仓模式,道光以降,义仓逐渐兴起,蔚为风气;二是,康雍乾时期是中国历史上少有的盛世,国家机器运转良好,三代君主的执政能力亦毋庸置疑,他们都以"养民"为治国之道,尤其是乾隆皇帝"冀为成康之治",意欲追求"三代之治"和"养民足民"的理想,在粮政方面多有制作,试图"一劳永逸"地解决粮食问题。是故,此期社仓大规模兴办并取得不菲成就应该就是其整体仓储政略的有机部分;三是,社仓毕竟属于民间积贮的范畴,这样社会秩序或者说国家局势稳定与否直接关联到社仓积贮政策的展开。平定三藩之乱以降,直至乾隆中叶之前,清朝国内形势相对稳固,且少有外患之虞。嘉道以后,清廷政局动荡,国外势力日趋扩张,国家对基层社会控制的维度日益削弱,这直接影响到民间积贮的发展,随之义仓积贮日渐兴起,并显示了很强的生命力。

高宗弘历临御伊始,便表达了其为政的目标与理念:

> 从来帝王抚育区夏之道,惟在教养两端……盖恒产恒心,相为维系,仓廪实而知礼义,理所固然。则夫教民之道,必先之以养民,惟期顺天因地,养欲给求,俾黎民饱食暖衣,太平有象……所谓三代之治必可复,尧舜之道必可行者,庶能继述万一,此朕中心乾惕之诚,并非因即位之初,为此邀誉近名之语,以博天下臣民之感颂,朕心务收实效,岂肯徒

---

① 《清世宗实录》卷五十四,雍正五年三月庚寅。
② 《清高宗实录》卷十三,乾隆元年二月辛卯。

托空言。①

此谕只表明心志，并未确定什么具体目标。乾隆二年（1737年），高宗谕总理事务王大臣："养民之政多端，而莫先于储备，所以使粟米有余，以应缓急之用也。"②据此大略可以窥见，乾隆帝在仓储方面将有一番作为，社仓的兴建或许正是出于此念亦未可知。

（二）自然灾害与社仓建设

大约十四世纪初开始，全球气候进入一个寒冷时期，从大部分地区的研究情况来看，这个时期的气候寒冷程度仅次于一万年前的最后一次大冰期阶段，故通称为"小冰期"（Little Ice Age），在中国也称为"明清小冰期"，"小冰期"结束于二十世纪初期③。

历史时期气候的变迁对人类活动的影响，最明显的在于因气候异常变动引发的自然灾害对农业生产造成的破坏，使粮食出现局部供应不济，进而可能导致严重的社会动荡。

从一定意义上讲，中国历史是一部灾荒史。翻检典籍，各种灾害史不绝书，俯拾即是，难怪国外学者将中国称为"灾荒的国度"。就清代而言，最大的灾种为水灾，占全部灾况的56%；其次是旱灾，占全部灾况的32%。④

表2-1　顺康雍乾年间水旱灾变化表

单位：州县

朝代	水灾	年平均	旱灾	年平均
顺治	935	52	486	27
康熙	2658	44	2766	45

① 《清高宗实录》卷三，雍正十三年九月壬戌。
② 《清高宗实录》卷四十二，乾隆二年五月丙申。
③ 按：关于"小冰期"的起止时间，学界看法并不一致，有的学者认为最早开始于1300—1310年，亦有人认定于1560年开始。结束期则有1700、1850和1900三种观点。但十八世纪正处于"小冰期"之中，则为绝大部分学者接受。
④ 参阅李向军：《清代荒政研究》，北京：中国农业出版社，1995年，第15页。

朝代	水灾	年平均	旱灾	年平均
雍正	793	61	272	21
乾隆	6027	100	3303	55

资料来源:李向军:《清代荒政研究》,第 19 页。

为了直观起见,我们将清代灾害发展趋势以图 2－3 表示如下:

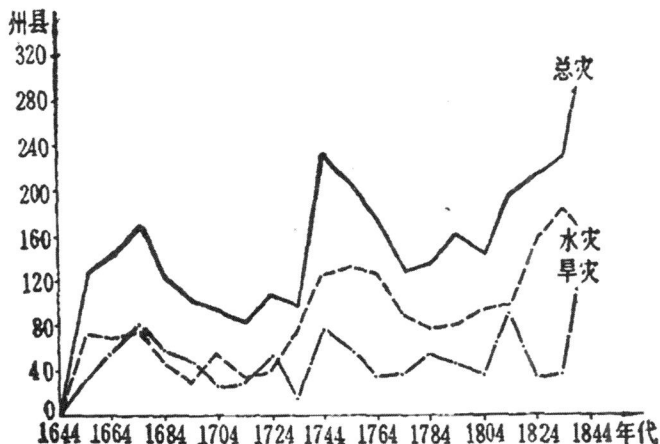

图 2－3 清代灾况变动图

(图片来源:李向军著《清代荒政研究》,北京:中国农业出版社,第 17 页)

从表 2－1 及图 2－3 不难看出,清代的水旱灾害虽有波动,但总的趋势是呈上升态势。乾隆初年灾害频仍,降至乾隆九年达到高峰。此实际上是高宗致力于粮政,尤其是仓储建设的不可忽视的大背景。高宗践祚伊始,便谕:"然水旱之灾,虽尧、汤不能免,惟有勤恤民隐,竭力补救,可以化灾沴而成太和。"①乾隆元年(1736年),在殿试制题中表达了其"爱养足民"的理想,"夫民为邦本,固当爱之,爱之则必思所以养之,养之必先求所以足。朕欲爱养足民,以为教化之本,使士皆可用,户皆可封,以臻于唐虞之盛治。"②

---

① 《清高宗实录》卷四,雍正十三年十月辛未。
② 《清高宗实录》卷十六,乾隆元年四月丙寅。

高宗初政布新,在加强仓储积贮方面,臣僚也起了推波助澜的作用。乾隆元年(1736 年),学士方苞上疏言辞激切地奏请增加积贮:

> 臣闻三王之世,国无九年之蓄曰不足,无六年之蓄曰急;下逮六国纷争,且战且耕,犹各粟支数年,汉唐以后,岁一不熟,民皆狼顾,犹靠海内为一,挹彼注兹,暂救时日,然每遇大授连歉,君臣篙目而困于无策者,比比然矣。盖由先王经世大法堕失无遗,孟子谓圣人治天下,使有获粟如水火,至圣大贤岂肯漫为游言,以欺当时,而惑后世哉?①

方苞的上疏动人听闻,对一心想匡复三代之治的弘历来说具有很强的感召力,坚定了其增强仓储的决心。翌年(1737 年),高宗即命重农务本,特谕王大臣等:

> 昔者虞廷咨牧,食哉惟时,而百揆奋庸之后,即命弃以播时百谷,礼乐兵刑,皆在所后。良以食为民天,一夫不耕,或受之饥,一女不织,或受之寒,而耕九余三,虽遇荒年,民无菜色。今天下土地不为不广,民人不为不众,以今之民,耕今之地,使皆尽力焉,则储蓄有备,水旱无虞。②

于此谕可以看出,高宗致力仓储以备水旱不时之需的理念。那么,我们有理由相信,乾隆初年大举进行社仓建设实为清廷积贮政略的重要一环。

二、乾隆朝社仓积贮政略之演进

清朝的社仓政策为历代所不及,乾隆朝无疑是其重要的发展时期,各项制度更加完备。但乾隆朝社仓体系的完善也不是一蹴而就的事情,经过了几个发展阶段。或者更确切地说是在皇帝与地方封疆大吏不断的争论与思考中逐渐形成的,这期间既有乾隆帝初政时的雄心壮志和宏伟蓝图,也有中后期对社仓经营过程中出现的诸多弊端的不解与无奈。

---

① [清]方苞:《请定经制札子》,载《方望溪全集·集外文》卷一《奏札》,北京:中国书店,1991 年,第 261 页。
② 《清高宗实录》卷四十二,乾隆二年五月庚子。

（一）通行社仓之前奏——社仓册籍如何完备之争

乾隆朝继承了前朝的社仓积贮政略，并作了一些政策调整，对举办社仓也展现出更为积极的姿态，并致力于各省通行社仓。

乾隆元年，通政司右通政李世倬呈请推广社仓之奏可视为乾隆年间的社仓积贮政略演进之滥觞。是年五月，李世倬折奏：

> 天下之大，不能必无一隅之偶歉；尧舜之圣，不能保无一夫之不获。故夫旱潦之病农自古时有……赈贷蠲除，临时之泽必溥；抚存休养，先事之图必周。即如社仓一法，屡代遵行，迄于本朝，益加详备，此固以济民间之缺乏，而实可以御岁时之饥馑。臣愚以为救荒之政即于是而可，通赈之法亦于是而可寓。窃见直省偶遇水旱，即行赈恤，在朝廷轸念民生，不惜巨费，而百司奉行之时，不能不委其事于胥吏，遂至捏造花名，虚增户口，愚民浮冒，奸吏烹分。有资者反得钻营射利，而无资者不获一体均沾。盖缘有司不难于按名给散，而难于逐户确知也。臣当在湖北布政使之任，查社仓之春借秋还，立有社长，主其出入，察其收放，咸有章程。盖缘一乡一堡之中，其民家之贫富，业之有无，人之多寡，无不为社长之深知。是社长于寻常丰顺之年，知之无不井井，而猝遇歉收之岁，岂至遗忘无据耶？皆由有司不谙吏治，遂于民间之事漠不关心，亦大吏之未尝预为筹画也。诚使有司者，于春借之时，社长具报之日，即备询其家业名口，而自注之于册，或虑家业之消长不时，人口之添退无定，则再于秋还之候，社长具报之日，复询其故而改注之，此不过有司一举笔之劳，不必假手于吏胥者也。自此一岁一周，即可察社长之公私，考民间之勤惰，觇邑中之肥瘠，而奖励由此可施，政治由此可省，则一邑之户口不独众社长能熟知之，即有司亦无不谙熟之已。一旦遇有水旱赈济之事，举前所自注之册，计其男妇大小户口共有若干，按多寡之数而赈给之，视贫富之等而酌量之，自无舛错遗漏，普天之泽既可共沾，钻营浮冒之弊亦可肃然而清矣，诚所谓一劳永逸。臣故曰救荒之政即于是而可通，赈济之法亦于是而可寓。臣愚，原欲祈请皇上定例颁行，第恐有司未能留心于平日，一朝奉命，势必责令社长另造户口册籍，社长又必责令百姓开报花名，彼此相传，惊疑易起，若竟宣示民间，俾得共知其故，则刁顽者必至先设地步，预为浮冒之谋，而不肖之社长亦得借此以渔利小民，是利未兴而弊先至也。臣再四思维，合无仰请皇上，谕令督抚转饬有司，务使于社长册报之时，专心查记，善为举行，则不

动声色,不事烦扰,吏安于上而潜握其权,民由于下而默受其利,推一邑于一郡,推一郡于一省,将见各省皆可准也。而社仓之成效可收,间阎之实惠可溥矣。①

为能让地方有司实力奉行,不致烦扰民间,李世倬奏请定例颁行于各省,以成规制。高宗亦认为此奏似属有理,但也清醒地认识到,社仓若想取得实效或者说李世倬的建议能付诸实施,"必有司善于奉行,方为有益;否则纷扰间阎,未见其益,先受其累矣"。所以,高宗还是很谨慎,"传谕各该督抚酌量地方情形,密饬有司留心酌办,倘该地方有难行处,亦不必勉强"。②

各省督抚接到谕旨后,反映不一。有的督抚胸无定见,只是遵旨转饬地方有司善为奉行,并没有提出异见。如乾隆元年(1736年)六月,江西巡抚俞兆岳便谨遵谕旨,密饬布政使刁承祖晓谕地方官因地制宜,留心酌办,不得假手胥役,以防滋事扰民③。当然,亦有封疆大吏于此大家赞赏,颇为认同。同月,山西巡抚石麟奏闻:"臣查社仓粮石,原为小民缓急之需,春借秋还,久有定例。今于出借交还之时,即查询其家业名口,登记于册,以备查赈之用,诚为简便。"④事实上,李世倬的建议未得到地方督抚的认同。是年(1736年)六月,河南巡抚富德即提出不同见解:

> 窃以为救荒之策,止凭社仓册籍,似尚未为尽善。查各州县所属村庄大小不一,远近不同,其间大者设有社仓,而其小者不尽建设。附近城郭者,或所在间有。而离城窎远,僻壤穷乡,居民稀少,更何社仓之设?是社仓之法,原非随村庄而概有之也。况其中谷石虽定有春借秋还之例,然小民谋食必值年岁歉薄,而后兴思借贷。如遇有收,即不复告借。更兼一社之中,有借亦有不借者。是该地方即设有社仓,而借谷册籍不足为丁口之凭也明矣。且贫户更多迁徙不常,往往上年居住彼村,而下年又移于此社。再或年岁收成不一,或上年不烦出借,而下年方始举行。是借无一定,又非比户皆有册籍可凭,今若止以社仓谷石之出入据为家产户口之

---

① 中国第一历史档案馆藏:《宫中朱批奏折·财政类·仓储》,乾隆元年五月初八日,通政司右通政李世倬奏。按:本书所引《宫中朱批奏折》除特殊注明外,均为"一史馆"所藏档案,后文引注时,不复标注档案所藏之处。

② 中国第一历史档案馆编:《乾隆朝上谕档》(第1册),乾隆元年五月初九日,北京:档案出版社,1991年,第57页。

③ 《宫中朱批奏折·财政类·仓储》,乾隆元年六月初二日,江西巡抚俞兆岳奏。

④ 《宫中朱批奏折·财政类·仓储》,乾隆元年六月十八日,山西巡抚石麟奏。

准,则一旦遇有水旱赈济之事,将令其仍赴旧住之村庄而动借乎? 抑不问其上年之借否而概给之耶? 恐户口之遗漏必多,贫富之舛错益甚,胥役浮冒侵渔之弊将纷起而不可究诘矣。臣思虑事必期详密,设法务出万全,伏念编查保甲之法,乃各州县现在之所奉行,不论偏僻村庄,亦无问年岁丰歉,地方有司例应逐户挨查,非如社仓之在各村庄本或有而或无也。今诚使各该地方官,每岁于冬间或春初点查保甲时,即将逐户之男妇大小名口添注于册,务使村不遗户,户不遗丁,并询其有无钱粮及完纳户名,详注册内,查与粮册相符,即知其贫富虚实。平时岁以为例,则无事之日,一州县之户口贫富已按籍而瞭如指掌,然后设遇赈济,自然不费周章,即或间有迁移,当不越此阡彼陌,再偶有消长,亦不甚相上下,料无脱漏之虞、不沾之惠。而胥役之浮冒侵渔,均无所容其伎俩。视止据社仓出借谷石以为赈荒张本者,似觉稍为周密矣。①

富德此奏还是颇有见地的,丝毫未见揣摩圣意,一味迎合之语,而是根据实际,据理分析止凭社仓册籍进行救荒之弊,进而否定李世倬之议。无独有偶,乾隆元年(1736 年)七月,江南总督赵弘恩、安徽巡抚赵国麟、苏州巡抚顾琮等亦有类似观点:

> 据上下两江藩司查议,均以为酌量地方情形,无益于民,徒滋纷扰,议禀前来。臣等悉心筹画,窃思建立社仓,每县不过数处,或建于市集村镇之区,或建于居民稠密之地,其远乡僻壤村舍寥落者不能遍设。每年借给社谷亦不过邻近地方素为社长熟识之人,而远处穷民未获遍及者亦多。且春借必计其秋还,贫苦乏力之家秋成无谷偿补,即附近仓所,而社长未必肯于轻借,经营糊口之户又可无需借给,春借社谷自无多人。社长纵即诚实,焉能保其毫无弊窦? 或浮开户口,或假捏花名,挪移出纳,事或有之。地方官止能核其还仓之亏足,不能于出借之日逐户稽察,其实在穷民未必均为借户,册报借户未必名名实有其人,社长开报不实,州县亦难确注无遗。偶遇旱涝,以社仓登注之册,即为赈济之据,穷黎必多向隅之泣,是欲防遗漏恐遗漏尤多,欲杜浮冒而浮冒益甚,更可滋社长、蠹役之弊。若各乡各堡概令开报,而人之贫富、业之有无、户口之多寡,悉出自社长之口。倘授权若重、持柄益专,若辈公正者几人? 自必擅作威福,随其喜怒

---

① 《宫中朱批奏折·财政类·仓储》,乾隆元年六月初三日,河南巡抚富德奏。

恣意颠倒去留,更复从中渔利,民何以堪?若值岁登大有之年,无需赈恤,
而普天率土,社长藉名纷纷查造,扰民滋事,似非善举。况小民迁徙靡常,
事难预定,或报灾之时,此处穷民移去,彼处穷黎迁来,户册不对,挠挠控
诉,查核不清,愈至迟误。有司奉行不善,不徒有关政体,实有累于闾阎。
此万难踵行之事也。诚如上谕,未见其益,先受其累矣。臣等伏查,水旱
灾伤间所或有,一县之中不过或区或图,查赈之法,贵在因地制宜,惟有酌
量被灾之轻重、区图之大小,遴委贤员,会同地方印官,随带平时清厘保甲
户口底册,挨户稽查核对,区别贫富,随查随给印票,遇有迁徙穷民临时变
通办理,似无遗漏、浮冒之虞,而被灾黎元立得均沾实惠矣。①

此奏既分析了社长在开报过程中可能甚至是不可避免的弊窦之处,又关照了
小民生存实态,认为李世倬所奏断难践行。其实李世倬奏请推广社仓之举措是否
得到各省督抚大员的一致赞同并不重要,问题的关键在于,正是源于此奏,高宗传
谕各直省因地制宜,酌为办理。质言之,社仓积贮成为清廷仓储体系建设中不可或
缺的部分。一定意义上讲,李世倬之奏可视为乾隆朝通行社仓政略的前奏。

(二)通行社仓之展开——关于朱子《社仓事目》的论争

乾隆四年(1739年)七月,高宗谕内阁:"从来养民之道,首重积贮,而积贮之
道,必使百姓家有盖藏,能自为计,庶几缓急可恃,虽遇旱涝,可以自存,不至流离失
所,若百姓毫无储蓄,事事仰给于官,无论常平等仓现在未能充足,即使充足矣,而
以有限之谷,给无穷之民,所济能有几何。"②寻后,乾隆帝还诏令内阁将此谕通寄
各省督抚,悉心具奏足民之法。各省督抚还未及陈奏完毕,是年(1739年)十二月,
山西道监察御史朱续晫便疏奏社仓事宜十一条,其奏大略如下:

> 朱子社仓之法,臣每疑其难行,恐事权不画一,则弊窦易生,管理不得
> 人,则成效难必也。近因各直省储备不广,地方偶遇荒歉,措置维艰,臣再
> 四踌躇,未得良策……乃兼取朱子社仓事目,反复细究……今欲助常平之
> 不及,则社仓似当兼行也。伏愿皇上将社仓事目发交各督抚,悉心讲究,
> 实力奉行,三年核其成效,如或以为不必行,而别有备预良策者,则亦令其

---

① 《宫中朱批奏折·财政类·仓储》,乾隆元年七月初五日,江南总督赵弘恩、安徽巡抚赵
国麟、苏州巡抚顾琮等奏。
② 《乾隆朝上谕档》(第1册),乾隆四年七月二十八日,第428—429页。

条晰具奏,请旨遵行,要在核其实效,不徒为空文以塞责,则庶几储备广而缓急可恃,虽遇旱涝,不至复蹈前辙。①

高宗要求各省督抚悉心详议具奏。以此为标志,清廷掀起了一场关于南宋朱子《社仓事目》的大讨论。虽《社仓事目》事项繁多,略显冗长,但为讨论各省督抚所议事目的奏疏时有所参照,亦权引注于此,以资论述。

一、逐年十二月,分委诸部社首、保将正副旧保簿重行编排。其间有停藏逃军及作过无行止之人隐匿在内,仰社首、队长觉察,申报尉司追捉,解县根究。其引致之家,亦乞一例断罪。次年三月内,将所排保簿赴乡官交纳。乡官点检,如有漏落及妄有增添一户一口不实,即许人告,审实申县,乞行根治。如无欺弊,即将其簿纽算人口,指定米数,大人若干,小儿减半,候支贷日,人户请米状拖对批填,监官依状支散。

一、逐年五月下旬,新陈未接之际,预于四月上旬申府,乞依例给贷,仍乞选差本县清强官一员、人吏一名、斗子一名前来,与乡官同共支贷。

一、申府差官讫,一面出榜排定日分,分都支散。先远后近,一日一都。晓示人户,产钱六百文以上及自有营运,衣食不阙,不得请贷。各依日限具状。状内开说大人小儿口数。结保,每十人结为一保,递相保委。如保内逃亡之人,同保均备取保。十人以下不成保不支。正身赴仓请米,仍仰社首、保正副、队长、大保长并各赴仓识认面目,照对保簿,如无伪冒重迭,即与签押保明。其社首、保正等人不保,而掌主保明者听。其日监官同乡官入仓,据状依次支散,其保明不实,别有情弊者,许人告首,随事施行。其余即不得妄有邀阻,如人户不愿请贷,亦不得妄有抑勒。

一、收支米用淳熙七年十二月本府给到新漆黑官桶及官斗,每桶受米五省半。仰斗子依公平量。其监官、乡官人从,逐厅只许两人入中门,其余并在门外,不得近前挨拶,挽夺人户所请米斛,如违,许扰人当厅告覆,重作施行。

一、丰年如遇人户请贷官米,即开两仓,存留一仓。若遇饥歉,则开第三仓专赈贷深山穷谷耕田之民,庶几丰荒赈贷有节。

---

① 中国第一历史档案馆藏:《军机处录副奏折》,乾隆四年十二月初一日,山西道监察御史朱续晫奏。按:本书所引《军机处录副奏折》均为"一史馆"所藏档案,后文引注时,不复标注档案所藏之处。

一、人户所贷官米,至冬纳还。不得过十一月下旬。先于十月上旬定日申府,乞依例差官将带吏斗前来,公共受纳,两平交量。旧例每石收耗米二斗,今更不收上件耗米。又虑仓敖折阅,无所从出,每石量收三升,准备折阅及支吏斗等人饭米,其米正行附历收支。

一、申府差官讫,即一面出榜,排定日分,分都交纳。先近后远,一日一都。仰社首、队长告报保头,保头告报人户,递相纠率,造一色干硬糙米具状。同保共为一状,未足不得交纳。如保内有人逃亡,即同保均备纳足。赴仓交纳,监官、乡官、吏斗等人至日赴仓受纳,不得妄有阻节,及过数多取。其余并依给米约束施行。其收米人吏斗子要知首尾,次年夏支贷日不可差换。

一、收支米讫,逐日转上本县所给印历。事毕日,具总数申府县照会。

一、每遇支散交纳日,本县差到人吏一名、斗子一名、社仓算交司一名、仓子两名,每名日支饭米一斗,约半月。发遣裹足米二石,共计米一十七石五斗。又贴书一名、贴斗一名,各日支饭米一斗,约半月。发遣裹足米六斗,共计四石二斗。县官人从七名,乡官人从共一十名,每名日支饭米五升,十日。共计米八石五斗。……

一、排保式:某里第某都社首某人,今同本都大保长、队长编排到都内人口数下项:甲户,大人若干口,小儿若干口,居住地名某处。或产户,开说产钱若干,或白烟、耕田、开店、买卖、土著、外来,系某年移来,逐户开。余开:右某等今编排到都内人户口数在前,即无漏落及增一户一口不实,如招人户陈首,甘伏解县断罪,谨状。……

一、请米状式:某都第某保队长某人、大保长某人,下某处地名保头某人等几人,今递相保委,就社仓借米,每大人若干,小儿减半,候冬收日,备干硬糙米,每石量收耗米三升,前来送纳,保内一名走失事故,保内人情愿均备取足,不敢有违,谨状。……

一、社仓支贷交收米斛,合系社首、保正副告报队长、保长,队长、保长告报人户。如阙队长,许人户就社仓陈说,告报社首,依公差补。如阙社首,即申尉司定差。

一、簿书锁钥,乡官公共分掌。其大项收支须监,监官签押,其余零碎出纳,即委乡官公共掌管,务要均平,不得徇私容情,别生奸弊。

一、如遇丰年,人户不愿请贷。至七八月,而产户愿请者听。

一、仓内屋宇什物仰守仓人常切照管,不得毁损及借出他用。如有损失,乡官点检,勒守仓人备偿。如些小损坏,逐时修整。大段改造,临时具因依申府,乞拨米斛。①

乾隆四年(1739 年)十二月,山西道监察御史朱续晫疏奏社仓之便,认为社仓为民间自营,若社谷出纳、会计悉由官理,则可无事权不划一之虞,而且社仓管理之人,诸如社长、乡官亦不难选任,建议取家资殷实之人为社长,选公允正直绅士充乡官。如果社仓之法"行之久,则足民兼可弭盗"②。朱续晫将朱子《社仓事目》节录,恭呈高宗阅览。在节录中,还加入按语,即其对一些条目的认识,实际上是拉开了乾隆初年臣僚于《社仓事目》的讨论,而争论主要集中于事目中的几条建议。

第一,"逐年十二月,分委诸部社首、保将正副旧保簿重行编排"一条,朱续晫认为"此条藏保甲之法在内"③,实系至善之立法。甘肃巡抚元展成认为编排保簿,载明大小人口数目,"即可为赈贷之凭准,又可杜匪类之潜踪"④。闽浙总督德沛亦认为此条与保甲之法实相表里,如今保甲屡经地方官实力遵行,其甲排、甲册即《社仓事目》所载之保簿,所以,德沛建议"编甲排甲册应照现在条规遵行"⑤。于此条,云南总督庆复、云南巡抚张允随则有不同意见:

> 原折内开逐年十二月分委诸部社首、保正副将旧保簿重行编排,所排保簿赴乡官交纳检点。等因。查社正、副长本系土著,于邻近村民无不周知,当支贷时,社长但查借户果系力田农民,取具借领保状,送地方官查核,一面照填官发印簿,酌量支放,俾缺乏籽种者咸得济急。若必候监官对簿支放,恐簿内预编户口偶有存亡迁徙或至参差不实。至细算人口,按数贷米,则贮积无多,不敷支放。且守候需时,未免拖延。如虑奸徒有假捏冒领、抑勒借贷情弊,原许社长等首告究治,应请嗣后滇省社仓仍责令社正、副长经管,候支贷日公平给发,无许徇情滥借,令取借领保状,同收簿汇送地方官查核,应将重编保簿交乡官检点,按口贷米,并监官支贷之

① 朱杰人、严佐之、刘永翔主编:《朱子全书·晦庵先生朱文公文集(五)》(第 25 册)卷九十九《公移·社仓事目》,第 4596—4600 页。

② 《军机处录副奏折》,乾隆四年十二月初一日,山西道监察御史朱续晫奏。

③ 《军机处录副奏折》,乾隆四年十二月初一日,山西道监察御史朱续晫奏。

④ 《宫中朱批奏折·财政类·仓储》,乾隆五年四月二十四日,甘肃巡抚元展成奏。

⑤ 《宫中朱批奏折·财政类·仓储》,乾隆五年七月初一日,闽浙总督德沛奏。

处无庸议。①

江西巡抚岳浚亦提出不同看法，但所列原因却有别于庆复和张允随。

> 朱子所议逐年将旧保簿重行编排，细算户口，监官依状支散一条。臣查编排保簿，各属城乡市镇皆系保甲专司，江省七十八州县奉行保甲已久，每年于冬季时饬令各保正编排一次，造具各烟户清册，毋许遗漏增添，该地方官照册给发门牌，各户悬挂门首，倘遇有赈借散给之事，核算人口、米数，查对门牌、烟册便可一目瞭然。至于经管社仓，已选有殷实老成之人充为社正、社副，董理收放，似毋庸更设队长、乡官名目。而保簿既有保正、甲长编排，亦毋庸更令正、副社长编次。②

闽浙总督德沛、浙江巡抚卢焯认为即便遇到灾祲之岁，亦不便以社长所造清册赈济，若此徒滋弊窦，所以他也认为此条毋庸再议。

> 查浙省各属毋论城乡，皆设十家牌，编排保甲，互相稽察，年年清查，册报具在。初不因社仓之簿为编，致保甲之法废弛。若荒歉赈济，又须印委各员亲历挨查，庶无遗冒，亦不便照社仓册簿之登载，遽为散给，似可不必另编保簿，致滋纷扰。至于各社请贷，无非同乡共里之人，身家户口素所熟悉，自可临时酌借，毋庸预为查造。浙省向设社仓乡约，专司出纳，并无乡官名目，仍置簿二本，登记借还米数，一存本社，一缴州县，奉行无弊，毋庸更张。③

第二，"丰年如遇人户请贷官米，即开两仓，存留一仓。若遇饥歉，则开第三仓专赈"一条，朱续晫认为"开二留一"的做法即"常平粜三存七之意"④，虽未置可否，但字里行间已流露出赞同之感。甘肃巡抚元展成虽也认为丰年开两仓，歉岁开第

---

① 《宫中朱批奏折·财政类·仓储》，乾隆五年闰六月二十二日，云南总督庆复、云南巡抚张允随奏。

② 《宫中朱批奏折·财政类·仓储》，乾隆五年七月初八日，江西巡抚岳浚奏。按：此奏亦见[清]岳浚：《议社仓与古异同疏》，载《清经世文编》卷四十《户政十五·仓储下》。

③ 《宫中朱批奏折·财政类·仓储》，乾隆五年八月二十八日，闽浙总督德沛、浙江巡抚卢焯奏。

④ 《军机处录副奏折》，乾隆四年十二月初一日，山西道监察御史朱续晫奏。

三仓之法即常平存七粜三,以备急需之意,"然宜核计社粮现存之数,与请贷现需之数,斟酌变通,乃无掣肘"①。云南总督庆复、云南巡抚张允随与元展成的意见相似,"查社仓谷石,原为接济民间缓急,务视社本之盈缩,以定出借之多寡"②。江西巡抚岳浚奏闻:"江省社谷,每年出借,议定存六借四,是即存一开二之遗意也。设遇歉年,或尽数借贷,或尽行散赈,自应饬令有司酌量轻重,随时办理,毋庸再议。"③闽浙总督德沛认为社谷支散不能拘泥留一之制:

> 查州县社谷有多寡之不同,户口亦有大小之各异,若定留一之制,如系人户稀少之处自无不备,倘值生齿繁衍之地,转至不敷,实难画一,应请酌量年岁之丰歉,计算人口之多寡,随时呈报上司,斟酌举行,庶事无拘泥而缓急有济。④

浙江巡抚卢焯等认为灾祲之岁开第三仓专济深山穷谷耕田之民,但此非全部需赈之户,故应当权宜变通:

> 查请贷社谷,丰年须留有余,歉岁不妨多借,积贮多寡不同,办理亦难画一。浙省社仓现在权衡出借,似可无拘定数。且饥歉之岁应贷户口,不尽深山穷谷之民,舍近贷远,更与定例未符。⑤

山东巡抚硕色奏称东省社粮无几,惟有酌量借济,故先开两仓,存留一仓之处,"此时亦难遵循"⑥。

第三,关于社谷收息之法,争论较大。朱熹《社仓事目》虽未详细述及收息办法,只是言及每石只收息谷三升,以备仓廒折阅、吏斗等人饭食之费。朱熹在奏本中详细阐述了社谷收息方法。

---

① 《宫中朱批奏折·财政类·仓储》,乾隆五年四月二十四日,甘肃巡抚元展成奏。

② 《宫中朱批奏折·财政类·仓储》,乾隆五年闰六月二十二日,云南总督庆复、云南巡抚张允随奏。

③ 《宫中朱批奏折·财政类·仓储》,乾隆五年七月初八日,江西巡抚岳浚奏。

④ 《宫中朱批奏折·财政类·仓储》,乾隆五年七月初一日,闽浙总督德沛奏。

⑤ 《宫中朱批奏折·财政类·仓储》,乾隆五年八月二十八日,闽浙总督德沛、浙江巡抚卢焯奏。

⑥ 《宫中朱批奏折·财政类·仓储》,乾隆五年五月十八日,山东巡抚硕色奏。

建宁府崇安县开耀乡,有社仓一所,系昨乾道四年,乡民艰食,本府给到常平米六百石,委臣与本乡土居朝奉郎刘如愚同共赈贷,至冬收到元米……冬间纳还,臣等申府措置,每石量息米二斗,自后逐年依此敛散。或遇小歉,即蠲其息之半;大饥,即尽蠲之,至今十有四年……元米六百石纳还本府……依前敛散,更不收息,每石只收耗米三升。①

此可看作对《社仓事目》息谷征收之法的阐释与补充。所以,朱续晫才加如下按语:

朱子奏本内称置立社仓,州县量支常平米斛,每石收息二斗,收到息米十倍本米之后,即将原米还官,此后止收息米三升,其富民情愿出米作本者听便,息米及本米之数亦即拨还等语。目内所云不收息谷,为息米既多言也。其实加二之息,贵贷贱还,人所乐从,惟视仓内之粟,即遇地方全歉,亦且敷用,便永不收息米可也。②

山东巡抚硕色根据社仓运营实际,即每石收取息谷一斗,事目所言收息办法万难于东省践行,乾隆五年五月十八日,其奏曰:"查东省社粮未裕,现遵定例,平时借谷者,每石收息谷一斗,歉年分别免息,自应仍循定例,其加二收息及止收三升之处均毋庸议。"③
甘肃巡抚元展成条奏《社仓事目》中言及甘省社谷"凡遇春夏借放,秋冬催完,每石加息十升,其收成在七分以下者,例不加息,亦既循行有年"④,言下之意,朱子社仓收息之法亦难惯行。
云南省社仓积贮虽已有成效,但地属边徼,如变通不合其宜,则百姓民食可虞,故对息谷十分重视,乾隆五年闰六月,云南总督庆复、云南巡抚张允随即奏请变通社仓事目事宜时指出:

其收息一项,定例社谷出借每石年收息谷一斗,小歉借动者免其取息,较之古制收息二斗者已减其半,取息有限,民所乐从。况丰年收息贮

① 朱杰人、严佐之、刘永翔主编:《朱子全书·晦庵先生朱文公文集(五)》(第25册)卷九十九《公移·社仓事目附敕命》,第4601页。
② 《军机处录副奏折》,乾隆四年十二月初一日,山西道监察御史朱续晫奏。
③ 《宫中朱批奏折·财政类·仓储》,乾隆五年五月十八日,山东巡抚硕色奏。
④ 《宫中朱批奏折·财政类·仓储》,乾隆五年四月二十四日,甘肃巡抚元展成奏。

仓，歉岁出谷济民，实为有益无损。兼以滇省贮谷无多，尤赖升息以充社本，于社谷之捐贮等事案内准部咨升任山西按察使元展成条奏社仓每石加耗三升停止收息，经臣题复，请循照旧例加一升息，候捐贮丰盈再行相度办理。等因。奉旨：依议。钦遵在案。此时不便减免收息。至于社长经年办公，其纸笔、饭食以及谷石折耗势难责令赔垫。滇省社谷照例于每石收息一斗之外，另收耗谷三升，交社长收贮，以作纸笔、饭食折耗之费。今议社仓出纳，专责社长，嗣后支贷社谷应请仍照定例，每石出息一斗，仍令出耗三升，统交社长收贮开销，俟陆续收到息米十倍本米之数，即遇地方全歉，亦可敷用。许地方官详请收耗谷三升永不收息可也。①

乾隆五年(1740 年)七月，闽浙总督德沛悉心详议朱子《社仓事目》各条时言及，闽省息谷现准部咨议"丰岁收息谷一斗，歉岁免息，已经通饬，遵照在案，于仓谷、民生二便，其免二斗加三升之处，毋庸再议"②。

是年(1740 年)，江西巡抚岳浚奏议朱子社仓事目，疏言社仓与古异同之处，亦谈到社谷归仓收耗事宜：

> 朱子所议，人户所借常仓官米，至冬完纳收耗一条。臣查社仓谷石，例当听民自便……今江省现贮社谷一十五万余石，若复动官米而入民仓，待息米既多，始将原米完官还项，万一奉行不善，适以滋扰，且官借取息，亦于体制不宜，似不若饬令正副社长，止将社谷出借，于秋收后，照数收纳还仓。至所收息谷，江省业已详议咨明，每借社谷一石，取息谷一斗，设遇歉收，免其加息，倘本年不能还偿，即缓至次年，免息交仓，民间称便，今应请仍照此例遵行。③

同年(1740 年)八月，浙江巡抚卢焯奏称："收息之法，定例丰年每石收息十升，歉岁归免其息，已称尽善，无庸再议。"④

综上大略可知，各省督抚虽论证角度不尽相同，但均认为朱子社仓加二收息之法不宜通行，应权宜变通，大多赞同取息谷十升予以完纳归仓之法。

---

① 《宫中朱批奏折·财政类·仓储》，乾隆五年闰六月二十二日，云南总督庆复、云南巡抚张允随奏。

② 《宫中朱批奏折·财政类·仓储》，乾隆五年七月初一日，闽浙总督德沛奏。

③ ［清］岳浚：《议社仓与古异同疏》，载《清经世文编》卷四十《户政十五·仓储下》。

④ 《宫中朱批奏折·财政类·仓储》，乾隆五年八月二十八日，浙江巡抚卢焯奏。

第四，朱续晫认为事目中"收支米讫，逐日转上本县所给印簿。事毕日，具总数申府县照会"一条最为紧要，社仓谷石收支情形应当"每岁底一次造册申报督抚"①。

朱续晫的观点并未得到地方封疆大吏的一致认同，云南总督庆复、云南巡抚张允随即提出不同见解：

> 查滇省各属收支社谷，久经核定册式颁发照造申送，并饬各州县务于每年春间亲诣各社仓，盘查实贮、出借，通报在案。惟滇省社仓分设各乡，若收支谷讫，必逐日将所给印簿转上本县，似属难行。至御史朱续晫所奏请于岁底造册申报督抚之处，洵为慎重仓储起见，但收支事毕方可申报。查滇省收成甚迟，一切粮米岁底不能交收全完，难于造册，应请嗣后饬令地方官于未经收支时，预发空白印簿各二本，交该社长查收，将逐日收支实数备登簿内，事毕该社长将一本收存，以备稽查照填，一本齐送本县查核，汇造总册，仍于次年春间亲诣各社仓盘查实贮，出结申报督抚司道府衙门查考。②

浙江巡抚卢焯也认为收支米簿逐日转上本县颁发印簿之法很难执行。乾隆五年（1740 年）八月，卢焯奏闻："查社仓多设乡间，离城窵远，若于出纳之时逐日转县，仆仆道途，殊多未便。浙省现在给簿登填，缴县稽查，布政司于年底查明借还数目造册，通送督抚稽考，洵为详备。"③

当然，也有督抚赞同事目内所开收支米讫逐日转上本县所给印簿之法。闽浙总督德沛奏称："查社仓谷石岁有盘查，新旧交代俱有结报之例，自难亏缺，今再设印簿稽考，更为周备，亦当一体遵行，以重积储。"④此外，亦有直省社仓照此运作。江西巡抚岳浚折奏："朱子所议收支米事毕具总散申府县照会一条。臣查江省各属捐贮社谷，现在每年岁底取具动存各数清册、管收除在四柱总册送部查核，是事毕具总照会之意，业经奉行，毋庸另议。"⑤

以上四端是山西道监察御史朱续晫抄录朱子十一则《社仓事目》所加的按语，

---

① 《军机处录副奏折》，乾隆四年十二月初一日，山西道监察御史朱续晫奏。

② 《宫中朱批奏折·财政类·仓储》，乾隆五年闰六月二十二日，云南总督庆复、云南巡抚张允随奏。

③ 《宫中朱批奏折·财政类·仓储》，乾隆五年八月二十八日，浙江巡抚卢焯等奏。

④ 《宫中朱批奏折·财政类·仓储》，乾隆五年七月初一日，闽浙总督德沛奏。

⑤ 《宫中朱批奏折·财政类·仓储》，乾隆五年七月初八日，江西巡抚岳浚奏。

其余细目他在奏折中并未加以评说,但地方督抚在遵旨详议具奏时,对其他条目亦有所评论,而且与朱子社仓之法分歧很大,兹承上分述如下。

第五,各直省督抚于"逐年五月下旬,新陈未接之际,预于四月上旬申府,乞依例给贷,仍乞选差本县清强官一员、人吏一名、斗子一名前来,与乡官同共支贷"一条议论颇多,大略均持否定意见。

山东巡抚硕色便发起责难,"至所奏条目内新陈未接之际,四月上旬申府,依例给贷等语,但东省麦熟在于五月,今若四月申府给贷,未免太迟,应请因时变通,预详接济"①。硕色此奏仅对申府时间提出质疑,对该条目的后层意思则未加评说。云南总督庆复、云南巡抚张允随奏请变通《社仓事目》时,对"选差本县清强官一员、人吏一名、斗子一名前来,与乡官同共支贷"之法,论证较为详备,反驳较为深刻:

> 查滇省社仓前于积贮原以备荒案内准部咨,令于每年临放时愿借者先期报明社长,社长汇报印官,按户给发;交纳时先期出示,依限完纳。出入须照部颁斗斛,公平较量。等因。久经通饬遵行在案。……至社仓贮谷有无亏空弊窦,例由地方官盘查稽察,于离任时照正额钱粮接流交代,惟社谷出入专责社长,不令官吏、斗子经手,所以期简便而杜派扰,兼以滇省各属分设社仓,多者十余处,少者亦五六处,其离城或一二百里及四五十里不等,若委员随带吏役,逐渐监放,贫民有守候之累,官役有往来之烦,科派滋扰,势所难免,应将选差官吏、斗子与乡官同共支贷之处无庸议。②

闽浙总督德沛以另一个视角论述了此条不可通行的原因。他认为事目所开委员监贷实系担心乡官朦混而定的监管之法,如果"查系立品端方,乡间推重之人充为社长、社副,又经立有惩劝之条,有过即惩,有善即奖,是劝惩明而赏罚昭则支贷自必公平,如再委员役,未免繁扰,况小县仅设一知、一典,更难分身遍为监贷"③。浙江巡抚卢焯与德沛的观点颇为相近。卢焯奏称,浙省社仓经营并乡官名目,且"奉行无弊,无庸更张",至于共同支贷一条,"查例载社仓原系听从民便,州县止许

---

① 《宫中朱批奏折・财政类・仓储》,乾隆五年五月十八日,山东巡抚硕色奏。

② 《宫中朱批奏折・财政类・仓储》,乾隆五年闰六月二十二日,云南总督庆复、云南巡抚张允随奏。

③ 《宫中朱批奏折・财政类・仓储》,乾隆五年七月初一日,闽浙总督德沛奏。

稽查，不许干预出纳，若差官吏、斗子难免需索滋扰，况正佐等官，各有职守，难以分司，似应听社长经理，以符定例"①。

江西巡抚岳浚查据江省社仓支贷社谷的情况，肯定了此条的前部分，但对后部分仍提出异议：

> 朱子所议逐年新陈未接差清强官吏、斗子与乡官支贷一条。臣查江省出借社谷，每年于青黄不接之时，正、副社长禀明州县，一面通报，一面即行借放，似于四月上旬申府给贷之法相仿，但并无差官同贷之事。查雍正二年九卿条议，社仓谷石任从民便，州县官止许稽查，毋许干预出纳，定例实属周详。若又选差官吏、斗子公同支贷，诚恐转滋烦扰迟滞。似不若仍照定例，责令社长专任其事之为便也。②

第六，各地督抚于"申府差官讫，一面出榜，排定日分，分都支散"一条争议较大。如乾隆五年（1740年）闰六月，云南总督庆复、云南巡抚张允随专折奏闻：

> 查申府出榜定日支散，滇省已于积贮原以备荒案内准部文通饬遵行在案。其各属社仓，滇省久经酌定，几村几寨于适中地方建设仓廒，将该处社谷交社长经管，每岁出纳，就近开仓，挨次接济，已与分村支散先远后近之制相符。至如滇省社仓贮谷，惟务农贫民准其借给；其多产业有营运衣食不缺者均不得请贷。倘有无赖刁棍冒借不遂挟制社长扰乱公事者，原许社长告官究治，滇省历年俱系如此办理。再，查借给常平仓谷必着保正人等具保认识，若借给社谷，则专责之社正、副长，其人均系各村中土著诚实之人，凡贫民之赴仓称贷者，非本村亲朋即邻村亲友，不必更令保正等认识，以致彼此推诿。至取具保结，事属应行，但滇省村寨零星，夷民散处，若必拘定十人同保，势必使畸零艰苦之民皆以取保缺额不得借贷。查滇省各属出借社谷，向例取保，惟人数多寡尚未画一，应请嗣后支贷社谷查明实系力田贫民，备具借领，并取五人同保结状，社正、副长收存，即先近后远，依期借给。如人户不愿请贷，亦不

---

① 《宫中朱批奏折·财政类·仓储》，乾隆五年八月二十八日，浙江巡抚卢焯奏。
② 《宫中朱批奏折·财政类·仓储》，乾隆五年七月初八日，江西巡抚岳浚奏。

得抑勒,违者惩以官法。①

闽浙总督德沛于此亦发表了深刻议论:

> 查支放仓谷,若必排定日分,分都支散,先远后近,第恐小民有缓急之分,行期有先后之别,转致守候废时,似觉拘泥不便遵行。至贷户逃亡同保均赔,此固防微杜渐慎重预备之计,则恐有一种游惰贫民当借贷之时朋比为奸,互相混保,及至还谷之时彼此躲避,或有一二又皆穷苦零丁,官拘比而无益,谷有借而无还,积渐相沿,徒亏仓储。臣思欲收实效于日后,莫若立法于事先,应请先于造册时,细加区别,于人户之下注明士、农、工、商、不事生业五项,又于士、农、工、商之下注明需贷、不需贷,于不务生业下注明不、准贷各字样,支贷时即以此册为据,则扶同冒领之事无待临时稽查,互保自无弊混。②

江西巡抚岳浚也有类似看法,乾隆五年七月,其奏曰:

> 朱子所议出榜分都具状结保请贷一条。臣查江省请借社谷州县详报之后,即出示晓谕,除衿监军役及不务农业、游手好闲之人不必借给外,凡系力田农民情愿借贷者,取具领状同保借结状赴仓,著令正、副社长认识明确,即行照领借给,该社长仍将借状同保状呈送州县官查核备案,历年循行称便。今若改照每年十名为一保,内有逃亡等情节即令同保均赔,如取保不足十名之数者不准支给。此固可以杜冒滥之弊,然取保必需十人,万一乡僻穷民户不满十,因无同保之人,遂不得一例支贷,殊为未便。似不若仍著社正、社副在仓认识借给,倘有冒滥,惟社长是问,其队长、大保名色均可毋庸设立。③

浙江巡抚卢焯也认为此法不宜举行:

---

① 《宫中朱批奏折·财政类·仓储》,乾隆五年闰六月二十二日,云南总督庆复、云南巡抚张允随奏。
② 《宫中朱批奏折·财政类·仓储》,乾隆五年七月初一日,闽浙总督德沛奏。
③ 《宫中朱批奏折·财政类·仓储》,乾隆五年七月初八日,江西巡抚岳浚奏。

查社仓谷石原系同里之人捐贮,仍听同里之人借给,所居不远,不必定日先后。至于自有营运衣食不缺者例不借给,其借贷之户,既系同里而居,又与乡约熟识,更有保领请贷,春借秋还,民称便益。若必十名一保,逃亡责其赔补,未免拘迫。如缴谷同保共为一状,未足不得交纳,恐民力不齐,转致花消,完纳不前。应仍照浙省成例,听各户各自完纳,以顺民情。①

甘肃巡抚元展成亦指出,此条事目"固可免捏饰,亦不宜概累无辜"②。

第七,与支放社谷相似,亦有督抚于"申府差官讫,即一面出榜,排定日分,分都交纳"一条提出质疑。

云南总督庆复、云南巡抚张允随指出:

查交纳社谷,排定日期,分都交纳,先远后近,一日一都,法非不善,各省或可照行。滇省社仓分建四乡,每仓贮谷不过数百石,分借邻近村寨贫民,原可各就设立社仓之处分头完纳。若纳户顺便交仓,自当按数即收,于民始便,似不须排定日期,分都交纳,致滋烦琐。至支放社谷务取同保押状者,原以防借户亏欠逃亡也。若各借户负谷到仓,社长查系一色干谷,即可照原借数目收仓记簿。若必再令具状同保,倘同保之内有一户未足,则各户俱不得交纳,于民情未便。应请令地方官于十月上旬遵照旧例,出榜晓谕,令各借户将一色干谷按期各赴社仓交纳,该社长正、副各须一到即收,毋致守候稽迟。如社长有阻抑多取,或经查出首告,将社长责革究追。③

闽浙总督德沛详议朱子《社仓事目》时指出,借户完纳社谷,社长、社副须先期示知,各户"完纳社谷,系社长、社副先期示知各户,依限完纳,随到随收,似无等待、勒索情弊。至私加耗赠、数外苛求等事,俱经该州县预期颁示仓前,许借户赴县禀明查究。但恐日久弊生,应令该州县于收放时剀切再行示禁,则自无守候、需索之

---

① 《宫中朱批奏折·财政类·仓储》,乾隆五年八月二十八日,闽浙总督德沛、浙江巡抚卢焯奏。

② 《宫中朱批奏折·财政类·仓储》,乾隆五年四月二十四日,甘肃巡抚元展成奏。

③ 《宫中朱批奏折·财政类·仓储》,乾隆五年闰六月二十二日,云南总督庆复、云南巡抚张允随奏。

弊。"①

江西巡抚岳浚于此条目也提出异议：

> 查江省每年秋收后社正、社副催各借户纳谷还仓，俱系验明谷色，随
> 到随收，毋许阻抑多取。若必示定日期，辗转告报，勒令一色干米，及同保
> 共为一状，倘有未足即不得交纳，未免易滋刁指之弊。似不若不论何都听
> 民随到随收，更为妥便，而出纳既总归社长经管，亦毋庸更差官役同收，致
> 滋扰累。②

浙江巡抚卢焯亦认为"如缴谷同保共为一状，未足不得交纳，恐民力不齐，转致
花消，完纳不前"，为杜此弊，他建议社谷归仓时，"应仍照浙省成例，听各户各自完
纳"③。

上述诸条目的论争实际上涉及社仓运营的各个环节。此外，各督抚对其他各
条亦有所讨论，如《社仓事目》所言及"社仓支贷交收米斛，合系社首、保正副告报
队长、保长，队长、保长告报人户"一条，清廷封疆大吏均持否定意见。云南总督庆
复、巡抚张允随认为"队长、社首即今之社正副长也，滇省各属社仓，既选有正副社
仓专司出纳等事，应请嗣后正社长缺令副社长顶补，副社长缺令乡地等，于附近绅
士耆民中，选举公正、殷实之人保充"④。江西巡抚岳浚奏称江省各属社正、社副缺
出，即令地方乡约公择殷实老成之人充补，"现今奉行已久，是即尉长、尉司差补之
意，虽名目不同，而法无互异，毋庸更设，以免纷更"⑤。

在探讨乾隆初年有关朱熹《社仓事目》大争论之时，有一点需要指明，有关朱子
社仓之法的讨论实际上早在雍正二年（1724 年）就已经进行，只是清廷关注的程
度、讨论的范围不及此次而已。乾隆五年（1740 年）五月十八日，山东巡抚硕色奏
议酌办社仓事宜中提及社仓一事，自雍正二年间，"于积贮原以备荒案内，经九卿查
照朱子《社仓事目》，参以河南前抚臣石文焯、山东巡抚臣陈世倌等条议，斟酌损益，
定为六条一曰劝捐输，二曰择社长，三曰收息多寡，四曰出入公平，五曰严簿之登

---

① 《宫中朱批奏折·财政类·仓储》，乾隆五年七月初一日，闽浙总督德沛奏。
② 《宫中朱批奏折·财政类·仓储》，乾隆五年七月初八日，江西巡抚岳浚奏。
③ 《宫中朱批奏折·财政类·仓储》，乾隆五年八月二十八日，浙江巡抚卢焯奏。
④ 《宫中朱批奏折·财政类·仓储》，乾隆五年闰六月二十二日，云南总督庆复、云南巡抚
张允随奏。
⑤ 《宫中朱批奏折·财政类·仓储》，乾隆五年七月初八日，江西巡抚岳浚奏。

记,六曰禁州县之挪借,既取法于先贤,复博采乎时论,条分屡晰,固已备极周详"①。此奏透露出一个重要信息,即是雍正二年制定社仓规约时即取法朱子《社仓事目》,并予以斟酌变通。

综括上文,乾隆四年(1739年),山西道监察御史朱续晫奏陈社仓事宜十一则,高宗要求各省督抚悉心详议具奏。以此为标志,掀起了一场关于南宋朱子《社仓事目》的大讨论。这次讨论其实是对以往社仓政策的反思,也是封疆大吏根据各地社仓运营的实际情况,对朱子《社仓事目》进行的权宜变革,以便更好地推行清廷社仓积贮之政略。据督抚奏议可知,清朝的社仓运行,即参以先贤朱熹之《社仓事目》,又虑时下惯行之定例,兼详审各地之风俗,可谓做到了因时因地制宜。由于文献遗失等因,我们尚没有收集到各地督抚详议朱子《社仓事目》的全部档案,但据目前所掌握的材料大略可以看出,乾隆朝封疆大吏对国家社仓积贮的态度,用"通盘考虑,实力奉行"之语来形容当不为过。通过对这次大讨论的阐述,亦使我们认识到社仓之法虽被奉为善政,但各朝各代均有变通立新之处。诚如甘肃巡抚元展成所论,"社仓之法,于民生缓急实大有裨益,惟是因地制宜,则易行而经久;狃于成法,则扞格而滋扰"②。据上述督抚奏议可知,朱子所列《社仓事目》在清朝各省有已行而宜仍其旧者,有未行而需权宜变通之后尚可行者,亦有难行而不可强行者。参古酌今,因地制宜实为各省督抚议奏的核心,亦是清廷践行朱子社仓之法的基本原则。

(三)社仓营建大规模展开

高宗继承了雍正朝的社仓经营的观念,且致力于落实社仓的推广,各省社仓营建亦大规模展开,并取得了可观的成效。

乾隆帝不时晓谕,封疆大吏悉心奉行,各省社谷不断增加。乾隆十年(1745年),陕西社仓贮粮本息已达京斗谷70余万石③。与此同时,陕西省的社仓分布虽有较大的地区差异,但毋庸置疑的是,社仓数量有所增加。如陕北地区宜川县由雍正年间的4处到乾隆十五年(1750年)增加为16处,绥德州则由雍正年间的4处到乾隆年间增加为8处;陕南地区安康县由雍正时期的2处增加至乾隆时期的12处,石泉县则由雍正时期的1处增加至乾隆时期的6处④。

地处边陲的广西省,社仓建设亦在乾隆朝出现了大繁盛的局面。乾隆二十一

---

① 《宫中朱批奏折·财政类·仓储》,乾隆五年五月十八日,山东巡抚硕色奏。
② 《宫中朱批奏折·财政类·仓储》,乾隆五年四月二十四日,甘肃巡抚元展成奏。
③ [清]陈宏谋:《筹办积贮情形疏》,载《清经世文编》卷四十《户政十五·仓储下》。
④ 参阅吴洪琳:《论清代陕西社仓的区域性特征》,《中国历史地理论丛》2001年第1期。

年(1756年),巡抚鄂宝奏闻,广西社仓谷石"自雍正元年出借收息以来,迄今三十余载,计存谷三十万石有零,为数已属充盈"①。

表2-2　雍正与乾隆年间广西各府社仓数量对比表

单位:石

府　　州	雍正八年	乾隆二十一年
桂林府	2014	39000
柳州府	1536	22300
庆远府	610	17589
思恩府	520	17422
泗城府	1016	10475
平乐府	4651	28100
梧州府	3039	12299
浔州府	2369	15924
南宁府	3768	18000
太平府	2388	18000
镇安府	不详	12500
郁林直隶州	3570	17321

资料来源:雍正八年数据采自[清]雍正《广西通志》,雍正十一年刻本,北京大学图书馆古籍善本室藏;乾隆二十一年数据取于[清]嘉庆《广西通志》,《续修四库全书》本。

根据表2-2中数据,我们将雍正八年与乾隆二十一年广西各府社仓积谷数量增长情况制成下图:

---

① 　[嘉庆]《广西通志》卷一百六十二《经政略十二·积贮一》。

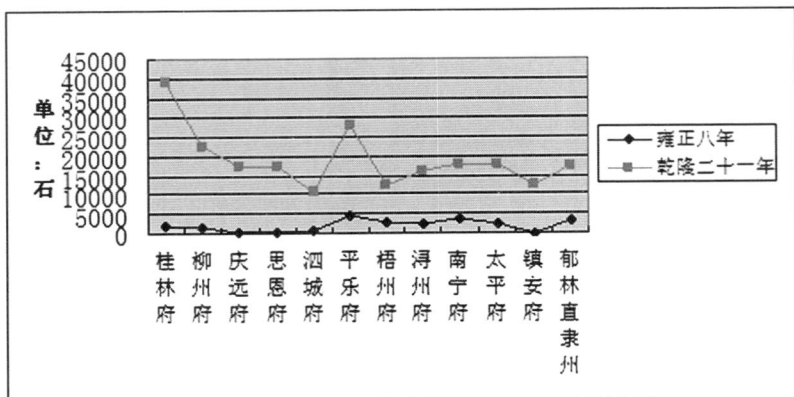

图2-4 雍正八年与乾隆二十一年广西各府社仓积谷数量增长情况

据表2-2和图2-4,不难看出乾隆朝广西社仓贮谷所取得的成效。

江西省社仓积谷成效亦十分显著,乾隆三十二年(1767年),江西巡抚吴绍诗折奏:"现在每州县本息社谷,查据各属册报,自二三万石至六七千石,最少亦二、三千石不等,通省共计七十五万八千七百六十石,不为不多。"①乾隆帝时刻以"养民"为念,其要求各省督抚逐年上报民数谷数便可见一斑,正因此制度,我们可以知道各省社仓积贮的大体情形。兹据一史馆所藏档案,将乾隆年间江西省社仓贮谷数量制表如下:

表2-3 乾隆年间江西社仓积谷数量表

单位:石

年代	数量	年代	数量	年代	数量
八年	236734	二十六年	676667	四十一年	718959
十一年	242352	二十七年	692292	四十五年	403771
十三年	265047	三十一年	758765	四十九年	420280
十五年	288673	三十四年	673927	五十六年	430320

① 《宫中朱批奏折·财政类·仓储》,乾隆三十二年三月二十九日,江西巡抚吴绍诗奏。

年代	数量	年代	数量	年代	数量
二十四年	637860	三十五年	655381	五十八年	414453
二十五年	660451	三十七年	701606		

资料来源:中国第一历史档案馆藏《宫中朱批奏折·财政类·仓储》相关年份奏报。

按:因文献遗失等因,未能依年开列数据。

据表2-3中数据,我们将乾隆年间江西省社仓积谷数量波动情况制成下图:

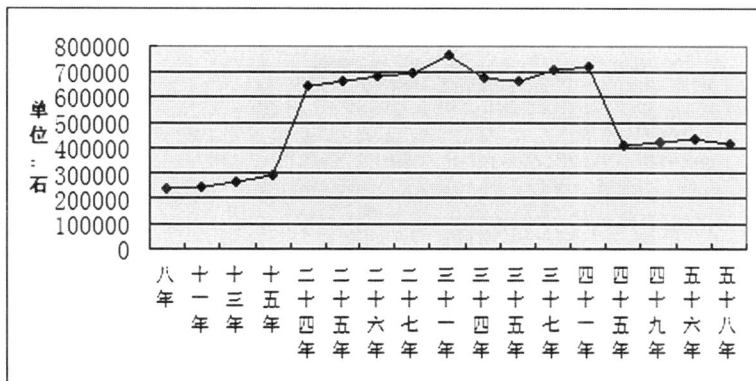

图2-5 乾隆年间江西省社仓积谷数量波动情况

据表2-3及图2-5可以看出,乾隆四十一年(1776年)之前,江西省社仓积谷的数量大致呈上升趋势,虽然期间亦有所反复,但四十几万石的社谷规模确实已十分可观。

我们再把视角转向湖广地区。"湖广熟,天下足"几乎是妇孺皆知的民间谚语。清代记载此谚语的文献俯拾即是。如雍正八年(1730年),鄂尔泰奏闻:"湖广全省,向为东南诸省所仰赖,谚所谓'湖广熟,天下足'者,诚以米既充裕,水又通流之故"[①]。但实际上,堪称清代粮仓的唯有湖南之地,而湖北时常仰赖外省供给。湖

---

① 《世宗宪皇帝朱批谕旨》卷一百二十五之十四,雍正八年四月二十日,朱批湖广总督鄂尔泰奏折。

北巡抚年遐龄曾云:"湖北丰稔之年,出产无多,悉赖湖南商贩接济。"①迈柱、马会伯曾奏:"湖北武昌省城并汉口地方,人烟稠密,日用米谷,全赖四川、湖南。"②现在,我们看看这个相对缺粮之省的社仓积贮情况。乾隆年间,湖北各属社仓也有长足发展,如蕲水县,雍正二年至五年(1724-27年)仓贮社谷11161石,经历年借贷生息,迨至乾隆十二年(1747年),本息社谷供给16895石。通城县社谷增长更为明显,雍正十二年存谷365石,至乾隆二十七年(1762年)累达1724石。③

兹据档案亦将乾隆年间湖北省社仓贮谷数量制表如下:

表2-4 乾隆年间湖北社仓积谷数量表

单位:石

年代	数量	年代	数量	年代	数量
八年	357201	二十七年	573440	四十一年	558281
十一年	479341	三十一年	593820	四十五年	417594
十三年	463631	三十五年	577586	四十九年	548049
十五年	522823	三十七年	648347	五十年	549608
二十五年	631534	三十九年	585855	五十八年	516051
二十六年	645650	四十年	490178		

资料来源:中国第一历史档案馆藏《宫中朱批奏折·财政类·仓储》相关年份奏报。

按:因文献遗失等因,未能依年开列数据。

根据表2-4中数据,我们将乾隆年间湖北省社仓积谷数量波动情况制成下图2-6:

由表2-4及图2-6可知,乾隆二十六年之前,湖北省社仓贮谷数量一直呈上升趋势,而且增长的速度较快,成效明显。之后虽有波动,但依然保持在很高的水平上稳步前进。

---

① [清]赵申乔:《赵恭毅公自治官书》卷八《咨文·复湖北请开米禁咨》,《续修四库全书》本,上海:上海古籍出版社,2002年。

② 《世宗宪皇帝朱批谕旨》卷二百一十三之二,雍正六年三月十一日,朱批湖广总督迈柱、湖北巡抚马会伯奏折。

③ [民国]《湖北通志》卷四十八《经政志六·仓储》。

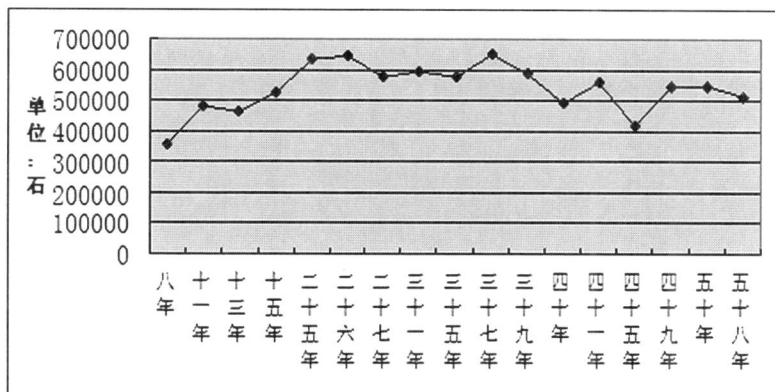

图 2 - 6　乾隆年间湖北省社仓积谷数量波动情况

　　上文,我们选取了北疆要地陕西省、边陲之区广西省、粮食集散之处江西省、商品米谷需求之所湖北省等四个不同类型的地区作为考察对象,以单纯文献记载(陕西)、同省不同年间(广西)、同一年号不同年份(江西、湖北)等三个不同视角进行论证,可以得出初步结论,即乾隆一朝或保守点说,乾隆中期以前,各地社仓均得到长足发展,成效显著。虽然,仅以这几个地区来推论全国的形势有以点带面、以偏概全之嫌,但据笔者翻检过的史料文献及参阅当代学者的相关论述,上述结论应该不会偏离历史实际太远。

　　现在,我们再把视角转向同一年(大略说来,下表数据实际上跨度三年)全国各省社仓积贮的情形,来验证上述结论。乾隆三十一年(1766 年),清廷下令各地督抚盘查各地仓储积贮情况,稽查社仓亦在其列,兹将各省上报社仓贮谷情况列表如下:

表 2 - 5　乾隆时期各省社仓贮谷数额一览表

省　别	社谷额(石)	省　别	社谷额(石)
直隶	396524	河南	643110
奉天	93614	山东	186048
江苏	323751	山西	579643

省　别	社谷额(石)	省　别	社谷额(石)
安徽	505285	陕西	620870
江西	731768	甘肃	31677
浙江	260481	四川	900518
福建	492657	广东	422471

资料来源:《清朝文献通考》卷三十七《市籴考·六》。

说明:广东省系乾隆二十九年的社仓贮谷数字;安徽省系乾隆三十年的社仓贮谷数
　　字;江苏省因原书未载社仓贮谷数量,其社谷额系乾隆二十九年江淮布政使司
　　属与乾隆三十年苏松布政使司属所奏之和;其余各省的社谷额悉为乾隆三十一
　　年的奏报数字。

表2-5清清晰地反映两个问题:一是,社仓营建确已覆盖全国各直省;二为,除了贵州、甘肃和奉天省之外,其余各省的社仓贮谷数量还是颇为可观的。即便如此,此三省的社仓亦应较以前有较大发展。故此表从另外一个角度证实了前文推论确为不误。

(四)社仓运营过程中出现的危机及解决的尝试

乾隆朝是有清一代社仓积贮政略执行最为得力的时期,取得了可观的成绩,但这并不等于期间没有出现任何问题或是危机,相反是问题不断,清廷及各地不断提出问题,进而解决问题,进行了可贵的尝试。

1.设立总仓及析仓分贮

兴建社仓之初,并没有固定的仓廒贮谷。雍正二年(1724年),清廷议定社仓之法时,即令地方官开诚劝谕,社谷"暂于公所、寺院收存,俟息米已多,建廒收贮"①。各省方志于此多有记载,如山东武城县,"社仓旧无仓廒,借贮民房僧寺"②。广西省"各州县亦不能概建仓廒",社谷"散贮于庵观寺庙,以及社长、保甲、头人之

---

① 《清朝文献通考》卷三十五《市籴考·四》。
② [乾隆]《武城县志》卷六《恤政》,乾隆十五年刻本,北京大学图书馆古籍善本室藏。

家"①。他省情况大致类此,不复赘述。

如此即造成有谷无仓,零星散处的局面。如山东馆陶县"社仓在城南馆陶集、张官寨、浅口集、薛店集,凡五又二十所"②;山西长治县"社仓十九所,关村、高河镇、信义村……自雍正三年至六年置"③;湖北黄冈"社仓分建厢坊、各乡镇,计一百一十九座"④,他县"多者,至一县有一百九十余处"⑤;湖南新化社仓建有"三十六所,共贮谷二万八千四百一十一石"⑥;广东省揭阳县有 73 所社仓,和平县建仓 102 所,保昌县建仓 27 所⑦。从上述记载大略可以推知他省社仓建廒情形。其实这种情况的出现并不难理解,清廷倡建社仓之时,虽经常晓谕官为稽查,但始终强调民为经营,无论社仓是否按此思路运营,至少在统治者的观念中确应如此。易言之,清廷还是希望社仓建廒之事由民间自行解决,这样对清朝财政来说,无需营建之费,以省国家公帑;于基层社会来讲,避免强行建仓以致扰累地方,以合社仓之法。

当然,无仓贮谷,分散数处的局面不可避免地出现侵挪亏缺、公私相混之弊。乾隆九年(1744 年),湖南巡抚蒋溥即因阖省社仓没有仓廒储谷,以致屡有亏空情弊,建议于各里适中之所建造总仓,以收实效,高宗俞允⑧。翌年(1745 年),清廷因各地社仓零星散贮,稽查为难,谕准设立总仓,将散仓归并收贮。乾隆十一年(1746年),湖南巡抚杨锡绂亦疏请于适中之地建总仓,并提出了相关善后事宜:

> 各属社仓谷,散贮私家,侵挪不免,请于适中之地建总仓,工料并基地及看守住房等项,估银二万一千八百三十五两。查自乾隆三年起九年止,共收息谷四万五千七百七十六石零,照各属时价约计,可变价银二万二千四百八十五两零,足敷动用。至社谷既建总仓,自应归并收贮,而原贮处

① [嘉庆]《广西通志》卷一百六十二《经政略十二·积贮一》。
② [嘉庆]《东昌府志》卷十《食货三·仓储》,嘉庆十三年刻本,北京大学图书馆古籍善本室藏。
③ [光绪]《长治县志》卷三《建置志·仓廒》,光绪二十年刻本,北京大学图书馆古籍善本室藏。
④ [光绪]《黄冈县志》卷四《赋役志·积贮》,光绪八年刻本,北京大学图书馆古籍善本室藏。
⑤ [民国]《湖北通志》卷四十八《经政志六·仓储》。
⑥ [同治]《新化县志》卷九《食货志·恤政》,同治十至十一年刻本(同治十年开雕,十一年春刊竟),北京大学图书馆古籍善本室藏。
⑦ 参阅陈春声:《清代广东社仓的组织与功能》,《学术研究》1990 年第 1 期。
⑧ [同治]《武冈州志》卷九《建置·仓储》,同治十二年刻本,北京大学图书馆古籍善本室藏。

所,距新仓远近不一,请照拨运常平仓谷水陆程途之例,分别给运,即在各该年息谷内支发。不敷,于前项办工余银内拨给。若时价平减,盈余无多,即动本谷找给,至社谷原贮各乡,每年春借秋还,祇就各处斛斗出入,应令各州县照依常平仓斛,每总仓制造一二副,较准印烙,转发各社,悉以官斗为定,多者作盈余存贮,少者作亏折豁除。又每总仓设看守斗级一名,即于息谷内,每年给工食银六两,每仓选殷实良民,承充正副社长。①

户部议覆均应如其所请办理。乾隆十二年(1747年),杨锡绂奏称"其总仓亦速赶建报竣"②。湖北总仓之设稍晚于湖南,乾隆十三年(1748年),湖北巡抚彭树葵奏称,楚省社仓分布"更为零星,每一州县动至数十处、百余处不等,地方有司耳目难周,惟以取结为凭,即或亲加盘查,而挪东补西,公私混淆,究属无从稽考",其建议"零星处所,必须归并者,即于七升息谷动支,变价建仓收贮,以便查考"③。如此,两湖平原各州县社仓的分布也随之发生变化,大部分州县社仓数量有所压缩,如益阳县将原分贮23厢里之谷集中,建总仓8所收贮;黄冈县社仓将原来的119座并为30座④。广东社仓亦有相似变化,乾隆二十五年(1760年)督抚奏准檄各州县社谷归并总仓积贮,和平县102仓归并为总仓9座;保昌27仓也合并为捕属、红梅、平田和百顺四属总仓⑤。

实际上,社谷分散积贮与归并总仓存储各有利弊,零星分贮利于借还,归并总仓便于管理。建立总仓收贮各地社谷又引起了一个新问题,即如"地广人稀,一经归并,借还不便"⑥。陈宏谋曾指出:湖南社谷"从前散寄社长及捐谷之家,公私牵混,不免侵亏,继后清查,乃设总仓,然自归并总仓以后,村户窎远不能赴借",其制定条规,"仓贮谷过多,则借谷之村必有窎远不便者,殊非随处接济之意。且谷多人众,社长责任太重,亦难经理。今酌定每仓至多不过四五百石,有应分仓者,即于适中之地酌定建仓,地方并将某村应借新仓,某村仍借旧仓,斟酌指定,一面具详,一

① 《清高宗实录》卷二百六十八,乾隆十一年六月丙子。
② 《宫中朱批奏折·财政类·仓储》,乾隆十二年三月十七日,湖南巡抚杨锡绂奏。
③ 《宫中朱批奏折·财政类·仓储》,乾隆十三年十一月二十六日,湖北巡抚彭树葵奏。
④ 参阅白丽萍:《清代两湖平原的社仓建设》,《武汉大学学报》2006年第1期。
⑤ 参阅陈春声:《清代广东社仓的组织与功能》,《学术研究》1990年第1期。
⑥ [乾隆]《祁阳县志》卷三《积贮》,《中国地方志集成·湖南府县志辑》本,据乾隆三十年刻本影印,南京:江苏古籍出版社,2002年。

面晓谕,新仓借谷之户,仍赴旧仓借谷,秋收就近还于新仓"①。

上文主要是以湖南省为例,讨论了社仓积贮模式的选择。不难看出,此间经历了零星散储到设立总仓再到析仓分贮等阶段,即分→总→分的历程,但两头的"分"是有实质上的区别的。虽说"分"、"总"各有利弊得失,但从设立社仓的本意来讲,分贮的模式还是相对易于运作的。

2.社仓经营废弛与筹划修举事宜

乾隆初年,高宗不时筹划济民之道,讲求救荒之法,在此背景下,各省社仓呈现出前所未有的发展态势。但众所周知,一种制度在执行过程中是存在惯性抑或说是惰性的,社仓制度亦概莫能外,各地社仓运营在取得可观成效的同时,出现了逐渐废弛的迹象,清廷与督抚等封疆大吏积极筹度修举事宜,以期挽救颓势。乾隆二十三年(1758 年),浙江巡抚杨廷璋就社仓废弛,奏陈酌筹应对事宜六条:

一、劝捐先期得人,查前因灾捐输,皆殷实醇良之人,今饬地方官照议叙原册,邀请首事,就中延一二人为社长,如僻县无邀议叙者,确访乡里推重之绅士、耆民一二人董事。

一、社仓守掌在民,官无勒派,稽查在官,民无侵蚀。其地方官奉行得法,立社较多者,应予记功,否即记过,俟捐有成数,随时盘查,年终出结,申报各上司查核。

一、社谷听民乐输,不限多寡,若照前题定奖劝输谷章程,十石以上,方与奖励,恐阻向善之心,应凡捐数十石以下者,于该社建好善急公等坊,汇列姓名,以示鼓舞。

一、浙省出纳社谷,向祇设印簿二本,一存社,一存县,其中领欠实数,及有无抗欠、换易新领诸弊,无从显露,应给社长三联印票,一发借户,一缴县,一存仓。外设流水簿登记,逮秋成还仓,另立收照,敛散皆归核实。

一、所需纸笔人工饭食,向无支销,社长赔累,惮于承管,应于每年所收加一息谷内,每一斗,交仓八升,二升给社长,销支诸费。

一、从前各社谷少,或交社长,或借贮寺院,盖藏不慎,折耗蒸霉,现令各县酌办,如捐谷之人,并愿输建仓之费,当即择地建盖,如无捐者,即赁

①　[清]陈宏谋:《汇颁社仓条规檄》,载[清]戴肇辰辑《学仕录》卷五,同治六年刻本,北京大学图书馆古籍善本室藏。

寺院及殷户闲房,官购席板,暂贮社谷,俟收有息谷,陆续添建。①

高宗谕令杨廷璋实力奉行,妥善为之,务以"去弊为尤要也"②。此奏实际上是针对社仓在经营中出现的问题,而展开的一次讨论。乾隆二十四年(1759年),总督管江苏巡抚陈宏谋提出清理社谷事宜五条建议:

　　一、社谷无官仓公所,多寄贮社长之家,请于每县城乡适中之地,建立社仓,每社谷少则二百,多者亦祇以五百为率,编定应借村庄,各社不得互借。
　　一、社长多有赔累,其殷实公正者,多不乐充,每为渔利之徒,久充侵亏,请定以一年一换选充。
　　一、社仓费用颇繁,前抚臣徐士林,请销息谷三升,格于部议,用实不敷,请每息谷一石,仍以七升归仓,三升支用。
　　一、社谷为民备贮,接济一社缓急,凡一切公事,及隆冬煮赈,不准如前动支社息。
　　一、社谷责州县稽查,向有入交代之例,近来不入交代,亦不报部,请嗣后令州县于正项钱粮外,另出社谷一结,本息一并申报,由藩司造册达部。③

乾隆皇帝对社仓经营积弊问题亦非常关注,以致在殿试中就常平仓、社仓经营过程中,为何良法总现丛弊的问题策试天下贡士。④

乾隆三十五年(1770年),江苏布政使李湖针对江苏社仓出现的问题,奏呈酌改及增添的三条事宜:

　　一、社长一年一换,乡保举报,非尽端谨之人,不免侵渔滥借,稍谨饬者,或颗粒不放,冀期满交卸脱累,请嗣后令该州县,选本社不应试之殷实监生举充,司事三年,如出纳公平,仓无亏缺,详报道府,给扁奖励。再令接管三年,如始终如一,举充乡饮。六年,另选充补。若办理不善,随时更

---

① 《清高宗实录》卷五百七十三,乾隆二十三年十月甲戌。
② 《清高宗实录》卷五百七十三,乾隆二十三年十月甲戌。
③ 《清高宗实录》卷五百八十五,乾隆二十四年四月己卯。
④ 《清高宗实录》卷六百一十二,乾隆二十五年五月戊申。

换,如无不应试监生,即举诚实乡民充当。

一、社长专司出纳,官役不得掣肘,但春借时,常有强项勒借,秋后又复拖骗等弊,请遇春借秋还时,社长禀明州县,示期借给交还,开仓、封仓或州县亲赴,或委佐杂及教职赴仓弹压,如有勒借拖骗者,究处比追。

一、社仓谷石,立有正副簿,一存州县,一存社长。出借收还,登记明白,凡州县造报季册及交代,止须按簿查办。如有以造册出结等事,苛累社长者,官则严参,役则立拿重处。①

此奏实际上是对上述陈宏谋清厘社仓弊薮的补充与调整,以具体可行性的角度看,李湖的建议更具操作性。

乾隆帝针对社仓经营不善的问题,以及社仓积贮之法亦不断反思。如乾隆三十六年(1771年),策试天下贡士邵晋涵等人于太和殿前,“食为民天,积贮所宜亟讲”,“常平、社仓并行,屡谕大吏饬属助宣德意,将使吏不为奸,民沾实惠,果何术之操也”,“于推广裕民之道,更何以进筹善策欤”②。翌年(1772年),策试天下贡士孙辰东等人:“直省积贮,所以备歉,而经理端在丰年。曩制三十年之通,与夫耕九余三,耕三余一,无论矣。如常平、社仓,至今承用不改,第任法任人奉行匪易……而廪储之虚旷谁筹?将使措置适宜,策果安在?”③乾隆四十年(1775年),策试天下贡士严福等人:“洪范八政,食居其首,储蓄素具,以待不时,有备无患之道也。常平、社仓二法,迄今并行,成规具在……朱子行社仓法,世号良规,其春借秋敛,加息以偿,疑与熙宁之青苗,约略相似,而利病回殊,其得失之故,能一一指陈欤。”④乾隆四十五年(1780年),策试天下贡士汪如洋等人:“积贮之法,不出常平、社仓……仰藉社仓者,必皆贫户,倘所入之息,不敌所出之数,则义举且渐废,使必按册而促之偿补,则追呼滋扰,善政反成作法之凉,将何以斟酌,而归于实惠欤?”⑤乾隆四十九年(1784年),策试天下贡士侯健融等人:“积贮者,生民之大命,常平、社仓今久行之,毋庸缕述古制矣。顾贮则有湇烂之虞,出则有挪移之蠹……将欲杜弊端而经理得宜,何道之从?”⑥。在乾隆朝殿试天下贡士时,对社仓积贮之法屡有问及。可

---

① 《清高宗实录》卷八百七十五,乾隆三十五年十二月(日无干支,载于是月后)。按:引文中“扁”同“匾”,原文如此,笔者未加改动,下同。
② 《清高宗实录》卷八百八十三,乾隆三十六年四月辛卯。
③ 《清高宗实录》卷九百七,乾隆三十七年四月丙戌。
④ 《清高宗实录》卷九百八十一,乾隆四十年四月戊戌。
⑤ 《清高宗实录》卷一千一百六,乾隆四十五年五月戊子。
⑥ 《清高宗实录》卷一千二百五,乾隆四十九年四月庚戌。

见,高宗弘历对社仓运营的积弊深为不满,并已显疲态。

乾隆朝的社仓经营体系完备,制度严密,特别是乾隆中前期的社仓管理得法,运行良好,收到了实效。后期由于制度的惰性以及一些人为因素,不可避免地出现了诸多弊薮,虽乾隆帝略显疲态,但还是孜孜不倦地寻求解决良策。

第四节　十八世纪社仓积贮的几个问题

一、社仓、常平仓、义仓"三仓"之关联

在现代意义上的学术研究以前,文献史籍即对常平仓、社仓、义仓多有记载和论述。如南宋董煟《救荒活民书》被学者视为古代中国荒政指南书的母本①,是著首置社仓,然后依次述及常平、义仓②。明代祁彪佳所辑《荒政全书》亦分设义仓、社仓、常平仓等条目③。当然,最具代表的仍属清代俞森所撰《常平仓考》、《义仓考》、《社仓考》,此乃"三仓"历史沿革的总结之作④。

有关"三仓"现代意义上的系统研究可追溯到二十世纪二十年代于树德《我国古代之农荒预防策——常平仓、义仓和社仓》⑤,一定意义上讲,此文拉开了仓储研究的序幕,之后有关探究"三仓"的论著如雨后春笋般不时涌现,具体情况可参见本书绪论之学术史回顾部分,兹不赘述。下文简要阐述十八世纪常平仓、义仓的积贮政策的沿革,并讨论一下三者的关联。

(一)常平仓积贮政策之演进

常平仓是中国古代政府为调节粮价,储粮备荒以供应官民不时之需而设置的

---

① 参阅[法]魏丕信著,曹新宇译:《略论中华帝国晚期的荒政指南》,李文海、夏明方主编《天有凶年:清代灾荒与中国社会》,北京:生活·读书·新知三联书店,2007 年。

② [宋]董煟撰,[元]张光大增修,[明]朱熊重订:《救荒活民书》,载李文海、夏明方主编《中国荒政全书》(第一辑),北京:北京古籍出版社,2002 年。

③ [明]祁彪佳辑:《救荒全书》卷五,远山堂稿本,中国国家图书馆藏。

④ 此三篇均载李文海、夏明方主编:《中国荒政全书》(第二辑第一卷),北京:北京古籍出版社,2004 年。

⑤ 于树德:《我国古代之农荒预防策——常平仓、义仓和社仓(上、下)》,《东方杂志》1921年第 18 卷第 14、15 号。

粮仓,由官吏管理,最初设于郡省都会。按学界通说,常平仓之设起源于战国管仲轻重之说和李悝平籴之论。迨至西汉宣帝时,大司农耿寿昌于边郡设置了常平仓。自此以后,常平仓虽废置不常,但作为一种仓储制度确是历代相沿。

有清一代,尤其是乾隆朝实为古代常平仓发展的鼎盛时期。顺治十二年(1655年)正月,世祖福临谕内外文武官员等曰:

> 水旱灾荒,古今代有,全在预备得法。一省报荒,必有不荒之府,一府报荒,必有不荒之县,荒者当速赈,不荒者即当蓄备。如常平仓之法,米贱则增价以籴,米贵则减价以粜,官民俱便,历代行之,未常有改……若各地方官,果有为国为民之心,岂不能于存留项下,周详设处,著户部严饬遵行。①

此谕昭示着清代恢复常平仓建设的开始。康熙年间,随着社会秩序的逐步稳定,经济的恢复与发展,常平仓制度初具规模。康熙十二年(1673年),圣祖策试天下贡士韩菼等于太和殿前:"积贮乃天下之大命,乃常平之设,多属虚文,一遇荒歉,即需赈济,而奉行不实,致使朝廷之德意,不能遍及闾阎,其何以使利兴弊革欤?"②由此不难看出,圣祖希望革常平仓运作之弊,以期"庶几于古帝王协和风动之治"③。康熙十八年(1679年),谕户部:

> 民生以食为天,必盖藏素裕,而后水旱无虞。自古耕九余三,重农贵粟,所以藏富于民,经久不匮,洵国家之要务也……近据四方奏报雨泽沾足,可望有年,恐丰熟之后,百姓仍前不加撙节,妄行耗费,著各该地方大吏,督率有司,晓谕小民,务令力田节用,多积米粮,俾俯仰有资,凶荒可备,以副朕爱养斯民至意。④

此谕表明圣祖于地方积贮重要性的强调,以及兴建仓储的政治目标。翌年(1680年),覆准直省常平仓谷留本地备赈⑤。康熙年间制定了相应的管理措施,形

---

① 《清世祖实录》卷八十八,顺治十二年正月壬子。
② 《清圣祖实录》卷四十一,康熙十二年三月庚寅。
③ 《清圣祖实录》卷四十一,康熙十二年三月庚寅。
④ 《清圣祖实录》卷八十一,康熙十八年六月辛未。
⑤ [康熙]《大清会典》卷二十九《户部十三·仓庾二》,康熙二十九年内府刻本,北京大学图书馆古籍部藏。

成了一套初步的管理方法。其组织形式依附于各级行政机构，垂直管理。其存查制度，规定各仓储每年分春夏和秋冬二次将所出与所入登载上报户部，以备稽查，另外最多的就是对仓官的管理，正反两面施措齐全。正面多从奖励入手，反面则从严惩治以杜其弊。① 尽管制定了相对完备的制度，康熙朝的常平仓建设并没有取得令人瞩目的成就。康熙六十年（1721 年），圣祖就此做了总结性的评论："各省积贮谷石，虽俱报称数千百万，实在存仓者无几，即出陈易新之法，亦不为不善，第春间，仅有所出，秋后并无所入，州县官侵蚀入已，急则即以折银掩饰，此等积弊，朕知之甚详。"②

雍正帝践祚伊始便对康熙末年出现的吏治腐败，政风颓废等弊进行整饬，地方积贮亦在其列。雍正元年正月谕巡抚：

> 州县积谷，本为备荒之计，水旱歉收之岁，待此拯济，于民生最有关系。今皆视为正供之余项，借出陈易新之名，半为胥吏中饱，半为州县补空，一遇灾荒，茫无赈贷，皆由巡抚平时疏略包容玩愒所致也。③

雍正三年（1725 年），世宗谕令各省督抚乘此大有之年，讲求积贮之道：

> 古者视岁之上中，为储蓄之节，盖官民经画久远，不为一时苟且之计，积之于丰年，用之于歉岁，所谓有备无患，法良而意美也。朕自临御以来，宵旰勤求，无刻不以民依为念，乃重农积粟之诏屡下，而间阎卒少盖藏，官仓亦多亏缺……至于常平、义仓，原为备荒而设，乃有司奉行不力，多至缺额……为吾民计及长久，宜乘此时，讲求储蓄之道，以备将来。④

雍正朝的常平仓积贮取得了前所未有的成就。诚如台湾学者李汾阳所论，与康熙时期比较，雍正时期不但更改常平积贮的内容，延长存储的时效，甚至进一步增加其数量，在乾隆十三年（1748 年）更定减额以前，常平积贮量为清朝最高的一段时期⑤。

---

① 参阅唐林生：《清代的常平仓制度》，《衡阳师专学报》1989 年第 3 期。
② ［雍正］《大清会典》卷三十九《户部十七·蠲恤五·积贮》，雍正十年武英殿刻本，北京大学图书馆古籍部藏。
③ 《清世宗实录》卷三，雍正元年正月辛巳。
④ 《清世宗实录》卷三十六，雍正三年九月丁巳。
⑤ 李汾阳：《清代仓储研究》，第 178 - 179 页。

乾隆皇帝重农贵粟、讲求积贮的思想已如前述,他在粮政方面确实进行了一番新的尝试。乾隆初年,清廷把目标集中于扩大仓储数额,各省在此期间都取得了很大的进展。更为重要的是,乾隆十三年前后,清廷还因米贵问题展开了有关常平仓积贮在内的粮政大讨论①。是年十二月,大学士等奉谕议覆直省常平积谷数额问题:

> 直省常平仓贮,康熙年未经全数定额,应请照雍正年旧额为准。惟云南极边,不近水次,西安、甘肃沿边,兼备军糈。此三省,雍正年亦未定额,应以乾隆年所定额为准。又福建、广东、贵州三省,山海之地,商贩不通,仓储宜裕,现较乾隆年定额多不敷,而较雍正旧额则有余,酌量情形,请即以现存之数为定。其余各省,悉照雍正旧额。通计一十九省,应贮谷三千三百七十九万二千三百三十石零,较之乾隆年定额,计减一千四百三十一万八千三百余石。②

虽然,常平仓贮谷总额有所回缩,但毋庸置疑的是,乾隆朝常平仓还是取得了令人瞩目的成绩。

(二)义仓积贮政策之演进

前文在论述社仓制度起源时,曾言及社仓与义仓在创建之初并没有严格区别,是一种仓制的不同名称,所以文献记载亦常将两者混为一谈。

隋开皇五年(585年),工部尚书长孙平奏请"令诸州百姓及军人劝课当社共立义仓"③。可见,社仓、义仓有时确系同义④。但义仓创立不久,便被移置城市。开皇十五年(585年),因"义仓贮在人间,多有费损",隋文帝下诏将义仓谷物"并纳本州县"。翌年,又将各地义仓"于当县安置"⑤。唐宋时期义仓运营,继承了隋代义

---

① 按:有关乾隆十三年粮价问题,学界多有研究。此中涉及常平仓问题,可参阅[澳大利亚]邓海伦著,王江译:《乾隆十三年再检讨——常平仓政策改革和国家利益权衡》,《清史研究》2007年第2期;高王凌:《活着的传统:十八世纪中国的经济发展和政府政策》,北京:北京大学出版社,2005年,第114-123页。

② 《清高宗实录》卷三百三十,乾隆十三年十二月壬辰。

③ [唐]魏征等:《隋书》卷二十四《食货志》。

④ 按:当然,即便是在隋朝,社仓与义仓还是存在区别的,参阅欠端实:《隋代の义仓について》,载《东方学》(第52辑),1976年。

⑤ [唐]魏征等:《隋书》卷二十四《食货志》。

仓的做法，义仓掌于官府，设于城中，而此种模式被视为义仓经营的理应方式。元代的社、义二仓又复合流，如至元七年（1270 年），元世祖令"每社立义仓，社长主之"①。有明一代，预备仓为最重要的仓储，义仓在明后期才略有发展，鲜有成效。

清代是传统社会仓储制度最为完备的时期，所取得的成就亦远迈前朝。清朝亦承袭古制，举建义仓，但除了盐义仓之外②，至少在本书所要讨论的十八世纪传统意义上的义仓并未得到充分发展，远不及社仓。

清代的义仓政策是不断调整、完善的。顺治十一年（1654 年），世祖颁诏天下，"各府州县，俱有豫备四仓及义仓、社仓等法"，并责成各地方有司"稽察旧积，料理新储"③。此诏可视为清朝义仓政策的肇端，但当时的形势决定了这只能是朝廷的愿望，并不能实际贯行。康熙年间，随着社会经济的发展和统治秩序的稳固，出台了相关政策。康熙十八年（1679 年），诏令天下立社仓、义仓，以本乡之人管理其事。④ 翌年（1680 年）二月，圣祖谕户部："积谷原备境内凶荒，若拨解外郡，则未获赈济之利，反受转运之累，人将惮于从事，必致捐助寥寥，嗣后常平积谷，留本州县备赈，义仓、社仓积谷，留本村镇备赈，永免协济外郡，以为乐输者劝。"⑤与此同时，特颁谕旨令各省督抚切实举行地方积贮之事。所以，各地义仓渐有兴举，如康熙二十五年（1686 年），山东莘县知县曹煜于县治东建仓十间。⑥ 诚如学者所论，清代的义仓，至少在雍正之前，它的定位是不明确的。从历史演化的轨迹看来，在康熙四十二年（1703 年）以后，凡是推行地方民众捐输米谷，于地方设立仓储，民管民用的运作形式，皆称之为社仓，在盐义仓出现之前，义仓之名不再出现⑦。据目前有关

---

① ［元］佚名辑：《元典章·户部》卷九《典章二十三·农桑·立社·劝农立社事理》，光绪三十四年刻本，北京大学图书馆古籍善本室藏。

② 按：盐义仓，就字面本意，当是设立于产盐区的义仓，是清代仓储系统中的一个创举。盐义仓在史籍中多被归于义仓名下，如光绪《大清会典事例》卷一百九十三《户部·积储·义仓积储》。故人们通常把它列在义仓之类，视之为义仓的一种，之所以将之命名为义仓，是由于它明显的商人捐助色彩。不过盐义仓与义仓的区别是明显的。（参阅张岩：《清代盐义仓》，《盐业史研究》1993 年第 3 期；张岩：《论清代常平仓与相关类仓之关系》，《中国社会经济史研究》1998 年第 4 期。）

③ 《清世祖实录》卷八十四，顺治十一年六月庚辰。

④ 《清朝文献通考》卷二十二《职役考·二》。

⑤ 《清圣祖实录》卷八十八，康熙十九年二月丁卯。

⑥ ［嘉庆］《东昌府志》卷十《仓储》，嘉庆十三年刻本，北京大学图书馆古籍善本室藏。

⑦ 李汾阳：《清代仓储研究》，第 178－179 页。

清代区域义仓的研究可知此论大略不误①。

（三）"三仓"之关联

仓储制度在清代有了很大的发展,常平仓、社仓、义仓等仓储类型逐渐健全,形成了较为完备的仓储体系。有清一代,朝野上下有关积贮的议论不绝于书,此中不乏讨论三仓关系之语。比如,官方就曾指出三者设立地点有所不同,"由省会至州郡俱建常平仓,乡村则设社仓,市镇则设立义仓"②。此虽系清廷对常平仓、社仓、义仓设立地点所作的规定,但也可视为官方对三仓区别的一种看法。需要指出的是,各省实际的仓储建设情况与此并非完全吻合,如"长江中游地区的社仓、义仓往往混杂在一起,设置之地点全然不顾乡村、市镇之畛域。从总体上看,倒是社仓多设在市镇,义仓多设在乡村"③。江南苏州、松江、嘉兴三府,一般情况下,"社仓一所设于县城,其它多立于市镇,市镇是社仓设立的主要场所"④。诚如魏丕信先生所论,"从原则上说,义仓是建立在非行政单位的市镇,其仓谷可以部分用于平粜,而社仓则是专门的乡村借贷机构。但实际上,这种区别并不显著。人们可以发现,许多市镇或县城建有社仓,面在乡村则建有大量义仓"⑤。

前文所述无论官方记载,还是学人论著,实际上是以"三仓"类型沿革及名称为视角进行讨论的。此外,尚有以仓政的管理主体的异同来区分的。"官所设者曰常

---

①　按:清代长江中游地区的义仓其大规模发展始于道光初年,在此之前,只有零星州县有设。(参阅白丽萍:《清代长江中游地区义仓的设置、运营及其与社仓的关系》,《中国地方志》2009 年第 4 期。)江苏省,以宜兴县和荆溪县为例,绝大多数义仓设立于嘉庆、道光以后,尤以光绪间为最。(参阅吴滔:《宗族与义仓:清代宜兴荆溪社区赈济实态》,《清史研究》2001 年第 2 期。)他省情形亦大致如此,可参阅高惠冰:《清代前期的佛山义仓》,《华南师范大学学报》1985 年第 3 期;冼剑民:《清代佛山义仓》,《中国农史》1992 年第 2 期;陈春声:《论清代广东义仓的兴起》,《中国社会经济史研究》1994 年第 1 期;段建宏、岳秀芝:《明清晋东南社仓、义仓初探》,《唐都学刊》2010 年第 3 期等论文。十八世纪义仓建设颇有成就的当属直隶地区,乾隆年间十分兴盛,但其顶峰在嘉道时期。(参阅郑清坡、郑京辉:《清代直隶义仓述论》,《历史教学》2007 年第 11 期。)

②　《清朝通志》卷八十八《食货略八·平粜》,杭州:浙江古籍出版社,2000 年。

③　参阅任放:《明清长江中游市镇与仓储》,《江汉论坛》2003 年第 2 期。

④　黄鸿山、王卫平:《清代社仓的兴废及其原因——以江南地区为中心的考察》,《学海》2004 年第 1 期。

⑤　[法]魏丕信著,徐建青译:《十八世纪中国的官僚制度与荒政》,南京:江苏人民出版社,2006 年,第 194 页。

平仓；民间所捐输者曰社仓"①。乾隆十年（1745年），陕西巡抚陈宏谋奏闻："积贮之法，不外常平、社仓二者。常平贮之城中，其出入也，官主之；社仓散贮于乡，其出入也，社正、副主之。"②王庆云亦以官仓、民仓来区别常平仓、社仓、义仓。他将常平仓归入官仓，但同时指出官仓又不尽系常平仓，"民间立义、社各仓，下以劝闾里之任恤，上以佐国家之储偫"③。十八世纪论及义仓属性的文献并不多见，主要是方观承的言论。乾隆十三年（1748年），时任直隶总督方观承指出："义仓之制，以本地之有余，助本地之不足，原系民间自为赒恤之举，与积贮在官者不同，故其输出、收纳一切典之于民，惟藉官为稽查。"④言下之意，义仓与官仓不同，系以民为经理，官为稽查的模式运作。这种分类方法出于时人论述无疑具有相当的说服力，但从社仓、义仓的实际运行上看，还不能全然视为"民仓"，其中官方抑或说是国家的作用不能完全忽视，而且与之相反，应当正确估量国家行为、政府政策在此中的作用。的确，有些学者在研究清代仓储时就将社仓定义为"半民间"（semiprivate），"这些机构尽管是按照政府制定的原则经营的，而且每年还得报告经营情况，但却是由地方精英们具体管理的，恐怕没有地方政府的直接干预，且仓谷也完全来自私人捐输"。⑤魏丕信先生的此种划分颇得要领，其论述的前半部分亦可谓精辟之语，但他所言及的仓谷来源却失之偏颇，此将在下一章具体论述。

此外，还有以粜籴之别来区分常社二仓的，"以官赈民者，增价而籴，减价而粜，贱不伤农，贵不伤民，故曰常平也。以民赈民者，随其所出，则取之于民不多，当社立仓，则施之于民也甚便，故曰社仓也"⑥。十八世纪论及社义二仓之别的记载寥若晨星。方观承曾指出："义仓与社仓同为积贮，但社仓例惟借种，义仓则借与赈兼行，而尤重在赈。"⑦

实际上，至少十八世纪社仓与义仓的差别并不是很大，几乎可以说是发展趋同、性质相近。乾隆十二年，山西设立义仓，仓制从奖励捐输、贷谷取息到仓政管

---

① ［乾隆］《历城县志》卷四《地域考二·仓储》，乾隆三十八年刻本，北京大学图书馆古籍善本室藏。

② ［清］陈宏谋：《筹办积贮情形疏》，载《清经世文编》卷四十《户政十五·仓储下》。

③ ［清］王庆云：《石渠余纪》卷四《纪社仓义仓》，北京：北京古籍出版社，2001年，第178页。

④ ［清］方观承：《畿辅义仓图》，台北：成文出版社，1969年，第32—33页。

⑤ ［法］魏丕信著，徐建青译：《十八世纪中国的官僚制度与荒政》，第194页。

⑥ ［清］阮葵生辑：《七录斋文钞》卷七《积贮》，《续修四库全书》本，上海：上海古籍出版社，2002年。

⑦ 《清史稿》卷三百二十四《方观承传》。

理、经营办法,"均照社仓例办理"①。二者的关系可从乾隆十二年(1747年)正月,直隶总督那苏图遵旨劝捐义仓所拟的经营规条中可见一斑。

一、义仓宜分建四乡,直省社仓,分设乡镇者,十之一二;附贮城内常平仓者,十之七八。今新捐义仓,谷数既多,自应四乡建仓,使本处捐谷之人,春借秋还,民情利便。查社仓每石收息一斗,请将息谷先尽建仓,本年尚未收息谷,饬令动项鸠工,俟息谷归款,其收捐不及二千石者,令分乡赁房收贮,陆续动支息谷建仓。

一、民人按捐分别奖励,旗户宜一体收捐给奖。义谷与社谷内,凡绅衿士庶,捐十石者,给以花红;三十石五十石以上者,奖以匾额;二百石者,题给九品顶带;三百石者,给八品顶带;四百石以上者,给七品顶带。捐杂粮者,亦照数画一奖励。又近京五百里内旗人,有愿在现住有产地方捐谷者,一体报捐监生,经部议准在案。今时和岁稔,旗户踊跃捐输,给奖亦宜画一,除家奴及开户人等外,其余照民人例劝奖。

一、劝捐宜每岁丰收举行,仍请杂粮并收,随时易谷。旗民近依畿辅,深沐恩施,好义急公,倍于他省,捐谷皆出至诚,据州县报到,已收一十一万余石。以一岁劝捐而言,数不为少,以各贮各境而论,事应豫筹,请嗣后秋收丰稔,悉令照此次捐输。至民间种植,粟谷居其二三,高粱米豆居其七八,应听杂粮并捐。每逢春借秋收,许愿借杂粮之户,按照粮价易谷交还,照谷数加息。

一、慎选仓正副经管,并酌定州县盘查交代。各社仓俱有仓正仓副,司理出纳,限年更替,期满给奖,请按各州县每乡谷数多寡,五百石以内者,设仓正一名,一千石以外者,添仓副一名,令公举端谨殷实者充。至该管州县官,应每岁于春借时听仓正副确查,无力农民,报县借给,秋收后于十二月底,逐乡同仓正副盘查一次,取结加结,详报道府。其因事交代者,接任官照常平仓谷,一体盘收,仓正副年满,令更替之人,按数盘收出结。

一、口粮折耗,宜酌销息谷,以免赔累。米粮之出纳,折耗既所不免,仓正副之经理,费用又所必需,请嗣后有谷一百石者,丰年加息十石,以一石为仓正副纸张饭食,以一石为仓谷折耗,以一石为赁房之需,其余七石,存作建仓之用,俟仓廒建立,息谷源源积贮,于乾隆丁卯年为始,画一遵循。

---

① ［乾隆］《钦定大清会典则例》卷四十《积贮·义仓积贮》。

一、酌定本乡借谷人户，先须分别良莠，义仓原以惠济本地良农，必须佃耕田土，实有恒业之人，方准借给，若游手无藉者，概不准借，非仅虑有借无还，亦所以劝务本而戒游惰，仓长亦免亏赔。①

由上引义仓规条观之，十八世纪的义仓运作制度与社仓实无太大差异。

此期清廷之所以于各乡村庄劝导建立义仓是想在常平仓与社仓之外，另组民捐、民管、民用的地方仓储系统，以补常社之不足。清代自乾隆开始，为了弥补以往社仓推行的形式化现象，试图利用义仓之名，再次推动乡里之间的民间积储方法，是故乾隆朝至嘉庆朝，呈现地方乡里有所谓社仓与义仓共同存在，同为劝民捐输的储备形式，而在过渡期之中，明显地想要替代社仓的目标，朝向地方民间捐输义仓化方向衍化。② 此论言及义仓为清廷倡建的全委于民的仓储类型，以推动民间积贮确系精辟之分析，但说清廷义仓政策的目标想要替代社仓，朝向地方民间捐输义仓化方向转变未免走得过远。前文已经以清廷积储政略为视角，详细阐述了十八世纪社仓积贮策略的演进，并未发现国家有以义仓代替社仓的观念，反而是孜孜以求，不断讨论解决社仓积弊之道，以期收到实效。如果我们把视线移到乾隆十三年（1748 年）七月，似乎能说明此后民间积贮政策的推行。是年（1748 年）七月，高宗谕："常平积贮，所以备不虞，而众论颇以为采买过多，米价益昂，因思生谷止有此数，聚之官者太多，则留之民者必少，固亦理势之自然……朕既知初意之失，不可不为改弦之图。"③同年（1748 年）闰七月，高宗谕大学士等："常平积贮，固属国家良法，然聚之官者多，则藏之民者少，今秋成虽稔，与其敛积于官庾，何如流通于闾井。"④此乃高宗对常平积贮政策的反思与调整，标志着清廷仓储策略渐向民间贮谷的衍化。

有关常平仓与社仓利弊优劣的讨论，学界多有讨论，兹不赘述。"三仓"的关系诚如张岩先生所论，常平仓、社仓、义仓是清代社会几种主要的储粮备荒形式。常平仓与相关类仓正是清廷在不同区域、以不同形式进行的一种富有人情味的社会管理活动，是履行其公共经济职能的方式之一。由于性质相近，虽然这些仓在具体动作和功能上存在各种差异，但却往往能在关键时刻互通声气，互相协济，形成较强的社会效应，而这正是任何一种单纯的仓储形式难以做到的⑤。

---

① 《清高宗实录》卷二百八十三，乾隆十二年正月（日无干支，载于是月后）。
② 李汾阳：《清代仓储研究》，第 199 页。
③ 《清高宗实录》卷三百一十九，乾隆十三年七月辛丑。
④ 《清高宗实录》卷三百二十，乾隆十三年闰七月丁卯。
⑤ 张岩：《论清代常平仓与相关类仓之关系》，《中国社会经济史研究》1998 年第 4 期。

二、社仓与青苗法异同辨析

王安石变法是中国历史上的重大事件。自南宋至晚清,诸多史家和思想家对王安石及其变法进行评议。① 迨至十八世纪,时人于此亦多有评论,其中便有辨析社仓之法与青苗之法异同、优劣的评议。

清代著名政治家、理学家和诗文家李绂著有《青苗社仓议》专论二者关系。他认为"朱子社仓之法,与青苗同",但其前提是奉行得人,否则便会出现"未见其利而先受其弊者,徒知法为朱子之法,不自量其人非朱子之人,则亦青苗之法而已"的局面②。之后,李绂详细论及青苗法、社仓法推行过程中的相似之处:

> 社仓初行息取十二,夏放而冬收,与荆公青苗之法无异。荆公治鄞,尝自行青苗之法矣,鄞之人至今尸祝之。荆公以其为身所尝试者,他日执政,遂欲施诸天下,亦犹朱子请行社仓于诸路,而不知奉行者之不能尽如荆公也,是故奉行而得其人,则青苗亦社仓矣;奉行而非其人,则社仓即青苗矣。且青苗之法,后人畏其名而不敢行。社仓之法,后人慕其名而亦不能行,非独利之所在,任事者难其人,即民亦不能尽如吾意也。苏子由论青苗之弊,谓钱入民手,虽贫民不免妄用,及其收也,虽富民不免后期,如是而敲扑之事烦矣。今社仓开报支米,漏落增添,必送县断罪,其收米也,如有走失,必保人均赔,是亦不能已于敲扑,其与青苗有以异乎?③

李绂为江西临川人,康熙己丑进士,官至内阁学士,兼礼部侍郎。著有《穆堂初稿》,为王安石"辨正诬罔事尤多",如《书辨奸论后》、《书荆公不信春秋辨》、《书〈邵氏闻见录〉后》、《青苗社仓议》、《跋朱子再定太极通书后序》等。李绂系王安石"桑梓"后学,故对王安石及其变法多有褒扬。

李绂此文旨在指出社仓与青苗之共性。刘汶却在《预备仓贷谷私议》阐述青苗害民,社仓便民之源:

> 朱子社仓,即王安石青苗之法。然而青苗害民,社仓便民,何也?青

---

① 参阅李华瑞:《王安石变法研究史》,北京:人民出版社,2004 年。
② ［清］李绂:《青苗社仓议》,载《清经世文编》卷四十《户政十五·仓储下》。
③ ［清］李绂:《青苗社仓议》,载《清经世文编》卷四十《户政十五·仓储下》。

苗以钱贷民,而收二分之息钱,社仓以谷贷民,而收二分之息谷,钱与谷不同也。青苗钱必贷于县,社仓谷则贷于乡,县与乡不同也。青苗之出纳,官吏掌之,社仓之出纳,乡人士君子掌之,官吏之与乡人士君子不同也。青苗意主于富国,故岁虽不歉,民虽不急,亦必强之而贷取其息,社仓意主于救荒,故必俭岁贫民愿贷,而后与之,强贷与愿贷不同也。青苗虽帑藏充溢,犹收息钱,社仓始惟借府谷六百石,至十四年之后,还六百石外,尚余三千余石,足以备荒,遂不复取息,但每石加耗米三升而已,取息与耗米不同也,此利害之所由分欤。①

刘汶的评议可谓抓住了问题的要害,堪为精辟之论。上述评论系从推行之道来谈二者异同,较为宏观。乾隆八年(1743年),湖北巡抚晏斯盛仅就收息之法论述青苗与社仓为何出现道法相近而利病迥殊的情形。

夫青苗社仓,同一收息于民也,然利害悬殊,则朱子所谓以金不以谷之言,最刺其病,何也? 金无转移之端,春散夏敛,秋散冬敛,三分之息,实增于本数之外,下户穷民,无异剥肤。至谷则有早晚之价,四月贷,十月还,二分之息,常在本数之中。歉岁荒月,足以周急。实不可同年而语。②

乾隆皇帝于社仓积贮孜孜讲求,已如前述。对社仓运营过程中出现的弊端亦申之再再,筹划解决之法。其在殿试中就曾令天下贡士指陈荆公青苗与朱子社仓得失之故。如乾隆四十年(1775年),于太和殿前策试天下贡士严福等人:"朱子行社仓法,世号良规,其春借秋敛,加息以偿,疑与熙宁之青苗,约略相似,而利病回殊,其得失之故,能一一指陈欤?"③乾隆五十八年(1793年),于保和殿前策试天下贡士吴贻咏等人:"朱子社仓立法至善,而论者或谓其近于青苗法,其似同实异之故,能悉举之欤?"④

---

① [清]刘汶:《预备仓贷谷私议》,载《清经世文编》卷三十九《户政十四·仓储上》。
② [清]晏斯盛:《推广社仓之意疏》,载《清经世文编》卷四十《户政十五·仓储下》。
③ 《清高宗实录》卷九百八十一,乾隆四十年四月戊戌。
④ 《清高宗实录》卷一千四百二十七,乾隆五十八年四月癸未。

第三章　社仓制度的运作机制

如何使社仓发挥酌盈济虚、备荒安民等积极的社会效用,实际上取决于完备的制度设计和良好的制度执行,亦即是需要较为详备的运作机制。如所周知,十八世纪是清代仓储制度最为完备的时期,而作为国家仓廪体系重要组成部分的社仓运营亦渐次形成了一套较为完善的制度,大略包括两个方面,即谷本筹集与仓政管理。

第一节　社谷来源

仓政运作的前提是仓谷充盈,社仓积贮的首要任务便是募集社谷。十八世纪社仓筹谷方式可谓是多途并举,呈现出多样化的特点,并有着明显的地区差异性。

一、劝募捐输

社仓不比常平仓有着固定的经费来源,而且"全委于民"实为清廷理想的社仓积贮政策与经营模式。易言之,从国家的角度讲,希望民间能自行筹集社仓谷本。是故,劝募捐输成为社谷最为重要的来源。当然,此中不能忽视朝廷颁布的各项奖劝政策。

捐输分为官捐和民捐两种。一般在劝捐社谷时,地方各级官员带头捐输,以为倡率,各省地方志于此多有记载。如康熙年间,江西巡抚安世鼎兴办社仓积谷,其便先行捐谷一千石,此举产生很大的示范意义,各级官员纷纷效仿,司、道、府、厅、县各官所捐"或一千,或五百,或百十石不等,以备郡城之用",州县学、佐等员所捐"或五百,或百十石不等,以备州县之用"①。雍正元年(1723 年)十月,闽浙总督满保、福建巡抚黄国材奏闻:"督臣觉罗满保情愿捐谷三千石,抚臣黄国材情愿捐谷三千石,布政使臣黄叔琬愿捐谷一千石,按察使臣秦国龙愿捐谷五百石,粮驿道、兴泉道、汀漳道、延建邵道、台厦道五员共捐谷一千七百石,知府、同知、通判十二员共捐谷三千四百四十石,州、县官六十一员共捐谷七千三百六十石,通共捐谷二万石,分别州、县大小,交与地方,社长公同收贮,以备不时。"②虽然世宗批示"不必如此揣摩迎合",但并未明文禁止官员捐输社谷。雍正九年(1731 年),福建布政使潘体丰奏报:"督臣刘世明、抚臣赵国麟各捐谷二百石,臬司及道、府、厅、县亦各陆续报捐。"③雍正十二年(1734 年),山东夏津县创行社仓,山东布政使郑禅宝捐社谷十石,知县方学成捐谷五十石,同城文武各官暨各绅士、诸商等共捐谷八百余石,分贮四乡,以备赈贷。乾隆五、六等年,署东昌府事济军厅高士矿捐谷十五石,知县方学成复捐谷五十石。④ 他省劝捐情形大略相同。当然,官员捐输也可获得一些奖励,如山东海阳县"知县包桂倡捐谷一百石,蒙巡抚都院朱记功一次;原任乐陵县教谕修朝极捐谷一百一十石,蒙巡抚都院朱给发心存利济匾额"⑤。雍正十二、三年,湖北嘉鱼县社仓捐谷时,地方守宪捐谷 15 石,府宪捐谷 100 石,知县捐谷 200 石。⑥乾隆十五年,四川省大小官员共捐仓谷四百七十石有奇,"改归社仓收贮,同社谷一例奏报"⑦。

在讨论官捐社谷时,有一个特殊群体,即候选官员群体,应一并论述。如海阳县候选州同李本渥,捐谷一百一十石,巡抚都院发匾奖励⑧。雍正九年(1731 年),福建布政使潘体丰奏报闽省官民报捐积谷事时言及,"仙游县候选州同徐华、生员

① [同治]《新建县志》卷二十四《营建志·仓储》,同治十年刻本,北京大学图书馆古籍善本室藏。

② 《雍正朝汉文朱批奏折汇编》(第 2 册),雍正元年十月初六日,闽浙总督觉罗满保、福建巡抚黄国材奏,第 80—81 页。

③ 《雍正朝汉文朱批奏折汇编》(第 20 册),雍正九年六月,福建布政使潘体丰奏,第 848 页。

④ [乾隆]《夏津县志》卷二《建置志·仓局》,乾隆六年刻本,北京大学图书馆古籍善本室藏。

⑤ [乾隆]《海阳县志》卷五《积储》,乾隆七年刻本,北京大学图书馆古籍善本室藏。

⑥ 白丽萍:《清代两湖平原的社仓与农村社会》,载陈锋主编《明清以来长江流域社会发展史论》,第 348 页。

⑦ 《清高宗实录》卷三百九十八,乾隆十六年九月庚午。

⑧ [乾隆]《海阳县志》卷五《积储》。

徐升兄弟二人，共捐谷三千石，兼愿自建社仓存贮。又，候选县丞李长华愿捐谷五百石附入仓内。当据兴化府知府张嗣昌详报，臣俱转报督、抚二臣，批行奖励，以为圣世好义急公者劝。"[1]有此记录，对他们日后的升迁应该是有所帮助的，至少能博得百姓的美誉，又可名存史册，可谓一举多得。但是不能把官捐社谷的作用估计的太高，该举措更多的是展示地方官府在兴建社仓问题上的一种姿态，其表率作用远大于实际意义。诚如学人所论，"官捐有时是为解决社仓举办过程中出现的问题而进行的，地方官员这样做，既彰显其恤民之心，又使社仓得以维持"[2]。

在传统中国社会，国家与基层社会之间，既有矛盾的一面又有联合的一面。虽然双方矛盾的一面经常出现，但官民相得、民助官治却是传统社会演进的主流。官民的互动是中国传统社会演进的基本机制。之所以能形成这种机制，清廷承续并发展的义民旌表制度无疑发挥着重要的作用。

虽然清代的义民旌表制度与社仓积贮政策并不是同步演进的，其奖劝办法亦非专为社仓所立，但此制度的不断完备对各省的社仓谷本的募集具有指导性的作用，可调动绅民捐输社谷的积极性。

虽说社仓谷本主要来源于民间捐输，但事实上远非如此简单。各省运作的情况十分复杂，并不是整齐划一的。捐输社谷困难颇多，乾隆六年（1741年），江苏巡抚徐士林就曾专折奏闻，指出民间不乐捐输的五点原因："盖劝捐之事，非可法绳，限数即属勒派，差催更滋扰累，不乐捐者一；仓在市镇，建设又少，离乡窎远，输运艰难，不乐捐者二；社长不得其人，出纳不公，贷者兴怨，捐者生悔，不乐捐者三；社仓拨济外郡，一社之谷，不获充一社之用，则捐谷者不见德于邻党，领谷者不知物所自来，施惠于不能见惠之地，不乐捐者四；社仓奖励之法，定例已久，曾无一二举报，是地方官不守力举行，无从取信，民间遂指为具文，不乐捐者五。"[3]

早在乾隆五年（1740年），河南巡抚雅尔图就看到了社谷输积若仅以文告劝捐，则易被小民视为迂腐之谈，但稍绳之以官法，又易被视为累民之举，并针对这一难题提出了解决方案：

　　人情好义之心，每不胜其趋利之心，若就其趋利之心顺其情而利导之，其事易行而公私两有裨益。……除好义之人仍劝其照常捐输外，如有

① 《雍正朝汉文朱批奏折汇编》（第20册），雍正九年六月，福建布政使潘体丰奏，第848—849页。
② 白丽萍：《清代两湖平原的社仓与农村社会》，载陈锋主编《明清以来长江流域社会发展史论》，第348页。
③ 《清高宗实录》卷一百三十七，乾隆六年二月乙丑。

小民情愿出谷作本贮仓收息者，另立印簿，不拘多寡，悉登簿内。至青黄不接之时，与社仓之谷一体听人借领，每石亦照例收息谷一斗，以五升归公，为修仓铺垫之用，以五升给与原寄之人，如原寄之人不愿收回，仍旧存仓为次年本谷出借。倘遇水旱之年，本人愿领出自食，或愿周济亲族邻里者，悉听其便，并许其子孙源源收息。每岁地方官一体查核，拖欠者即为催追，寄多者仍予奖励。如此，则小民既有利息可图，且不烦贸易之劳，永无亏折之患。现叨褒奖之荣，长为子孙之计，人自为谋，必所乐从，因此而杜其无益之花销。……举凡好义之人与趋利之人，社仓并受其益，止就其成式而略加鼓舞之道，亦无纷扰，似于良法得收实效。①

但仅以顺其趋利之心，满足其利益要求，似乎还不足以调动地方富室的积极性，劝捐的范围就不会太广。为此，清廷及地方官府出台了一些奖劝办法。值得注意的是，这些旌奖标准因时因地互不相同。康熙年间，江西巡抚安世鼎制定了义民捐输社谷的奖励之法："有贤士大夫及富民好义者，于常捐之外，能捐谷百石至数百石以上，酌量捐数多寡，具题请叙，或给匾示旌，为留心桑梓之劝。"②此标准过于笼统，且捐谷限额规定的过高，当然这是江西地方的地方标准，并非国家统一标准。康熙五十四年（1715年），清廷制定了明确的作为国家典章制度的社谷捐输的奖劝办法，"富民能捐谷五石者，免本身一年杂派差徭；有多捐一倍、二倍者，照数按年递免。至绅衿捐谷四十石，令州县给匾；捐谷六十石，令知府给匾；捐谷八十石，令本管道给匾；捐谷二百石，督抚给匾。其富民好义，比绅衿多捐二十石者，亦照绅衿例，次第给匾。捐至二百五十者，咨明吏部，给与义民顶带，照未入流品服荣身，凡给匾民家，永免差役。"③

尽管这一办法具有指导全国各省劝输社仓谷石的性质，但亦非经久不变，而是不断地权宜变通、调整。雍正二年（1724年），清廷制定了新的社仓捐谷奖励之法："若有奉公乐善，捐至十石以上，给以花红；三十石以上，奖以匾额；五十石以上，递加奖劝。其有好善不倦，年久数多，捐至三四百石者，该督抚奏闻，给以八品顶带。"④由上观之，雍正二年（1724年）与康熙五十四年（1715年）的社仓捐谷奖励之法多有不同。雍正二年社谷捐输奖励之法颁行后，各地或照此办理，或微作调整。

---

① 《宫中朱批奏折·财政类·仓储》，乾隆五年三月初一日，河南巡抚雅尔图奏。
② ［同治］《新建县志》卷二十四《营建志·仓储》。
③ ［雍正］《大清会典》卷三十九《户部·蠲恤五·积贮》。
④ ［雍正］《大清会典》卷三十九《户部·蠲恤五·积贮》。

乾隆年间,以国家的名义颁行的绅民捐输社谷之法并不多见,更多的是题准各省的地方奖励办法的记载。如乾隆年间,山东省夏津县邑侯方学成制定社仓劝捐条约:"有好义之人户,不计贫富,谷不论多寡,自升斗以至百十石,皆听自愿。多则查照定例,十石以上给以花红;三十石以上,奖以匾额;五十石以上,先报上司,递加奖励。果有好义不倦,年久数多捐至三四百石者,详请奏闻,给以顶带,少亦务将花户开册,申闻上司,以彰乐善之诚。"①乾隆六年(1741年),浙江巡抚卢焯奏陈变通社仓捐谷奖励之法,"士民捐谷,至十石以上者,州县给花红,鼓乐导送;三十石以上,州县给匾;五十石以上,详报知府给匾;八十石以上,详报巡道给匾;一百石以上,详报布政使给匾;一百五十石以上,详请督抚二院给匾;年久乐输多至三四百石者,照例题请给八品顶带荣身。如捐至千石以上,又系有职之员,奏闻。分别职衔大小,酌量议叙。捐输杂粮,亦照谷石之数,画一奖励。"②同年,江苏巡抚徐士林也提出了类似的建议。③ 乾隆二十一年(1756年),湖南巡抚陈宏谋制定了《社仓条规二十一则》,其中对捐输社谷的奖励之法十分详备,"捐输社谷,听民情愿,斗石不嫌其少。捐谷十石以上,州县给以花红;三十石以上,给匾奖励;五十石以上,知府给匾;八十石以上,道员给匾;一百五十石以上,藩司给匾;二百石以上,抚院给匾;四百石以上者,具详奏明,请旨议叙,顶戴荣身;如上年未足数,次年捐至四百石,亦准接算请叙。所捐无论多寡,交仓报官,先将姓名、谷数开示仓所示众,以彰善举,年底仍将所捐姓名、谷数,逐社造册,通报查考"④。这种做法,实质上是通过交换政治权力来唤起乡绅富户的热情。

但民户只有达到最低限额十石,才能得到官方的奖励,而十石对于小民来说仍然为数不少。杨廷璋指出,浙江士民捐谷一般多在十石之内,若限以十石以上官府才给与相应的奖励,会出现士民虽有志于捐输,但财力又不及十石,得不到奖励,可能就作罢了。所以,他建议捐户的奖励办法宜稍为变通,"凡捐数在十石以内者,即于该社建立木坊,大书好义急公等字样,将乐输姓名汇列坊上,以昭奖励,俾咸知踊跃向风。"⑤

应该说,十八世纪的劝输社谷还是取得了可观的成绩。如雍正二年(1724

---

① [清]方学成:《夏津县劝捐社仓谷序》,载[乾隆]《夏津县志》卷十《艺文志·序》。

② 《清高宗实录》卷一百四十八,乾隆六年八月己亥。按:引文中"扁"均通"匾",原文如此,引者未加改动,下同。

③ 《清高宗实录》卷一百五十,乾隆六年九月己巳。

④ [光绪]《湖南通志》卷五十五《食货志一·积储》,光绪十一年刻本,北京大学图书馆古籍善本室藏。

⑤ 《宫中朱批奏折·财政类·仓储》,乾隆二十三年十月初六日,浙江巡抚杨廷璋奏。

年),湖广总督杨宗仁奏报湖北举行社仓情形,江夏、武昌、蒲圻、咸宁、崇阳、兴国、大冶、通山、汉阳、汉川、黄冈、麻城、蕲水、黄安、罗田、随州、孝感、江陵、枝江、谷城等州县各报建仓,每州县三五十所不等,约共劝捐谷本将及三十万石。①由此可知,湖北民情踊跃,社谷捐输效绩已著。翌年,署理山西巡抚伊都立奏报山西设立社仓情况:"蒙皇上念切民生,敕下督抚劝谕民间建设社仓,以备积贮。臣蒙恩叨任地方,职司抚绥,到任以来,即留心查问各属,皆仰体皇仁,于各乡各里劝设社仓,现今大州县有捐至三五千石者,其余州县亦皆有数百石至百十石不等。"②雍正四年,河南巡抚田文镜奏闻各属捐贮社仓谷石数目:雍正元年分,共劝捐谷三千七百六十二石三斗七合;雍正二年分,共劝捐谷五万三百二十五石二斗八升九合;雍正三年分,共劝捐小麦七十九石四斗六升、粟谷五万四千六百一十九石六斗五升九勺。三年之间,共本息劝捐麦谷十万九千七百六十七石五斗三合九勺。期间或自行倡捐,或听民乐输,并无扰害强勒之处。③河南是社谷捐输最有成效的省份之一。雍正六、七两年共捐社谷二十一万五千二百余石。时至八年,豫省社仓之谷积有数十万之多,储蓄有资,且地方未因此而感扰累,世宗深为欣喜,谕令田文镜著交吏部议叙,并告知各直省。④

乾隆年间,劝捐社谷成绩斐然。乾隆五年(1740年)闰六月,河南巡抚雅尔图奏报劝民捐输社仓谷石事宜:

前因豫民不知储蓄,丰年粒米狼戾,任意花销,偶因歉收,则束手无策,尽皆仰食于官,是以推广社仓之成法,略加鼓舞之道。如有小民出谷贮仓者,所收息谷以一半照例归公,以一半给与原贮之人,以为利息,歉岁仍准本人或其子孙领回本谷食用,使小民有利可图,乐于寄贮,庶几有备无患。……兹据各属具报,小民陆续输积,自麦收之后,数月以来,通省约计积贮二三万石。现在秋禾登场,收成十分丰稔,臣檄饬地方官多方劝谕,按其输积之数,分别给匾奖励,则小民既可为生息之计,又得邀奖赏之荣,自必踊跃,恐后一年之内可望积谷一二十万石,不劳动帑而积贮渐充,

① 《雍正朝汉文朱批奏折汇编》(第2册),雍正二年正月十九日,湖广总督杨宗仁奏,第505页。
② 《雍正朝汉文朱批奏折汇编》(第4册),雍正三年三月二十四日,署理山西巡抚伊都立奏,第657页。
③ 《雍正朝汉文朱批奏折汇编》(第7册),雍正四年六月二十一日,河南巡抚田文镜奏,第509—510页。
④ 《雍正朝起居注册》(第5册),雍正八年四月二十七日,第3610—3611页。

虽遇俭岁,借赈之资不必尽仰给于公庾矣。①

由此可见,地方督抚大员于社仓捐输事宜真可谓惓惓于怀,多方筹划。翌年(1741年)年三月,福建布政使乔学尹折奏该省社仓建设的情形:"闽省大小文武臣工及绅衿士庶不期而乐输者,共捐谷一十二万六千五百余石。"②当然,其中有些谷石为官员所捐,但据前文对官捐的讨论可以推知,绝大部分社谷应为民捐。乾隆七年(1742年),山西布政使严瑞龙奏闻阖省社仓推广情况,"各州县设立社仓,官为劝输,民为敛藏,俾闾阎之积储常充,地方之缓急有赖……臣莅任后,查晋省社仓通共贮谷三十三万五千四百余石,将来加意劝捐,照例收息,更当日渐充裕"③。乾隆十五年(1750年),湖北巡抚唐绥祖奏陈该省劝捐社仓谷石情况:"湖北自积年劝输以来,社仓存贮谷石共计五十四万二千余石。臣于上年秋收时,即刊示晓谕,并通饬州县好为劝勉,令民间不拘多寡量力捐输。今自开春以后,据各州县陆续详报,已据报捐社谷一万二千八十余石,合计原贮谷石,共有五十五万四千余石。"④乾隆二十三年(1758年),四川布政使徐恒奏请筹建社仓时言及:"积贮为生民之大计,州县常平而外兼有社仓,使民自为经理,诚属法良意美。川省近年以来,士民捐输踊跃,以乾隆二十二年岁底截算,通省实存新旧谷麦稗莜共五十四万九千三百石有奇,分而计之,每州县自四五千石至一二万石不等。今岁秋成丰稔,粮价称平,将来递年增捐,加以岁收余息,各处社谷日见充盈。"⑤广西省社谷捐输亦十分兴盛,乾隆六年(1741年),巡抚杨锡绂陈奏"粤西捐输社谷,听民自为经理,不涉官役之手,士民乐输,一县中有积谷至千石以上者。乾隆四年分,通省共捐输谷二万二千余石。乾隆五年分,通省又捐输谷六千余石,或已建仓收贮,或存适中公所,或交与仓长,或暂寄县仓,俱已验明,委系实数。"⑥

各省方志于民间捐输亦多有记载。但更多的时候是地方官员秉承朝廷官绅士民一体捐输的宗旨,参与捐谷,与士民共成善举⑦。如湖南巴陵县,自捐输以来至乾

---

①　《宫中朱批奏折·财政类·仓储》,乾隆五年闰六月二十五日,河南巡抚雅尔图奏。

②　《宫中朱批奏折·财政类·仓储》,乾隆六年三月初一日,署理福建布政使乔学尹奏。

③　《宫中朱批奏折·财政类·仓储》,乾隆七年十月二十八日,山西布政使严瑞龙奏。

④　《宫中朱批奏折·财政类·仓储》,乾隆十五年三月十二日,湖北巡抚唐绥祖奏。

⑤　《宫中朱批奏折·财政类·仓储》,乾隆二十三年八月二十五日,四川布政使徐恒奏。

⑥　《清高宗实录》卷一百四十七,乾隆六年七月(日无干支,载于是月后)。

⑦　白丽萍:《清代两湖平原的社仓与农村社会》,载陈锋主编《明清以来长江流域社会发展史论》,第348页。

隆十年，官民节年捐谷 2137 石①。山东海阳县生员赵基捐谷一百一十石，监生孙必元捐谷五十石，其余士民零星报捐共捐积杂粮一千二百九十一石②。乾隆初年，甘肃古浪县知县徐思靖捐小麦七十余石，士民慕其义举，慨捐二三十石，或十余石，或数石不等，量力乐输，约捐三千余石③。他省绅民捐输社谷情况大略若此。地方官之所以如此加意讲求社仓劝输，因为清廷对劝捐成绩显著的官员亦制定了相关的褒奖措施。乾隆六年（1741 年），议定山西社仓捐输的奖励办法，"地方官劝谕有方，大州县每年劝输至千五百石以上，中州县至千石以上，小州县五百石以上者，均于计典内据实开明，分别考核。"④此举实际上是把劝输社谷与官员考课结合起来，无疑会起到良好效果。此外，清廷规定捐输之社谷入仓前要严格登记在案，以备稽核。"社仓捐谷，自应各随力量，不拘石斛升斗，积少成多。嗣后每乡设立印簿一本，听愿捐之户，不拘米谷杂粮、数目多寡，自登姓名、捐数于簿，缴官存查。"⑤

一般来讲，各省官民捐输多为各种粮食，但亦有捐物的，如仓房、地亩、建材等，乃至捐银的。如雍正三年（1725 年），署理山东巡抚印务、侍郎塞楞额奏闻山东省建造社仓一事时提及，"张体仁禀称，卑府仰荷圣主隆恩，未报涓埃，卑府于上年六月至今，委属济东道事，得有驿道规礼银三千两，卑府本任内，已蒙圣恩，给有养廉，尽足食用，情愿将此驿站规礼捐充建造社仓之用"⑥。世宗朱批曰："张体仁人甚聪秀，将来可望成人，建仓若报审具题时，不可埋没伊效力处。"⑦乾隆四十八年（1783年），湖南省社谷捐输的奖励办法中就有规定："新分社仓，有愿捐屋、捐地、捐砖瓦木料、工食者，计其所值，照捐输社谷例，详明议叙给奖。"⑧

当然，此乃个案，并非通行之例，但此记载无疑说明了地方官府在奉行社仓积贮政策时的主观能动性，能根据实际情况对既定条规做以调整与补充，以收实效。

---

① ［同治］《巴陵县志》卷十三《积贮》，同治十一年刻本，北京大学图书馆古籍善本室藏。

② ［乾隆］《海阳县志》卷五《积储》。

③ ［民国］《古浪县志》，《中国西北文献丛书》（第一辑第 48 册），影印民国 27 年铅印本，兰州：兰州古籍书店，1990 年，第 188 页。

④ ［乾隆］《大清会典则例》卷四十《户部·积贮》。

⑤ 《清高宗实录》卷一百四十九，乾隆六年八月丙辰。

⑥ 《雍正朝汉文朱批奏折汇编》（第 9 册），雍正五年三月十九日，署理山东巡抚印务·侍郎塞楞额奏，第 286 页。

⑦ 《雍正朝汉文朱批奏折汇编》（第 9 册），雍正五年三月十九日，署理山东巡抚印务·侍郎塞楞额奏，第 286 页。

⑧ ［同治］《茶陵州志》卷十《惠政·储恤》，同治九年刻本，北京大学图书馆古籍善本室藏。

二、酌动国帑采买

社仓的粮食除来源于民间捐输外,在一些地区还依靠国家的帮助,动用司库银两采买社谷也是社仓谷本的重要来源。陕甘地区的社仓,就是从加二火耗银内留五分作为社仓本银买谷贮仓的。

雍正三年(1725 年),川陕总督岳钟琪奏请留火耗买谷积贮社仓:

> 伏思社仓本意,原令小民自输备荒,若动正项,不独糜费无穷,且与常平仓无异,当即奏蒙圣鉴,俯允停止其事矣。而臣自陛辞之后,伏思我皇上轸恤民瘼,绸缪未雨,臣不能仰体万一,荒歉无备,上负圣恩……故再四筹度,查陕省钱粮火耗向系加二,臣因约计通省耗羡,若不填补亏空,止作官员养廉公费,加一五即可有余,故曾奏裁去五分。今辗转思维,若于各州县买贮仓粮,莫若仍照加二火耗,杂派差徭,既已痛革净尽,则此加二耗羡实不为多。约计每年留此五分耗羡,多得银八万余两,即以此八万余两分发各州县,购买粮米收贮社仓。是以出之民间者,仍还民间,隐寓社仓之法于不言之中。如此行之三年,若照今岁贱价购买,每一州县皆可贮京斗米粮六七千石……臣犬马愚见,倘蒙恩允,今岁收成颇好,请将今年所收耗羡,未经填补亏空存贮司库之项,借动八万两,臣会同抚臣图理琛,乘此价贱之日,即分发各州县,照价买贮,仍大张告示,晓谕士民,使知出自圣恩,动帑买给,候明年耗羡解到之时,臣等以此仍留五分之项,拨补还项,则于积贮大有裨益。①

世宗谕允,并批示要求岳钟琪等与甘肃巡抚石文卓酌商相关事宜。再,通过此奏可以看出,雍正帝起初欲动正项国帑采办社谷,岳钟琪提出异议,建言停止,蒙获恩允。但因陕省社谷捐输效果不佳,为此岳钟琪辗转筹度,并将已经裁去的五分耗羡银再度恢复,以备购谷之资。翌年(1726 年)二月,岳钟琪奏报买贮社仓谷石情况:

> 查陕省钱粮加二火耗,除一钱五分为各员养廉及公用之处另行折奏

---

① 《雍正朝汉文朱批奏折汇编》(第 6 册),雍正三年十二月十五日,四川陕西总督岳钟琪奏,第 590—591 页。

外，其余五分，每年计银七万九千一百六十四两，分发西、延、凤、汉等府所属各州县，随所产多寡，陆续购买粟谷，即令州县分贮乡村原设社仓处所。查九卿所议社仓条约，乃民间自行输积之项，今系特发羡银代彼编氓买贮社谷，迹虽不同，而既蒙圣主推解之恩，便是小民切己之物，若积久之后，视为公项，谓此本非民力，必致辜负天恩，故每年春借秋还，与荒年公借，及经理出纳之法，悉应照九卿所议条约遵行。至条约中有应斟酌变通之处，臣等另疏具题外，仍候三年之后，各州县社仓积谷丰裕，将此每两五分之火耗奏请减免，停其采买。①

陕西省于雍正四、五两年于司库耗羡银内发各州县十四万五千八百余两，共采买谷麦三十九万八千七百五十五石零，州县小者贮谷二三千石，大州县则可储谷七八千石②。从各县社仓运营的具体情况来看也确实如岳钟琪所奏，如兴平县社仓粮石于"雍正四、五两年，奉文购买，暨雍正六年出借息谷，总计共京斗谷九千二百六十六石五斗四升零，分城乡一十四处。"③乾隆帝即位伊始，即谕总理事务王大臣："从前陕省地丁火耗，经年羹尧、岳钟琪先后定为加二，以一钱五分作为各官养廉及一切公费，其五分则采买社仓谷石，以裕积贮。"④于此足见国家行为在民间积贮中的作用。正因为动用耗羡银两采办社谷才使得陕西社仓储粮丰备，发展迅速，但经营问题亦随之而至，大端有二，一是仓谷的管理问题，乾隆四年（1739年），西安巡抚张楷奏请酌议增添条例，以杜绝社仓弊端时指出：

> 治民之道，足食为先，常平之外，又有社仓，原期积贮充足，缓急有备。况陕省社仓因民力不能捐助，动公项银两买贮，尤非别省社粮民捐者可比。乃从前地方官一任社长支放，并不留心查察，借者多，而还者少……臣查各省社粮俱系百姓自捐，是以听民间收掌，则有原捐之绅衿、富民互相稽察、保护，不肯令游惰无赖之民冒领花销。陕省社粮系朝廷动银采买，乃不责成地方官，而委之乡民，则民间视为官物，虽有公正之绅民，不便顾问，而所用之社长又不能得人，以致冒支缺欠甚多，遇有旱涝赈恤，反

---

① 《雍正朝汉文朱批奏折汇编》（第6册），雍正四年二月十二日，四川陕西总督岳钟琪奏，第797—798页。
② 《雍正朝起居注册》（第4册），雍正七年六月二十六日，第2919页。
③ ［乾隆］《兴平县志》卷二《赋役》，乾隆四十四年刻本，北京大学图书馆古籍善本室藏。
④ 《清高宗实录》卷九，雍正十三年十二月辛巳。

无可动支,若不亟为整理,则良法美意,渐成有名无实。①

一是仓谷的劝捐问题,清廷之所以动用耗羡之银买贮社谷是因为劝捐不力,雍正四年,川陕总督岳钟琪奏称:"今各州县报到捐贮之谷,陕属通共止一万余石,纵有陆续报捐者,料亦无多。"②岳钟琪也希望陕省士庶看到国家如此重视其地的社仓积贮,能"仰见圣主绸缪矜恤之至意,或从此鼓舞乐输"③,但并无成效,以致"但因社正、副多所掣肘,出借不能及时,民间不得社仓之益,故捐输者绝无其人"④。直到乾隆十一年(1746年),陕西巡抚陈宏谋酌定社仓条例,及时出借社谷,接济贫乏,民间始知社仓之益。同时趁秋收丰稔之际,劝民捐输,得捐谷一万余石。他感慨道:"较之他省,所捐虽不为多,但陕省从无捐输社本之事,今始有之。"⑤陈宏谋此语虽有些夸张,因为雍正年间陕省就有捐输社谷之举,只是效果不佳罢了,但也无疑说明了陕西省社谷捐输确实不比他省。

甘肃社仓谷本来源情形与陕西省相似,有一部分是由国家动用耗羡银两采买贮仓。乾隆五年(1740年)四月,甘肃巡抚元展成奏闻:"甘省社粮,亦有二项,一系百姓公捐,自行议立仓正、仓副经理,出入报官存案,并不入官之交代,此项应仍听民间料理;一系于加二耗粮内留五分为社粮……甘属公捐社粮,共止一万九百余石,其五分社粮共止一十九万三千余石。"⑥于此可见,甘肃公捐社谷与陕西大略相同,官贮耗粮的规模却远不如陕省。

除陕甘之外,他省似无用耗羡银两采买社谷的情况,但酌请动用司库银两,诸如免解余平银、公费银两、生息银两、垦荒溢额银两、司库费铜变价银两、民欠银两等,此种情况文献中多有记载。康熙三十八年(1699年),山东邹县奉文兴建社仓,"知县卢薪儒赴府,领银一百六十三两一钱五分二厘,买谷四百七石八斗八升,分贮四乡,耆老收管"⑦。此为东省一隅之地的情况,属于个案。迨至乾隆五年(1740

---

① 《军机处录副奏折》,乾隆四年三月十八日,西安巡抚张楷奏。

② 《雍正朝汉文朱批奏折汇编》(第6册),雍正四年二月十二日,四川陕西总督岳钟琪奏,第797页。

③ 《雍正朝汉文朱批奏折汇编》(第6册),雍正四年二月十二日,四川陕西总督岳钟琪奏,第798页。

④ 《宫中朱批奏折·财政类·仓储》,乾隆十一年二月二十四日,陕西巡抚陈弘谋奏。(按:文献中陈弘谋、陈宏谋两种书写均有,本书未作统一,遵照文献原本所载。)

⑤ 《宫中朱批奏折·财政类·仓储》,乾隆十一年二月二十四日,陕西巡抚陈弘谋奏。

⑥ 《宫中朱批奏折·财政类·仓储》,乾隆五年四月二十四日,甘肃巡抚元展成奏。

⑦ [康熙]《邹县志》卷三《建置志·仓储》,康熙五十五年刻本,北京大学图书馆古籍善本室藏。

年)五月,山东巡抚硕色援引陕省曾以耗羡银买谷贮于社仓,请求东省亦照此法办理,并酌为变通:

> 臣前在西安时,亲见以耗羡银两买贮社仓六十余万石,储备充裕,秦民攸赖。今查东省司库现有从前解部余平,于雍正八年,奉旨减去一半,留为本省公用银一十六万七百七十三两零。又,乾隆三年奉旨停解余平,现在存贮银八万六千五百四十九两零。二项共银二十四万七千三百二十二两零。查停解之日,原奉恩旨令遇地方荒歉及裨益民生之事奏明动用……今东省社粮空虚,缓急无济,所谓预备荒歉而有益于民生者,孰大于是。臣请将前项余平银二十四万余两全数动支,以为买备社粮之用。臣约略计算,每谷一石,需价六钱,共计可买谷四十余万石,按州县之大小、人民之多寡,分别上、中、下三等,酌定银数,分发各属,令其于秋收谷贱之日,照时价买谷。若麦收价贱,亦听照时价酌买。将来一麦二谷,易谷积贮,统限二年内麦谷兼收,尽银买完。……如此,则社仓盈裕,民食有赖矣。①

雍正三年(1725 年),署理山西巡抚伊都立奏报山西省设立社仓情形时指出,"至省城地方,前抚臣诺岷动公费银五千一百二十四两零,买谷一万石。于今三月二十日,臣赴仓查看,俱已买足,严饬加谨收贮"②。

还有的地方,用生息银两购买社谷贮仓。雍正十一年(1733 年)八月,福州将军阿尔赛奏:

> 窃照提标五营蒙皇上赏银一万八千两生息,以济兵丁……实存息银四千七百两零,将来源源接济,充足有余。伏思圣主惠爱兵丁,无所不至,拨帑生息赏济,永远不准归还,则充裕息银实系正项,似应酌筹。查泉属山多田少,所产粮米稍觉不敷……而青黄不接之际,难免价值稍昂。查军标旗营,蒙皇上准设社仓之后,大有裨益,提标六营似应仿照设立,以济兵食,仰恳天恩,准于前项实存息银四千七百两内拨出二千两,乘此米粮平减之时,余买谷石,加谨收贮,于米价昂贵时,借给兵食,俟米价平减,买补

---

① 《宫中朱批奏折·财政类·仓储》,乾隆五年五月十八日,山东巡抚硕色奏。

② 《雍正朝汉文朱批奏折汇编》(第 4 册),雍正三年三月二十四日,署理山西巡抚伊都立奏,第 657 页。

还仓……通省各营均给本银,营运伊始,应俟息银充裕之日一体办理。如此,则息银仍无缺乏,而兵食永远有资矣。①

世宗恩准此奏,翌年(1734 年)二月,阿尔赛陈报办理情形,"据六营报称,确核修仓工料,共用银三十二两二钱零,业已修竣,买谷三千九百石,共用银一千九百九十一两六钱零,俱已运送收仓",并建议于本年收成之后,再于实存息银内拨买谷七百二十七石,世宗令其酌量为之。②

山西省也有动用公帑采买社谷的事例。乾隆八年(1743 年)三月,护理山西巡抚严瑞龙奏请动用长余银两采买社仓谷指出,晋省地方平畴沃壤之地较少,而沙卤瘠薄之区居多,即使年成有收,粮价较诸他省亦为昂贵,且因崇山峻岭,舟楫不通,筹画积储实为势所难缓之事,其中岢岚、太平、汾西、壶关、临县、石楼、应州、大同、怀仁、山阴、灵邱、广灵等三十五州县,或毗邻边塞,或僻处山巅,土瘠民贫,这些县存仓之谷多者不过数百石,少则仅数十石,尤需社谷接济。晋省"现存司库银一万五千七百八二二两零,自雍正八年查奏以后,至今十余年,并无应用之处,实属闲款",严瑞龙"仰恳天恩,准将前项银两,计民数多寡,动给岢岚等三十五州县,乘谷贱时采买,分贮四乡社仓"③。高宗谕允。

江西亦不乏其例。雍正五年(1727 年),云贵总督鄂尔泰议覆积谷时提及,江西瑞州府所属高安、上高、新昌三县,地方偏小,民鲜盖藏,于此三邑常平仓外,近水乡村之处,各设社仓,并于库内支银三千两买谷存贮,"俟来岁夏初,照时价每石减五分粜济民食,所粜谷价,除归原项外,计得赢余若干,该县造册报府,并布政司转申巡抚咨部存案……倘行之果有裨益,则凡产谷之处,皆可通行,不仅瑞州一府"④。当然,鄂尔泰是不主张将此法通行他省,并指出"欲行此事,在得其人,在得其地,在酌其时"⑤。

除了上述方式获得社谷外,还有其他几种途径,比如动用垦荒溢额银、司库费铜变价银两及民欠银两。这几种积谷方式均可归为杂途。

乾隆二年(1737 年),湖北布政使安图奏报江陵、监利二县的民户垦荒,"溢完

① 《雍正朝汉文朱批奏折汇编》(第 24 册),雍正十一年八月十七日,福州将军阿尔赛奏,第 940 页。

② 《雍正朝汉文朱批奏折汇编》(第 25 册),雍正十二年二月二十五日,福州将军阿尔赛奏,第 946—947 页。

③ 《宫中朱批奏折·财政类·仓储》,乾隆八年三月初六日,护理山西巡抚严瑞龙奏。

④ [清]鄂尔泰:《议覆积谷疏》,载《清经世文编》卷二十九《户政四·赋役一》。

⑤ [清]鄂尔泰:《议覆积谷疏》,载《清经世文编》卷二十九《户政四·赋役一》。

银一千二百七十余两,原令领回,迄今数载,无人请领,未便久贮县库,应令该县买谷贮各乡社仓,听民借放。"①此举得到高宗褒奖。乾隆十五年(1750 年),湖北巡抚唐绥祖奏陈湖北劝捐社仓谷石时言及,"除监利县存银三百二十两已于乾隆三年买谷交贮社仓借放外,其江陵县存银九百五十四两九钱,因连年谷价昂贵,迄今尚未买谷贮仓。臣恐久贮致有侵那之弊,请即将此项银两酌建应添各社仓房,如有余剩买谷收贮,似于办公更为有济"②。

乾隆三年(1738 年),湖北巡抚张楷疏请"将现存废铜,转饬该管之员作速变价,除归还原价外,余银买社仓谷,接济民食"③,户部议准。

乾隆二十一年(1756 年),湖南巡抚陈宏谋制定的《社仓条规二十一则》中即有将地方无用之费充作社本的规定:"地方旧有无益耗费,可以节省归作社本,以一时无益之费,作永远接济之事,更为义举。"④

正如学者所论,十八世纪二三十年代是中央政府资助重大灾赈和建设项目意识增强时期,乾隆即位伊始,中央政府资助公共项目的角色被再次提出⑤。此论当然不误,确有进一步引申之必要。如前所述,此期清廷及地方官府时有动拨国帑买贮社谷的行为,社仓建设虽然是国家积贮政略的重要一环,但尚不能成为重大项目,然而仍得到政府的"资助"。此举无疑表明"养民"的确是国家宏愿。无论如何,清朝的努力是值得充分肯定的,"清帝尽心于民事,并不惜动支国库,以杜捐输苟且之谋,自是国运方行之日"⑥。虽然孟森先生所言不涉社仓,但其论于此亦至为精到。

以上几种募谷方式均是一时一地的特殊事例,并不具普遍性,但从中可以窥见,乾隆年间,不但清廷不时晓谕社仓积谷的策略,地方封疆大吏亦多方筹度,实力奉行。

三、动拨常平谷及府县官仓谷

社谷虽有自我增值能力,但前提是谷本充实,出借及时,方能生息,进入良性循

---

① 《清高宗实录》卷五十三,乾隆二年闰九月(日无干支,载于是月后)。

② 《宫中朱批奏折·财政类·仓储》,乾隆十五年三月十二日,湖北巡抚唐绥祖奏。

③ 《清高宗实录》卷六十二,乾隆三年二月辛卯。

④ [光绪]《湖南通志》卷五十五《食货志一·积储》。

⑤ [美]曾小萍著,董建中译:《州县官的银两——18 世纪中国的合理化财政改革》,北京:中国人民大学出版社,2005 年,第 161 页。

⑥ 孟森:《海宁陈家》,《明清史论著集刊》(下),北京:中华书局,2006 年,第 511 页。

环的轨道。但社仓本谷,听民捐输,如捐户心力不齐,则捐输难恃。动用国帑买谷贮仓,亦非长策。清廷考虑到地域差异,有的地区则动拨常平仓谷及府县官仓谷充为社本。当然,这种方法并非清代创举,朱熹倡建社仓之时便采用此法募集社谷,已如前述。动拨常平等官仓以为社仓本谷的做法,无论在范围还是规模上,清朝尤其是乾隆一朝则远迈前代。

雍正十三年(1735 年),云南布政使陈宏谋奏请酌情变通社仓谷本,以资接济民食,折中述及滇省社仓虽经地方有司悉心筹画,实力劝捐,但因土田贫瘠,出产无多,所捐有限,甚至有全无社谷的州县,每遇缺乏籽种、青黄不接之时,穷民无处借贷,故滇省社谷尤宜多贮,捐输既然不能充裕,宜另筹增添社本,针对此等情境,他指出:

> 各属俱有常平仓及官庄等谷,除每年存七粜三外,存贮尚多,可以酌量暂拨,以作社本。除旧有社本一千石以上,已敷接济,毋庸议外,其未及一千石者,均于该处常平、官庄等谷内,动拨五百石或八百石,作为社本,令社长一体经管,出借穷民,秋成照例加一升息,归于社仓项下积贮,庶各属社谷均可由此渐增,而地方穷民每年得此轻息之谷,以供籽种,免重利盘剥之害,所纳加一之息仍积存,以为该地缓急接济,俟积有一千石社本,仍将原动常平等谷,归还本款,一转移间,似于仓储、民生两有裨益。①

动拨常平谷石是云南省社谷最为重要的来源,乾隆五年(1740 年),云南总督庆复、巡抚张允随亦奏闻,滇省"于雍正十三年十二月奏准,户部咨为酌通社仓借本等事,檄令将社谷不足千石之处,许于常平、官庄等谷内,动拨五百石或八百石,以充社本出借,照例升息催收。"②

乾隆元年(1736 年)二月,顺天府府尹陈守创亦因所属各县社仓之谷多则七八百石,少则四五百石,且分贮数处,实不敷借给,奏请"请于常平仓借出二千石以广其数,而于每石所收之息每年扣其半以还仓,扣至十年,则常平原本可足,而社仓所积亦多"③。如此办理,则毋庸忧虑社谷不敷问题,于民生应有裨益。

---

① 《雍正朝汉文朱批奏折汇编》(第 28 册),雍正十三年七月十九日,云南布政使陈弘谋奏,第 800 页。另可参见[清]陈弘谋:《社仓条奏》,载[雍正]《云南通志》卷二十九之六《艺文·奏疏》,乾隆元年刻本,北京大学图书馆古籍善本室藏。

② 《宫中朱批奏折·财政类·仓储》,乾隆五年闰六月二十二日,云南总督庆复、云南巡抚张允随奏。

③ 《宫中朱批奏折·财政类·仓储》,乾隆元年二月十六日,顺天府府尹陈守创奏。

安徽省也有类此事例。乾隆元年（1736 年），安徽布政使晏斯盛奏闻：

> 朱子之借常平米，夏贷冬还，而归本得息，凶年不饥者，社仓之分息于常平也。今查安徽所属，如太湖、宿松、休宁、婺源、祁门、宣城、南陵、东流、无为、舒城、凤阳、临淮、凤台、亳州、六安、霍山、泗州等州县，并无仓储。如太平、当涂、芜湖、霍邱等县，各存谷仅三五十石，殊违功令。臣请将各属常平积米至万石者，存三千外，各于近城四乡，按社保设立社仓，将常平米七分，均贮各乡，以为社本。其常平所积甚少，不满三千者，即于江宁省仓常积之米，均发该州县，以为社本。①

晏斯盛是雍乾时期较有作为与识见的封疆大吏，与仓储问题多有议论。乾隆八年（1743 年），转升湖北巡抚，在筹集社谷问题上，仍提倡由常平等官仓拨给。是年六月，晏斯盛呈请"常平之谷，以为之本，积之又久，息多于本，本还于官，即以息为本，如社仓本法可也"②。湖北动拨常平充社仓谷石的规模很大。翌年（1744年），晏斯盛建言社仓运营应与保甲相经纬，疏中提及：

> 楚北计大州县三十一，应得谷七十七万五千；中州县十四，应谷二十万一千六百；小州县二十三，应谷二十四万八千四百，总一百二十二万五千石。除查现存有社谷四十八万八千七百七石零外，应捐谷七十三万六千二百九十三石，如果可行，即请将现在题明应捐补常平之七十三万五千九百四十九石零，移入社仓。再加捐三百四十四石，已足其数。其现存社谷，无仓之处，请将各州县数年之息，酌量分建，则社仓之名实俱备。至各州县因地制宜，截长补短之处，另行具奏……如城内常平，尚有应行增补之处，俟捐足社仓之后，再另行题奏。③

江西、湖南二省亦用此法筹集社谷，且都得益于巡抚陈宏谋的倡行。乾隆五年（1740 年）八月，时任江苏按察使陈宏谋即曾奏请，把此项通融贮谷之法通行各省，"州县须存社本千余石，除社谷已有千石以上，足敷各乡里接济者，毋庸议外，其社

---

① ［清］晏斯盛：《请分常平为社仓疏》，载《清经世文编》卷四十《户政十五·仓储下》。

② 《宫中朱批奏折·财政类·仓储》，乾隆八年六月十三日，湖北巡抚晏斯盛奏。此奏亦可参见［清］晏斯盛：《推广社仓之意疏》，载《清经世文编》卷四十《户政十五·仓储下》。

③ ［清］晏斯盛：《社仓保甲相经纬疏》，载《清经世文编》卷四十《户政十五·仓储下》。

本无多,及向无社本者,准于常平捐监谷内如数动拨,作为社本,分贮各乡,出借收息"①。乾隆七年(1742 年),时任江西巡抚的陈宏谋奏请调拨常平米谷作为社本:

> (常平谷)与其久贮于官,民不能借,莫若通融酌拨,分贮于乡,暂作社本,令民就近借还,较之减价平粜,更为便捷……臣现在遵照社仓事宜,行令地方分贮,而社本不敷……于社谷最少、不敷出借之处,酌拨常平谷石,分贮民间,以为社本,一体生息,约计须谷五六万石,俟将来生息渐多,或有士民捐输,足敷分借,再行归还常平本款,名虽拨为社本,其实仍为该地方接济之用。②

此举得到了高宗的称赞。各州县亦是按陈宏谋之意办理的,如乾隆七年(1742年),江西省德安县即动拨常平仓米一千二百石充作社本,分贮二十八乡③。

广西、湖南、四川等省亦不乏其例。雍正元年(1723 年),广西总督孔毓珣疏称,虽兴举社仓为济众备荒极善之政,但应先行常平借贷之事,而后才能渐行社仓之法,"粤西各州县,俱积有常平仓谷,请于明岁为始,将此谷大县以二千石为率,中县以一千六百石为率,小县以一千二百石为率,令州县官于春耕时,小民欲借者,零星借给,秋收还仓,丰年还息,歉收止还借本,荒岁则缓俟下年还本,如是三五年,必有赢余,其赢余之数,即分贮四乡,建造社仓,择里中老成信实者为社长,司谷之出入,收账、免息悉依前法,日久谷多,一方可无饥馑之患矣"④。为此,孔毓珣还颁行了《通行社仓告示》,言称"社仓一事,最为善政,而推原其始,必须先将常平仓谷借给,量收其息,行之久久,息谷渐多,而常平之谷可以归还,小民又得有备无患,此诚济众救荒之良法",至息谷积有盈余之后,归还常平原借谷本,各州县于四乡设立社仓,并将此盈余之谷贮仓,此即将常平之息,转而为社仓之本。⑤

此议的执行情况,疏于记载,未知其详,但至少反映一个事实,即无论是在清廷抑或是地方督抚的观念中,动拨常平谷石作为社本乃有效之举。广西巡抚李绂对此法提出异议,"近奉旨设立社仓,督臣孔毓珣请将常平仓谷,借民取息为本,意亦

---

① 《宫中朱批奏折·财政类·仓储》,乾隆五年八月二十二日,江苏按察使陈宏谋奏。

② 《宫中朱批奏折·财政类·仓储》,乾隆七年二月十一日,江西巡抚陈宏谋奏。

③ [同治]《德安县志》卷五《食货志·田赋·仓储》,同治十一年刻本,北京大学图书馆古籍善本室藏。

④ [清]孔毓珣:《议覆社仓保甲疏》,载《清经世文编》卷二十三《吏政九》。

⑤ [清]孔毓珣:《通行社仓告示》,载[雍正]《广西通志》卷一百一十九《艺文》,雍正十一年刻本,北京大学图书馆古籍善本室藏。

甚善,但常平仓谷止四十余万,而粜借兼用,至捐谷一百一十余万,则粜与借两无所用,似未尽调剂之平,若各府均贮有捐纳谷石,则可以捐谷借给九府之民取息,为社仓之本,而常平仓谷可专存为粜卖平价之用矣,盖一转移间,而捐谷不忧朽蠹,不累官民,各府垦荒有资,社仓有本"①。乾隆二十一年(1756 年),广西巡抚鄂宝奏称,"广西社仓谷石,原拨动常平仓谷,借民取息,立为社仓之本。"②同年九月,湖南乾州、永绥二厅及华容、永定二县社仓谷止一二百石,不敷出借,即于常平谷内拨借八百石存贮。永顺、保靖、桑植、慈利四县社谷止五六百石,于常平谷内拨借五百石分贮。③除在常平本谷中拨给,有时还在常平仓谷春粜秋还的盈余中补充。四川省"常平仓每年春粜秋还,多有盈余,应将各属盈余俱令买入社仓,或盈余州县,社粮已多,即将此州县之盈余,拨买粮少州县之社仓。"④

动拨府县官仓谷虽数量有限,但也是社谷的来源之一,安徽省社仓就是乾隆元年从"江宁省仓常贮米一十万四千八百余石内,分拨米七万六千余石,按州县之大小,酌量多寡数目,拨运存贮,以为社本,与他省民间捐输者更属不同。"⑤。乾隆二十二年(1757 年),衡阳县事繁,分设清泉一县。陈宏谋疏请"拨衡阳县仓谷六千石,以为清泉县常平社仓积储之用"⑥。户部议准执行。但相反的情况也存在,即官仓的积贮有时也来自社仓。乾隆五十一年(1786 年),谕军机大臣等"桐乡县仓内实无储谷,所有之谷乃借自社仓。"⑦

需要指出的是,动拨常平仓谷以为社本的做法与清朝的常平仓制度、政策以及经营状况密切相连,而这一做法主要集中于乾隆年间。乾隆朝的常平仓积贮政略已如前述,即各省常平仓贮谷数额有所减少,加之经营之弊在所难免,以致常平仓逐渐衰落,再不能如此大规模地支持社仓,文献亦鲜有关此项的记载。

---

① [清]李绂:《请分拨桂梧南柳四府捐谷疏》,《穆堂初稿》卷三十八《疏上》,乾隆五年刻本,北京大学图书馆古籍善本室藏。按:李绂所称捐纳谷石大部分应为捐监米谷,但此法亦不能长久,因为清廷的捐监政策亦不断调整,乾隆初年,由于基层官员的抵制;捐监事例所定标准与银谷比价变动之间的矛盾,导致报捐标准大大抬高,严重影响报捐积极性;加之高宗君臣将乾隆前期全局性米价持续上涨缘由之一,归之于本色捐监,以致清廷放弃本色捐监增贮政策。参阅和卫国:《乾隆前期清廷放弃本色捐监政策原因探析》,《社会科学辑刊》2007 年第 3 期。

② [嘉庆]《广西通志》卷一百六十二《经政略十二·积贮一》。

③ 《清高宗实录》卷五百二十一,乾隆二十一年九月(日无干支,载于是月后)。

④ 《清高宗实录》卷五十一,乾隆二年九月乙卯。

⑤ 《宫中朱批奏折·财政类·仓储》,乾隆十一年三月十九日,安徽巡抚魏定国奏。

⑥ 《清高宗实录》卷五百三十七,乾隆二十二年四月壬午。

⑦ 《清高宗实录》卷一千二百五十五,乾隆五十一年五月辛酉。

四、随漕完纳及按亩摊捐

随漕完纳以及按亩摊捐从广义上讲也属于民户捐纳,但实质上是类似一种赋税,亦可以称其为派捐抑或是勒捐,即在正赋外,强制性征收社谷。虽然清廷不时晓谕地方有司切勿勒捐,但此法能迅速筹集到谷本,一些直省喜为采用。

康熙年间,江西巡抚安世鼎就曾规定:"民谷悉贮乡中,因便立仓,随时敛散,每都按粮劝谕。每粮一石,输谷一斗;粮十石,输谷一石,以是为差,其粮不及一石者,不在此数"①。

广东省亦不乏其例,如雍正二年(1724 年),广东巡抚年希尧所定社仓条约于此便有规定:"无论绅衿贡监人等,概照田亩捐积,大约每亩不过岁捐一升,必令干洁,勿以糠粃充数"②。广东和平县社仓建立之初,知县张象乾便"躬自下乡劝输……自城及乡,某有余力可捐,某诚谨可任,某某应捐若干,某某应设仓于家,皆亲自指画,人不敢违"③。这显系具有强制性的派捐。

湖北举行社仓亦有派捐之例。如前文所述,雍正年间,湖广总督杨宗仁次第奏闻湖北举行社仓劝捐社谷成效显著。世宗做出批示:"社仓一事,朕谆谆告尔听民自为,严束属员,不可逼迫。近日闻得百姓因此事甚怨畏,尔虽欲速成,邀前番之奖,奈今日水落石出何?"④杨宗仁接到上谕后,于雍正二年(1724 年)闰四月,专折奏闻湖北并无勒派劝捐社仓谷石情弊,"窃照社仓一事,臣前面与各官筹画,咨商抚臣,举行出纳听民自主,不许官吏会计侵肥,群情踊跃,俱愿乐捐谷本。续据各属报称,所捐之谷,应俟秋收贮仓,臣皆听从民便。查有尚义多捐谷本之人,分别奖励,实无勒派,按照完粮一两者,务贮社仓谷一石之事。抚、司、道、府衙门各可稽查,非臣敢有蒙蔽皇上圣听也……如臣或有尚气擅专,或将社仓令照完钱粮一两勒派捐谷一石之处,臣不敢饰词,北、南抚臣自各有密奏"⑤。此系杨宗仁狡辩之词,因为此年四月,雍正帝已明确晓谕湖广总督杨宗仁、湖北巡抚纳齐喀、湖南巡抚魏廷珍

---

① ［同治］《新建县志》卷二十四《营建志·仓储》。

② ［乾隆］《和平县志》卷二《社仓》,北京:全国图书馆缩微文献复制中心据乾隆二十八年刻本拍摄,1992 年,中国国家图书馆古籍馆地方志家谱阅览室藏。

③ ［嘉庆］《和平县志》卷二《事纪》。

④ 《雍正朝汉文朱批奏折汇编》(第 2 册),雍正二年四月十三日,湖广总督杨宗仁奏,第788 页。

⑤ 《雍正朝汉文朱批奏折汇编》(第 2 册),雍正二年闰四月二十二日,湖广总督杨宗仁奏,第 975 页。

等曰：

> 备荒之仓，莫便于近民，而近民则莫便于社仓。前谕尔等劝导建设，盖专为安民起见也，尔等自应转谕属员，体访各邑士民中，有急公尚义之心者，使主其事，果掌管得人，出纳无弊，行之日久，谷数自增。至于劝捐之时，须俟年岁丰熟，输将之数，宜随民力多寡，利息之入，务从平轻；取偿之期，务从平缓……朕初意如此，孰料该督抚欲速不达，令各州县应输正赋一两者，加纳社仓谷一石，且以贮谷之多少，定牧令之殿最。近闻楚省谷石，现价四五钱不等，是何异于一两正赋外，加收四五钱火耗耶？是为裕国乎？抑为安民乎？谕到，该督抚速会同司道府等官，确商妥议，务得安民经久之法，以副朕意。①

世宗谕令杨宗仁等悉心妥议筹集社本之道，这也直接催生了雍正二年社仓之法的出台。是年十一月，户部等衙门遵旨议覆积贮备荒事宜，指出"民间积贮，莫善于社仓，积贮之法，务须旌劝有方，不得苛派滋扰"②。需要注意的是，此乃清廷在社仓运营方面所做的制度层面上的规定，在实际执行过程中仍不免有勒捐、派捐现象的出现。如乾隆八年（1743 年）六月，湖北巡抚晏斯盛奏闻："惟劝民捐输之为事，而其间最不善者，仰承上司风指，邀集豪富绅监，肆筵设席，册名乐输，其实勉强。又其甚者，按粮科配，于额征之外，勒输若干。"③晏斯盛所言的情形不只是湖北一省所独有，他省亦断难无有此弊。

按亩摊捐亦为派捐途径之一，如雍正三年（1725 年）十二月，川陕总督岳钟琪奏闻："本地有力之家，臣意仰体圣意，出示劝谕。与其于荒歉之岁，仓箱不能自守，不如趁此丰收，每家量亩计算，每亩积粮二升，有地一顷者，即可积粮至两石，每一州县，止以千顷论，亦可积市斗粮二千石，约计京斗三千石。"④

江苏社仓米谷，旧例系民田每亩捐谷二合，但易滋弊端，所以江南总督赵弘恩建议"令民间完漕一石，劝捐一升，为数甚微，捐输尤便。"⑤捐输一升，虽民户并未感到苦累，但究与举行社仓本意不合，不久就停止了。

---

① 《清世宗实录》卷十八，雍正二年四月丙辰。
② 《清世宗实录》卷二十六，雍正二年十一月戊申。
③ 《宫中朱批奏折·财政类·仓储》，乾隆八年六月十三日，湖北巡抚晏斯盛奏。
④ 《雍正朝汉文朱批奏折汇编》（第 6 册），雍正三年十二月十五日，四川、陕西总督岳钟琪奏，第 591 页。
⑤ 《宫中朱批奏折·财政类·仓储》，乾隆元年三月十九日，江南总督赵弘恩等奏。

此外还有于垦荒地征租归入社仓的事例,如宁夏府平罗县四堆子地方二十二堡,民户筑堤开垦二三千顷,渐次成熟,令"其居民酌量每亩每年约输租若干,归之社仓,留为该地方水旱偏灾之用"①。

正如陈春声先生所论,派捐在社仓草创阶段,是一种不甚合理,但非常有效的方法,是一种非制度化的做法,只是在社仓建立之初,由地方官奉命实行,实际上难以为继。② 据其研究,乾隆以后广东省派捐基本停止。但有些省与此不同,到了清朝后期,尤其是同光年间,派捐在一些省份又被重新启用,因超出本文所讨论的时间范围,兹不予以论述。

综括上述,十八世纪社仓谷本来源可谓多途并举,形式多样,但各种筹谷渠道并非均衡发展,如豫省主要靠捐输,陕甘则以耗羡之银买贮为主,云南、广西却以常平等官仓动拨为主。而且在筹度社仓谷石时,还与其他制度相配合,如义民旌表制度的权宜调整,官员劝捐积谷与考课制度的相关联,等等,凡此无疑有利于动员各种力量参与其中,使社仓发展取得了远迈前朝的成就。

第二节　社长的选任与权责

筹集社谷是社仓运营的前提条件,否则一切社仓之法均系无根之木、无源之水。筹度到社谷之后,便面临着如何对此进行有效的经营问题,亦即是社仓的管理与仓务运行事宜。清廷以及各省有关社仓管理章程均有厘定,内容庞杂,条例不一,但大致可以划为三个方面:一是社长的充当;二为社谷的收支;三系社仓的稽查。

一、社长之承充

中国古代社会从本质上讲是人治社会,关于治人与治法的评论不绝于书,在仓政方面亦有此讨论。雍正帝曾谕内阁:"自古有治人无治法,必有忠信乐善之良民,方可以主社仓之出入,必有清廉爱民之良吏,方可以任社仓之稽查。"③李绂亦论

---

① 《清高宗实录》卷二百一,乾隆八年九月(日无干支,载于是月后)。

② 参阅陈春声:《市场机制与社会变迁——18世纪广东米价分析》,广州:中山大学出版社,1992年,第224—225页。

③ 中国第一历史档案馆编:《雍正朝汉文谕旨汇编·上谕内阁》(第7册),雍正五年六月初一日,桂林:广西师范大学出版社,1999年,第100页。

曰:"自古有治人而无治法,法虽弊,而可以小安者,得其人也。法虽良,而迄于无补者,失其人也。"①凡此申之再再,皆说明治人与仓政良性运作的关联。

清朝的社仓有的设在县城,但大部分是置于村镇。毋庸置疑,社仓要取得实效,一个重要的前提在于经理得人。所以,社长的选任对于社仓的经营至关重要。选择社长的标准一般是公正、殷实的良民。雍正二年(1724年)四月,世宗谕令督抚体访各邑士民中之急公尚义者,使其主掌社仓②。是年十一月,户部等衙门议覆社仓积贮之法,规定"社长有正有副,务择端方立品,家道殷实之人,以司出纳"③。乾隆年间亦有对社仓选任的制度规定,社仓"公举殷实有行宜者一人为社长,能书者一人副之,共领其事"④。乾隆十年(1745年),议准各省社长"选择殷实良民充补"⑤。这显然是国家层面的制度范定,据此可以看出,清廷希望充任社长者应为家资殷实,且有德行之良民。但也有些官员倾向选择介于官民之间的地方绅士掌管仓政,如乾隆元年(1736年)二月十六日,顺天府府尹陈守创疏称:"社仓之法,原议设立社长、社副二人,择民人谨厚殷实者充之,以其忠诚无欺不致侵渔也。然仓内贮谷有数,而百姓良顽不一,恃强多借者有之,不应借而强借者有之。社长、社副均属齐民,难以约束……臣愚以为,于一乡中,令里民公举素有德望、为众信服之绅士,以董其役,而以社长、社副二人司其出入会计,则强借、多借之弊可除,而亦无亏耗之足虑矣。"⑥实际上早在康熙年间,圣祖就对社长出纳社谷时可能遇到的问题有所议论,指出社长"并非官吏,无权无役,所借出之米,欲还补时,遣何人催纳?即丰收之年,不肯还补,亦无可如何。若遇歉收,更谁还补耶?"⑦应该说,康熙帝的担忧是不无道理的。陈守创认为选择殷实民人充当社长不足以避免多借、强借等弊端,而士绅是基层社会权力的实际拥有者,以及道德价值的理想承载者,如果选任得人,则可以消除一些社仓经营中的弊窦。此奏能说明其他很多问题,比如士绅与社仓的关系问题,清朝的基层社会控制抑或说社会管理等等,下章将深入讨论,此处从略。但担当社长一职无论是绅抑或是民,总不是官,"盖缘一乡一堡之中,其民家之贫富、业之有无、人之多寡,无不为社长之深知"⑧,官则万难做到。

---

① [清]李绂:《穆堂类稿·别稿》卷三十八《积贮策》。
② 《清世宗实录》卷十八,雍正二年四月丙辰。
③ 《清世宗实录》卷二十六,雍正二年十一月戊申。
④ [乾隆]《钦定大清会典》卷十二《户部·积贮》。
⑤ [乾隆]《大清会典则例》卷四十《户部·积贮》。
⑥ 《宫中朱批奏折·财政类·仓储》,乾隆元年二月十六日,顺天府府尹陈守创奏。
⑦ 《清朝文献通考》卷三十四《市籴考·三》。
⑧ 《宫中朱批奏折·财政类·仓储》,乾隆元年五月初八日,通政司右通政李世倬奏。

清廷关于社长任选问题有一点值得注意,即在乾隆年间曾规定生监不得担任。据《清朝文献通考》载:

> （乾隆）二十七年,禁止生监充当杂役。先是八年,奉旨不许衿监认充牙行,永著为例。至是,浙江学政李因培复言其弊。礼部议覆……至社长一役,专司社仓出纳,应以殷实农民承充,乃生监中之贫无聊赖者,谋充此役,惟以侵蚀为务。州县官强令殷实生监为之,又每视为畏途殊,失立法本意,应遵例务令农民充当,不得滥报生监。嗣于三十年,安徽布政使程焘言,社长、社副与牙行、埠头、庄书、圩长不同……社长、社副职司积贮,止当论其家道殷实、人品端谨与否,不当论其是否生监也? 且生员岁科应试,原不宜他务相妨,至乡民捐监,不过支持门户顶带荣身,应考之人,百不得一,而社仓设在四乡屯落,远近不齐,必与仓谷附近之人,庶可就近经理。今一乡中,殷实之户,除经营贸易而外,其务农置产者,不过数家,又于此数家中,开除生监,既限于地,复限于人,办理实多掣肘,嗣后应将不应试之生员,及乡民捐纳贡监不应试者,仍照旧例选充社长、社副,下部议行。①

于此可见,清廷对生监充役的政策不时进行调整。但各地社仓实际经营过程中并没有严格照此执行。

二、社长之劝惩

正因为社长在民间仓储中起着重要作用,所以清廷及地方官府也给予社长一些的优免权和形式上的地位,来保证应征社长的热情。雍正二年(1724 年),清廷议定社仓事例,"每社设正副社长,择立品端方家道殷实者二人为之,果能出纳有法,乡里推服,按年给赏,十年无过,令督抚题请给以八品顶带"②。陕西省社长奖劝之法较为详备,"仓正、仓副出入公平,众人输服,修仓勤而贮粮谨者,应分别犒赏,以便鼓励。凡经管一年公慎得法者,除给饭谷十二石,额外再赏息谷一京石代花红;经管二年如此者,额外赏息谷三京石代羊酒;经管三年如此者,额外赏息谷五京石代旗匾。其家道殷实,愿得旗匾光耀门阁者,即以此五石之谷,令地方官置旗

---

① 《清朝文献通考》卷二十四《职役考·四》。
② 《清朝文献通考》卷二十三《职役考·三》。

匾给之……到五年经管如一者,著地方官详报督抚两院咨部,给与九品顶带"①。
社长与乡地保甲不同,"必须该地殷实良民或绅士之父兄,凡公正者均可延请为之。
每仓须社长一人、社副一人,地方官务加以礼貌,免其杂差,不得视同乡地保甲之
类,庶几殷实公正之人皆肯司事,司事得人则出纳公平,诸弊可免"②。社长乃主持
一社出入之人,"任劳任怨,利济乡里,实属义举,迥非乡约练长可比,无论绅衿士
者,官宜敦请委任,更当倍加礼貌,虽系平民,免其杂差,见官免跪,平日逞强滋事之
人,不可滥充"③。正副社长,"得人最难,非系殷实忠厚,众人公举,不许交瞀。如
果出纳公平,实心任事,除免一概差徭外,照例按年详请旌奖"④。看来社长的地位
及地方官的礼遇程度要高于乡地保甲的。

当然,对社长新旧牵混、徇私侵挪等行为亦有惩处之规。雍正二年,议定如果
社长徇私,"即行革惩,侵蚀者,按律治罪"⑤。如果社长有侵冒不法者,查明之后立
即革究更换⑥。如仓正、仓副碍于情面滥借与不应借之人,或滥收湿恶不实之谷,或
不勤加修缮仓廒,以致社谷霉烂短少,即将仓正、仓副革退,并于其名下将未还之
谷,及霉烂短少之数追补还仓⑦。乾隆十年(1745年),议准各省社长管理之社谷
"如有亏缺,责令赔补"⑧。乾隆二十一年(1756年),河南巡抚图尔炳阿奏请酌定
稽查社仓之法时指出:"倘正副社长仍有徇情滥借、出入不公、催收不力、怠惰霉变
等弊,将社长分别究惩,所亏粮石,著落赔补。如正副社长通同看夫挪移花销,亏空
仓谷,照监守自盗律,分别首从,治以应得之罪。"⑨

---

① 《雍正朝汉文朱批奏折汇编》(第15册),雍正七年五月二十七日,宁远大将军岳钟琪
奏,第423页。
② 《宫中朱批奏折·财政类·仓储》,乾隆五年八月二十二日,江苏按察使陈弘谋奏。按:
在清代文献中,陈宏谋有时亦写作陈弘谋。
③ [光绪]《湖南通志》卷五十五《食货志一·积储》。
④ [清]方学成:《夏津县劝捐社仓公序》,载[乾隆]《夏津县志》卷十《艺文志·序》。
⑤ 《清朝文献通考》卷三十五《市籴考·四》。亦可参见《清朝文献通考》卷二十三《职役
考·三》。
⑥ [清]陈宏谋:《汇颁社仓条规檄》,载[清]戴肇辰辑《学仕录》卷五。
⑦ 《雍正朝汉文朱批奏折汇编》(第15册),雍正七年五月二十七日,宁远大将军岳钟琪
奏,第423页。
⑧ [乾隆]《大清会典则例》卷四十《户部·积贮》。
⑨ [清]图尔炳阿:《请定稽查社仓之法疏》,载[清]琴川居士辑《皇清奏议》卷五十,光绪
二十八年石印本,北京大学图书馆古籍善本室藏。

三、社长之任期

既然社长一职在社仓经营中如此重要,那么社长的任期是几年呢? 多数论者甚至一些文献记载认为是三年。实际上,社长任期经历了一个不断变化的过程。各省因地制宜,又不甚一致。如河南"社长从不更换,遂致视如己资,任意花销亏缺,闾阎不能受社仓之益,是以续捐无人"①。所以,到乾隆六年(1741 年),巡抚雅尔图奏闻:"社仓虽属良法,但所定章程尚属未周,似应酌量变通。嗣后正副社长,应定为三年更换一次,令其互相交代,如有弊窦,自必水落石出,但不得任听同社徇私滥举,务须查明殷实之人,方许充当……再州县虽定例不许干预出纳,然既有稽查之责,自应每年岁底盘查一次,具结送府,加结转呈备案。盘查之时,如有不清,即行革究,另选充当。该正副社长,如经管三年毫无弊窦,同社之人咸称公正者,许其公保,仍留三年。如果终始不懈,酌量加恩奖励。"②从中我们得知,河南的社长任期经历了从长期占据到三年更换的过程及连任的条件。湖南于社长任期并无一定之规,"其更换,或一年,或二年、三年,或轮充官司,因地、因时、因人酌行,不为限制"③。当然,即便是轮流掌管社仓,各地的做法亦不尽相同。如乾隆五十六年(1791 年),据时人刘永华《六里社仓记》可知,湖南益阳社仓自雍正年间始捐,分贮各乡,设有社长经管,六里一地分为十区,逐区轮管,承管者即为之长,"迨乎积久弊生,不复以时,轮替为之,长者藉以长,于是得据其间,视为己有,惟所侵挪。迨乎亏缺既深,弥补无术,遂乃援引殷实,举报承充,人畏其项之悬而无著也。承之,则赔累匪轻逭之,亦追呼莫免,于是转相牵引,互为攻讦,扰累无穷,而昔之良法成弊制也",里中笃实之士,有鉴于此,建社仓十间,分贮十区之谷,十区中择殷实老成之人,轮流更替,总管十区之谷,如此则毋庸纷纷更换社长了。④ 虽然此记没有说明逐区轮管的时限,但推想大概应为一年。于此可见,湖南轮流充任社长的做法一直到乾隆末年亦在执行。调整后的六里社仓的管理办法仍为轮流更替,只是作了一些制度上的完善,如"各区之谷,归本区自管总管则择殷实老成之人,轮流更替"⑤。

江苏省的情况则是另一番景象,乾隆二十四年(1759 年),巡抚陈宏谋认为社长宜一年一次轮流担当,或能防止社仓经营中的弊数,"江南地方,殷实公正自不乏

①　《宫中朱批奏折·财政类·仓储》,乾隆六年三月十三日,河南巡抚雅尔图奏。
②　《宫中朱批奏折·财政类·仓储》,乾隆六年三月十三日,河南巡抚雅尔图奏。
③　[光绪]《湖南通志》卷五十五《食货志一·积储》。
④　[清]刘永华《六里社仓记》,载[嘉庆]《益阳县志》卷二十九《艺文》。
⑤　[清]刘永华《六里社仓记》,载[嘉庆]《益阳县志》卷二十九《艺文》。

人。每当社长，不无赔累，且招劳怨，故均不乐充。愿充者，多系渔利之徒，乐于久充，易于侵挪公正者，又恐久充赔累。今就一社中，择其殷实公正者数人，轮流充当，一年一换，为时不久，不至亏累。且一年一次新旧交代，难滋侵混，不至酿成亏欠矣"①。可以想见，这一方法在执行过程中肯定会出现很多弊窦。即便如此，这种办法却也坚持了十余年，未有改变。直到乾隆三十五年(1770 年)，苏州布政使李湖才提出这一做法的弊端所在，"如点充社长，原定成规，以十年更换。嗣经条奏，改为三年一换。前抚臣陈宏谋，因社长不无赔累，请改为一年一次轮当，其意原欲杜久充致成欠之弊。讵近日社长视同传舍，寅接卯替，彼此巧避虚交，互相蒙蔽，遂致春借秋还皆成虚套。且一社之中，公正堪充社长者，复不可多得，一年一换，需人过多，惟凭乡保举报，按户轮当，遂多任非其人，弊难枚举"②。李湖悉心体察陈宏谋原先奏定的社仓条规，并与现在江苏省社仓运营的实在情形，对社长的任期又做出调整："社长一年一换，岁岁需人，不得不责之乡保开报，此辈所举，非尽端谨诚实之人，滥借侵渔既不能免，即有一二小心谨饬者，又或慎守管钥，颗粒不放，冀迨一年期满，交卸脱累，亦属无裨农民。应请嗣后选充社长，永不许著落乡保举报，务令该州县在本社各村庄内，照例于不应试之殷实监生遴访举充，司事三年，出纳公平，社谷无弊，详报道府，给匾奖励；再令接管三年，如能始终如一，据实通详，将该社长举充乡饮，以示优眷；六年期满，另选充补。设或办理不善，即行随时更换，不必定待三年。倘本社各村，实无不应试之监生，即举诚实乡民充当，亦不必拘泥成例。"③很明显，李湖的建议更为灵活，实施起来亦更为可行。由上述可知，我们不能对社长三年期限作机械的理解。前文虽然未能将十八世纪各直省社长任期逐一阐述，但毋庸置疑的是，社长充任时限因时因地因人有很大的差异性。

四、社长之开销

为了不致社长亏累，政府对社仓杂项费用的开销也作了规定。与任期一样，对社仓折耗开销的规定各地也不尽相同。湖北、山西等地区许于息谷内开销三升。乾隆七年(1742 年)，山西布政使严瑞龙奏称："请照湖北之例，每年在于所借谷石收息一斗之内，令各该社长开销三升，以为出入折耗等费，其余七升仍入新收项下，

---

① 《宫中朱批奏折·财政类·仓储》，乾隆二十四年四月十一日，总督管江苏巡抚陈宏谋奏。

② 《宫中朱批奏折·财政类·仓储》，乾隆三十五年十二月十四日，护理江苏巡抚·苏州布政使李湖奏。

③ [清]李湖：《酌定社长章程疏》，载《清经世文编》卷四十《户政十五·仓储下》。

造册送部。"①严瑞龙要援引湖北允许社长开销三升息谷的事例,以便推进本省的社仓建设。山西地处北疆,虽粮食生产水平有限,但战略地位很重要,故地方仓储的经营就显得很重要。从中可以窥见,仓储建设有时又与经济、军事地理的格局有莫大关联。河南巡抚硕色奏请"于十升息谷内酌留一升给与正副社长,以为杂项之用。其所用数目,每年社长开报州县,就近察核。如有余剩,尽数归仓"②。乾隆帝训示遵行。开销一升是我们所见到的最低标准,显然是考虑到了河南的实际情况。有清一代,正常年份,河南无疑是重要的粮食输出省份之一。地方粮食有余,基层社仓的建设远没有缺粮地区紧迫,反映在社长的开销上则表现为最低的折耗开销标准。而浙江省为使社长这一职务,不致使人因恐赔累,视为畏途,采取安徽省准销耗谷两升之例,"于每年所收息谷内,每谷一斗,将八升交仓,二升给与社长,为种种费用,使社长无赔垫之累,而殷实端方之士不致视为畏途,庶几踊跃从事"③。

山东社谷支销之例有别于他省,如夏津县社仓条约中规定:"每年每乡,除谷一石,为正副社长纸笔之费,又各除谷四石,为正副社长饭食之费。"④东省社长支销社谷的额度是笔者所见载诸史册最高的记录。

第三节 社仓谷石收支制度

社谷收支是社仓运营制度的核心部分,涉及开仓时间、借贷对象、收放之例、出息之法等仓政事务。诚如时人所论,"社仓之春借秋还,立有社长,主其出入,察其收放,咸有章程"⑤。所谓章程即下文所要阐述之社谷收支制度。

一、社谷出借

储粮备荒是社仓之设的初衷,康熙十八年(1679年),清廷议定社仓"出陈入新,春月借贷,秋收偿还"⑥。但此规定无疑十分笼统,春月为何月?开仓日期如何择定均不明确。雍正二年(1724年),厘定社仓经营之法,"社长预于四月上旬申报

① 《宫中朱批奏折·财政类·仓储》,乾隆七年十月二十八日,山西布政使严瑞龙奏。
② 《宫中朱批奏折·财政类·仓储》,乾隆九年十一月二十七日,河南巡抚硕色奏。
③ 《宫中朱批奏折·财政类·仓储》,乾隆二十三年十月初六日,浙江巡抚杨廷璋奏。
④ [清]方学成:《夏津县劝捐社仓谷序》,载[乾隆]《夏津县志》卷十《艺文志·序》。
⑤ 《宫中朱批奏折·财政类·仓储》,乾隆元年五月初八日,通政司右通政李世倬奏。
⑥ 《清朝文献通考》卷二十二《职役考·二》。

给贷,定期支散"①。此规定实际上是朱子社仓之法的重申,但各地社谷出借并未完全照此施行。乾隆五年(1740年)五月,山东巡抚硕色奏议酌办社仓时指出,"东省麦熟在于五月,今若四月申府给贷,未免太迟,应请因时变通,预详接济"②。硕色虽建议借贷社谷应因时因地权宜变通,但亦未给出具体调整办法。东省方志则载有详细办法,虽非阖省定例,却可窥见一斑,"每年春月,有愿借者,赴社长处报名,出具领状,定于二月十五日开仓,二十日为止。借毕,造具花名册,并原谷若干、借出若干、剩贮若干清册二本,送县盖印,一同领状存县,一发社收执"③。江西省出借社谷每年于青黄不接之时,"正副社长禀明州县,一面通报,一面即行借放,似于四月上旬申府给贷之法相仿"④,但社谷出借"统听该处农民商同社长、副定期,一面借还,一面报明"⑤。湖南情形类似江西,"其出借迟早,听社长就地酌定,一面报官,一面出借,官不为拘,亦不候官批示也"⑥。陕西社谷出借,"按耕种迟早,以定先后,总在小民须借之时,不可延至麦收将届之后,并令先期出示,依次而放,随到随给,不许守候"⑦。于此可见,清廷社仓政策的制度范定与各省实际运作是有很大的差距的。

上文述及了社谷出借的时间,下面阐述一下出借对象及程序。清廷没有以国家的名义范定社谷出借的对象,而是不时题准各省的奏请。如雍正三年(1725年),议准江苏巡抚何天培条奏社仓事宜五事,其中便有规定"凡不务农业,游手好闲之人不许借给"⑧。乾隆《大清会典则例》对此又有所调整,去掉务农之限,专定"游手好闲者,不许借贷"⑨。雍正七年(1729年),宁远大将军岳钟琪所拟社仓收放规约言及社仓之粮原系民力,应交百姓自司出纳,凡绅衿并现年乡约、保长、衙役及家有糗粮或有资本生理者不许借给,"借给之户,必系实在乏食穷民"⑩。乾隆七年(1742年),江西巡抚陈宏谋拟定十五条社仓规约,其中有对借谷之人身份的限

① 《清朝文献通考》卷二十三《职役考·三》。
② 《宫中朱批奏折·财政类·仓储》,乾隆五年五月十八日,山东巡抚硕色奏。
③ [清]方学成:《夏津县劝捐社仓谷序》,载[乾隆]《夏津县志》卷十《艺文志·序》。
④ [清]岳浚:《详议社仓事宜疏》,载[清]琴川居士辑《皇清奏议》卷三十六。
⑤ [同治]《新建县志》卷二十四《营建志·仓储》。
⑥ [清]陈宏谋:《彙颁社仓条规檄》,载[清]戴肇辰辑《学仕录》卷五。
⑦ [清]陈宏谋:《筹办积贮情形疏》,载《清经世文编》卷四十《户政十五·仓储下》。
⑧ 《清朝文献通考》卷三十五《市籴考·四》。
⑨ [乾隆]《大清会典则例》卷四十《户部·积贮》。
⑩ 《雍正朝汉文朱批奏折汇编》(第15册),雍正七年五月二十七日,宁远大将军岳钟琪奏,第421—422页。

制，"不同都里之民，不得搀越争借"①。乾隆十年(1745年)，时任陕西巡抚陈宏谋奏报筹办积贮情形时疏称："其出借，则先麦后谷，先陈后新，所借之户，均须力田之家，兼有的保，如游手无益，及无的保者，皆不准借。倘民间无须多借，亦即留仓备贮"②湖南社仓运营经陈宏谋厘定为二十一则条规，制度更加完备，对社谷出借有详细的规定，"社谷原备农民籽种，耕田之家，无论佃田、自田，凡无力者，皆许借领。一切贸易及不耕之民，概不准借。衿监、衙役、兵丁之家，有务农者，仍准亲属出名借给，如系有力，亦不准借。借谷应视其耕田及户口多寡，或数斗或一石，每户多者不过二石，每户借谷必须本地有业者，或三人四人公保，有殷实者一二人亦可作保，殷实田主保佃户则一人许保数户，领内实填保人姓名，同赴社长处认明，方准借给，将来负欠，先比欠户，欠户无著，著保人代还，虽系社长可信之戚好，亦须有保方借，如无保人，社长不得滥借"③。山东亦有类似记载，"创制之始，谷石无多，从前不捐者不借。借数不得浮于捐数，捐户自己不借，代他户亲族保借者，用捐户领状，亦俱保数亦不得浮于借数……至实在贫病无依，日不举火之家，正副社长查议明确，酌量佽助"④。

　　关于社仓谷石出借程序文献记载并未详备，亦无通则可以仿行，估计各省差别不大，均值青黄不接之时，量为借贷，以济民食。雍正七年，宁远大将军岳钟琪所拟社仓收放规约中有所提及："每年春借，将仓粮只动一半，仍留一半存仓，以防秋歉。万一秋稼不收，许本社各村堡年老人民，各自查本村本堡中实在穷饿人户大小人口，开明一单到社仓内，同仓正、仓副查明存仓粮食现贮若干，照户计口，均摊借放。若秋禾虽遇水旱，仍有二三分收成，穷民但可支持，则存仓一半之粮，仍必留在来春借放，更为得济，切不可止顾目前借放太急，以致来年青黄不接时转无救应也。"⑤乾隆四年(1739年)，西安巡抚张楷奏议增添条例以杜社仓弊端时亦有此建议，"社仓春借之时，宜酌留一半备用也。查社仓原备不虞，若春夏全数出借，则秋成偶歉，无可支给，应令借放之时，止许动用一半，仍酌留一半存仓，则缓稍得备御矣"⑥。此当为一时一地的运营办法，绝非通例。翌年五月，云南总督庆复、巡抚张允随奏

　　①　[同治]《新建县志》卷二十四《营建志·仓储》。

　　②　[清]陈宏谋：《筹办积贮情形疏》，载《清经世文编》卷四十《户政十五·仓储下》。

　　③　[清]陈宏谋：《彙颁社仓条规檄》，载[清]戴肇辰辑《学仕录》卷五。

　　④　[清]方学成：《夏津县劝捐社仓谷序》，载[乾隆]《夏津县志》卷十《艺文志·序》。

　　⑤　《雍正朝汉文朱批奏折汇编》(第15册)，雍正七年五月二十七日，宁远大将军岳钟琪奏，第421—422页。

　　⑥　《军机处录副奏折》，乾隆四年三月十八日，西安巡抚张楷奏。

称，滇省社仓于每年放谷之时，"愿借者先期报明社长，社长汇报印官，按户给发"①。同时，他们认为社仓谷石原为接济民间缓急，"务视社本之盈缩，以定出借之多寡"②，此又与陕西之例不尽相同。江西又不同于滇陕，"江省社谷，每年出借，议定存六借四，是即存一开二之遗意也；设遇歉年，或尽数借贷，或尽行散赈，自应饬令有司，酌量重轻，随时办理"③。浙省社谷则为"请贷社谷，丰年须留有余，歉岁不妨多借，积贮多寡不同，办理亦难画一。浙省社仓现在权衡出借，似可无拘定数。"④奉天出借社仓亦有条规，社长应视前一年秋收丰歉情形，酌量借贷数目，"每于三月初旬，禀官给借，县官具文详府，批允之日，依实具领状，五口互保，如有逃亡，同保赔偿……有不愿借者，不得勒派。虽或大歉，不得尽数出借，即有不敷，当以常平谷平粜济之"⑤。如遇丰稔之年，社谷"不能全行借出者，转饬各属，即以实借实还，按谷收息，勿得虚捏，以致开报不实"⑥。据上大略可知，虽各省均有社谷出借章程，但并无放之四海而皆准的通则，具有鲜明的地域差异性。

当然，为了防止社长监守自盗与吏胥勾结侵挪社谷等弊薮，清廷尤其是地方官府出台了相应的警告，如乾隆三十年（1765年）四月，湖南衡州府就曾特颁《谕社长示》，至为典型，兹录文于下：

> 为晓谕社长公平出借社谷事，照得：社仓谷石，民捐民借，原以补常平之不足。兹当青黄不接，粮价稍长，现虽减粜常平仓谷，接济民食，第乡间农民赴粜，往返维艰。或有未能普遍，正需借给社谷，除已饬县照例借放外，查社仓谷石，虽官为稽核，而收放实社长经理。诚恐分贮之谷，离城窎远，有等不肖社长，乘此出借，私行粜卖，假捏借户姓名注册，掩人耳目，或概借亲族友朋，及势力豪强之人，实在贫民转致向隅，即或借给，而又发潮掺瘪，扣克斗升。小民待食甚殷，只得吞声忍受，并有虑及秋成催收之劳，

---

① 《宫中朱批奏折·财政类·仓储》，乾隆五年闰六月二十二日，云南总督庆复、云南巡抚张允随奏。

② 《宫中朱批奏折·财政类·仓储》，乾隆五年闰六月二十二日，云南总督庆复、云南巡抚张允随奏。

③ 《宫中朱批奏折·财政类·仓储》，乾隆五年七月初八日，江西巡抚岳浚奏。

④ 《宫中朱批奏折·财政类·仓储》，乾隆五年八月二十八日，闽浙总督德沛、浙江巡抚卢焯奏。

⑤ 《宫中朱批奏折·财政类·仓储》，乾隆十年十二月初一日，奉天府府丞提督学政陈治滋奏。

⑥ ［乾隆］《钦定大清会典则例》卷四十《户部·积贮·社仓积贮》。

百般刁难,不肯借放,均未可定。夫以民间捐积之谷,不以济民急需,揆诸设立社仓之意何在?若再罢利肥囊,徇私自便,则天理国法均所不容。除一面密行访查外,今行出示晓谕,为此示仰合属社长人等知悉,尔等当念各有身家,务遵法纪,凡有里民赴借社谷,查明照例公平借给,不得克扣刁难。倘有前项弊端,一经本府访闻,或被旁人告发,其侵蚀徇私者,定严行追究,按例治罪,即遏借自便者,亦必重惩,决不姑宽。本府言出法随,各宜禀遵,毋贻后悔。特示![①]

二、社谷纳还

社谷春借秋还,其纳还亦有制度。康熙十八年(1679年),议准出借社谷"秋收偿还,每石取息一斗,年终州县将数目呈详上司报部"[②]。雍正二年(1724年),覆准社仓之法,规定十月上旬,申报依例受纳,但不得抑勒多收,借者交纳时,社长先行示期,依限完纳[③]。出借仓谷何时还仓与收成分数息息相关。如乾隆四年(1739年),贵州总督张广泗疏称黔省社仓"收成五分以下,缓至次年秋后还仓;六分者,本年还一半,次年还一半,均免加息;七分者,本年全还,亦免加息;收成八分、九分、十分者,本年秋收,照数加息还仓"[④]。可以看出收成在七分以下,出借的社谷还仓时都是可以免息的。但陕西出借社仓谷石征收例限,每多参差不齐,直到乾隆十二年陕西巡抚徐杞奏请"嗣后夏收在六分以上者,六月至九月完纳一半,十月至十一月底全完;七分以上者,六月至九月完十分之六,十月至十一月中全完;八分至十分者,九月以前完十分之八,十月底全完"[⑤]。此与贵州社谷还仓的规定又不尽相同。

按朱子社仓事目规定,社谷春借秋还,加二息还仓,偶遇歉收,即蠲其息谷一

<hr/>

① [同治]《鄠县志》卷六《积贮·社仓》,同治十二年刻本,北京大学图书馆古籍善本室藏。按:示为清代文书的一种,又称告示,为通告他人使其知晓之意。示作为正式的公文名称,始于明代。清承明制,继承了这种长官对所属官吏或平民有所告喻、劝诫时使用的下行文书。示通常用单张白纸作为文字载体,纸幅大小依文件内容多少各异。其特点是通过张贴的方式向受文者公开通知,其中凡长官对所属官吏发布的张贴在官署门前或街头巷尾醒目之处的,则称为"告示"。此外,如果将需要告喻内容书写或刻契木牌上悬挂的,则称为"牌示"。(参见雷荣广、姚乐野:《清代文书纲要》,成都:四川大学出版社,1990年,第118-119页。)

② [康熙]《大清会典》卷二十九《户部十三·仓庾二》。

③ [雍正]《大清会典》卷三十九《户部十七·蠲恤五·积贮》。

④ 《清高宗实录》卷一百一,乾隆四年九月辛未。

⑤ 《清高宗实录》卷二百九十五,乾隆十二年七月(日无干支,载于是月后)。

半,饥荒较为严重,则尽免加息,十四年后,每石本谷,只收耗米三升,不再收息。雍正二年(1724年),清廷议定出借社谷"收息之多寡,每石收息二斗,小歉减息一半,大歉全免其息,祗收本谷。至十年后,息已二倍于本,祗以加一行息"①。雍正七年(1729年),对此法有所调整与补充,"社仓米谷,如有贫民偶遇荒歉借领仓谷者,每石止收息谷十升还仓;小歉借动者,免取其息,仍如本数还仓,通行直隶各省遵行"②。

乾隆朝对社仓本谷秋后还仓是否应加息谷以及如何收息等问题,各地督抚等大员看法不尽相同。山西按察使元展成认为,山西省自举行社仓以来,"陆续捐输,源源相继,有盈无缩,缓急已尽敷接济。山西一省如是,他省大抵相同。我朝举行之善,似无庸迟至十四年之久,然后可以免其加息也。臣请嗣后各省社仓,民借谷石,每年秋收还仓之时,只令按春借原数,每石加耗谷三升,庶穷民既受通融之实惠,更沐宽免之殊恩"③。于此可见,元展成认为无需等到十四年之后,就目前山西社仓的经营状况,他不主张收取息谷,而只征取三升耗谷。广东巡抚王謩也持相同观点:"各属社仓民借谷石,概行停止加息。"④但他们的观点并未得到一致赞同。河南巡抚尹会一就提出了不同意见,"如地方本非歉收,只因春月青黄不接,循例借给百姓,除陈易新,自应加息还仓。至如偶值雨旸失调,或微被灾之处……止令还正谷,免其加息"⑤。广西巡抚杨超把各种情况分析得更为全面,疏言"粤西各州县社仓谷石,民间岁歉偏灾借领者,即遇丰收免其收息。如系青黄不接之时,循例借领者,倘遇歉岁,祗还本谷。其在丰收之年,秋后还仓,则照例收息"⑥。前面讨论是否加息与秋成丰歉密切相关,但还有其他特殊情况,比如说接济军饷,还仓时一般也免收息谷。四川总督文绶奏"查成都、雅州等属,额贮常社仓谷,节年都已碾运,应将前项军米及时出借。秋后照一米二谷例如数还仓,免其加息"⑦。此举得到乾隆帝的嘉奖。

出借社谷收息之例与粮价消长也有关联,至少有的地方时如此运作的,如山东夏津县"每年放谷时,时价每石若干,注于清册之内。候秋收时,时价减多,则加息

① [雍正]《大清会典》卷三十九《户部十七·蠲恤五·积贮》。
② [乾隆]《钦定大清会典则例》卷四十《户部·积贮·社仓积贮》。
③ 《宫中朱批奏折·财政类·仓储》,乾隆二年四月初六日,山西按察使元展成奏。
④ 《清高宗实录》卷六十七,乾隆三年四月辛亥。
⑤ 《宫中朱批奏折·财政类·仓储》,乾隆二年六月初二日,河南巡抚尹会一奏。
⑥ 《清高宗实录》卷六十八,乾隆三年五月甲子。
⑦ 《清高宗实录》卷一千四,乾隆四十一年三月丙戌。

二;时价减少,则加一息;时价昂或相若,则免息;遇大歉,则宽至次年还仓"①。当然,免息是有一定的标准,不得擅准,"如果荒歉,详明方准免息,不得擅自免息"②,"必须详明批定,方准免息,不得擅准免息,亦不得因一隅偏灾而请免一县之息"③。

关于社仓纳还的讨论,还有一个需要注意的问题,即各地社仓,按各处出产,所储粮食,米、谷、麦、豆、高粱等皆有,并非一刀切,而是因地制宜,各取所需。由于所储粮食品种不一,必然会在出纳统计上带来一定的麻烦。乾隆六年(1741年),安庆巡抚陈大受奏:"今据署布政司托庸详称,社仓兼收杂粮一案,向来未经立定章程,每至秋收催还之时,始以市值计其本息,彼殊此异,殊未允平,兼之时价消长,有旦晚之不同,或多或寡,更难稽核。查小麦、粟米虽例抵稻米一石,然以时值计之,不无稍有低昂;他如大麦、秫秫等类,其价更属悬殊,似应折中酌定,小麦、粟米每一石抵还稻米八斗,大麦、秫秫每一石抵还稻米五斗,统照所借米谷按数折收,庶民知有遵守而奏报亦归画一。"④其他地方遇到同样问题亦援例权宜办理。

上文所述乃社谷纳还之常态,但由于各种因素不能及时归还,甚至故意拖欠等情况在所难免,为防止此弊,纳谷完结与催收之法亦随之制定。雍正二年(1724年),议定社仓经营之法,规定借贷社谷者需依限完纳,且要登记于册籍,以免滋生弊窦⑤。此规定较为笼统,乾隆初年,亦行此法,出纳社谷设印簿二本,一存社,一存县。事毕则令社长报县转呈上司查考,但其中领欠实数及有无抗欠、换易新领等诸多弊端不易察觉。乾隆二十一年(1756年),湖南巡抚陈宏谋所定社仓条规载:"社谷还仓,以九月为始限,十一月全完。一户完讫,社长即将原领给还,一面于印簿内填一'完'字。"⑥乾隆二十三年(1758年),浙江巡抚奏请仿江苏成例稍作变通,发三联印票,"浙省从前出纳社谷,只设印簿二本,一存社,一存县,事毕令社长报县,转报上司查考。第查印簿之设,数目未尝不符,其中是否实领实欠、有无影射弊混、挪借强贷及抗欠复借、易换新领诸弊,只就簿稽核,无从显露。查江苏借放社谷,均发三联印票,今应仿照刊刻,汇钉成本,给与社长,一发借户,一缴县,一存仓,就票画押,不另立领。惟设流水簿,照票登填稽核。迨秋成还仓,另设收照,由社长给发,俾借户执以为据,每当春借之时,一经比对,如有悬欠颗粒难隐,凡有捏借捏欠

① ［清］方学成:《夏津县劝捐社仓谷序》,载［乾隆］《夏津县志》卷十《艺文志·序》。
② ［同治］《新建县志》卷二十四《营建志·仓储》。按:此项规约系乾隆七年江西巡抚陈宏谋所拟定的社仓章程。
③ ［清］陈宏谋:《汇颁社仓条规檄》,载［清］戴肇辰辑《学仕录》卷五。
④ 《宫中朱批奏折·财政类·仓储》,乾隆六年四月二十五日,安庆巡抚陈大受奏。
⑤ 《清朝文献通考》卷二十三《职役考·三》。
⑥ ［清］陈宏谋:《汇颁社仓条规檄》,载［清］戴肇辰辑《学仕录》卷五。

等弊无从隐瞒,庶敛散皆归实在"①。但印簿与印票的差别只是技术层面上的,与赋役征收的易知由单一样,在实际操作中并不能有效防止积弊的发生,尤其制度发展到后期所起的效用有时是大打折扣的,但这一举措实施的初期无疑会起到积极作用的。严簿记登录是清代社仓经营的一大特点,一定程度上保障了出借社谷及时归仓。

如果借者未能将社谷按时完纳,则要催还。其春借社谷之家,如有至立冬之后仍不归还者,保人必须连催三次,正副社长各催一次,仍恃顽不理者,开写姓名报官惩治,并倍罚还仓②。如有未完及完不足数者,社长将其姓名、完欠数目列单报官,官即将欠户姓名开列出示仓所,并按名追比,若本户力不能完,保人须先为代完,但仍于该欠户名下追还保人③。

这种催还办法还比较温和,尚有更为严厉的滚催之法:

> 收谷既有定期,忠厚之家,知社长守候之难,自必于十日之内,如数封纳。中间或有万不得已者,正副社长将欠户姓名开单滚催,每十户为一单,送县过朱,社长交第一户,第一户交第二户,第二户交第三户,挨次滚催,总限十月初一日,彻底清还,第十户赍单缴销。其不到者,即系无良,社长将欠数、户数呈县,差拘带比,社长记名,永不借给,仍查有无卧单之户,嗣后亦不准借。④

此系山东的催还之法,湖南亦有类似之法:

> 社谷未完及完不足数,应仿照滚催钱粮之法,设立滚单。单首列勒追条规,后开欠户、保户、谷数、姓名,著落该都保甲协同社长交单,挨户滚催。滚到,限二日内全完。如本户力不能完,即著保人先行代垫。倘有卧滚,不追不行者,许保甲扭禀比追,一面将滚单改发下户挨催,俾知卧滚干比,自必滚到肯偿,较之票存原差之手,任其作辍操纵者,更为公普得济。

---

① 《宫中朱批奏折·财政类·仓储》,乾隆二十三年十月初六日,浙江巡抚杨廷璋奏。

② 《雍正朝汉文朱批奏折汇编》(第15册),雍正七年五月二十七日,宁远大将军岳钟琪奏,第422页。

③ [清]陈宏谋:《汇颁社仓条规檄》,载[清]戴肇辰辑《学仕录》卷五。

④ [清]方学成:《夏津县劝捐社仓谷序》,载[乾隆]《夏津县志》卷十《艺文志·序》。

其缮写滚单,应责成州县官,督令经承赶办,依限催还。①

上引两款社谷滚催之法,虽做法颇为相似,但具体细节亦有明显不同,湖南之法更注重与保甲协作,这或许因为陈宏谋任巡抚时一贯坚持社仓与保甲相经纬政策,亦未可知。关于此点,将在探讨社仓功用时再加阐述,兹不赘言。

第四节　社仓稽查制度

社仓谷石,关系民食,自应善为经理。清代社仓具有民间主体性与政府宏观监督并重的鲜明特点。州县社仓设于四乡,择殷实之人充当社长以司出纳,地方官员则有稽查之责。雍正二年(1724年),世宗谕各省督抚留心体察社仓时指出,社仓奉行之道宜缓不宜急,且不当以官法绳之②。世宗之意是举行社仓要徐徐为之,不能以官势临之,但同时亦强调地方有司既要“善为倡导于前”,又要“留心照应于后”③。所谓的“留心照应于后”即是要求地方官府不时对社仓运营状况进行稽查。虽然此时地方有司可能对社仓不时稽核,但却未形成完备的稽查制度。是年(1724年),清廷议定“于正副社长之外,再公举一身家殷实者,总司其事,令其不时稽查”④,州县官员“止听稽查,不许干预出纳”⑤。于此可见,雍正初年,对社仓的稽查制度尚属草创阶段。易言之,至少以国家政令的角度讲,还没有详备的稽查方法。但有些地方社仓稽查工作却做得有声有色,如雍正七年(1729年),宁远大将军岳钟琪奏称,社仓虽系民间管理,不许地方官员经手,但如无查考之法,则不免经营之弊,致使仓务废弛,为此他拟定了三条社仓稽查条约:

　　一、今定每年著官查核一次,凡冬至后,有司到仓,唤同本社年老人民,查看本仓原有粮石若干、于本年春借秋还并利息若干、除鼠耗外现该若干;查看仓廒是否坚固? 粮石是否干洁? 即以量仓步算打签验底之法,验算存仓谷石是否如数充足。然后给与仓正、仓副每人饭谷十二石,再将

① ［嘉庆］《长沙县志》卷九《积贮·社仓》,嘉庆二十二年增刻本,北京大学图书馆古籍善本室藏。
② 《雍正朝起居注册》(第1册),雍正二年闰四月初四日,第220页。
③ 《雍正朝起居注册》(第1册),雍正二年闰四月初四日,第221页。
④ 《清朝文献通考》卷二十三《职役考·三》。
⑤ 《清朝文献通考》卷三十五《市籴考·四》。

修补仓廒用过若干,亦取息谷给还。如仓正、仓副收放不公,众老民公同具禀,然后议罚更换……一年之内,惟冬至后,官至社仓一次,务令官就百姓,不许令百姓就官。除仓正、仓副擅用仓粮,或敢盗卖,被本社百姓告发,许地方官差拘讯究外,至于平常不许官员票唤仓正、仓副,而仓正、仓副亦不许到衙门伺候点卯。

一、官员查仓,惟荒年不必等候冬至,只在九月霜降前后,应到各处查看,传齐各本社老民,公同查明实在穷饿户口与贮仓粮数,计户口均分付与。仓正、仓副开仓赈贷,官员不必经手。如借放不公,或迟延勒措,被穷民喊告者,仓正、仓副照前条处罚。

一、官员每年冬月查仓,先令吏书将条约当众朗读一遍,以便照式稽查。①

雍正帝阅后,谕令户部抄录岳钟琪所拟的社仓稽查条约,交与陕西督抚分发各州县,并刊刻木榜于各乡社仓竖立,以为永久程序②。虽然清廷动作挺大,但效果不显,"陕省社仓,因民力不能捐助,动公项而买贮,尤非别省社粮民捐者可比,乃从前地方官,一任社长支放,并不留心查察"③。可见,岳钟琪所拟社仓稽查条规并未得到很好贯彻执行。但无论如何,单从制度层面上讲,其稽查条规还是相当完备的。

如前文所述,乾隆朝是有清一代社仓制度最为完备,成效亦最为显著的时期。社仓稽查制度已逐渐完善并且实力执行。乾隆四年(1739 年),西安巡抚张楷酌议增添社仓条例时建言：

社粮宜责成地方官稽查结报也。陕省社粮,既系官为采买,即与常平仓无异,应令地方官不时查察,仍每年于收粮之后,轻骑减从,亲赴各乡查明实贮,出结详报,仍约束衙役丝毫不许骚扰。遇有新任交代,亦将社仓有无亏缺,另行结报存案。如有狥隐捏结,以致亏空无著,即将出结之地方官参处分赔,则地方官畏有考成,自必勤于稽查矣。④

_____

① 《雍正朝汉文朱批奏折汇编》(第 15 册),雍正七年五月二十七日,宁远大将军岳钟琪奏,第 422—424 页。

② 中国第一历史档案馆编：《雍正朝汉文谕旨汇编·上谕内阁》(第 7 册),雍正七年六月二十六日,第 408—409 页。

③ 《军机处录副奏折》,乾隆四年三月十八日,西安巡抚张楷奏。

④ 《军机处录副奏折》,乾隆四年三月十八日,西安巡抚张楷奏。

此法显系借鉴了常平仓稽查办法,"常平关系州县考成,例应上司盘查,各牧令尚知加意经理"①。故张楷所拟条规虽然简约,但十分有效,因把社仓稽查与官员考课结合起来,且有很强操作性,故更为有力。

乾隆十年(1745 年),陕西巡抚陈宏谋疏言,社仓"一切出纳,虽责成社正副,而稽查仍在于官,自无营私舞弊之患"②。看来陈宏谋对地方官对社仓的稽查社仓的效果持肯定意见,但并没有指明如何察核。翌年(1746 年),安徽巡抚魏定国奏称:

> 州县社仓建设四乡,各择殷实之人充当社长,以司出纳。其法虽曰藏之于民,以补常平之不逮,然有司各官原有稽查之责,未可专诿诸社长也。……旧例惟有州县经理之虚名,而无盘察之实济,州县官视若不关己事,各乡社长既不慎选于先,又漫无觉察于后……臣请嗣后每年春借,各社长于二月内,即将应借贫户按照大小口,酌计应借若干石斗,取具借领保状,呈明州县核发示期,于三月初一日为始,按数借给。该州县仍严行查察,是否实在贫民领借,如有假捏严拿追究。秋后示期,于十月内本息一并交仓,统限十一月初完足,各社长出具实存在仓甘结投明州县,该州县即亲历四乡盘查,统限十一月底出具并无亏缺印结,申报各上司存案。……新旧交代,同正项仓库一并盘查,出结报部。该管道府巡查地方之便,仍令抽查一二社,以见有无欺饰。如州县敢于扶同捏结致有亏空,察出即行揭参,着落分赔。如此永定章程,庶社长不致任意侵那,州县亦皆实心查察。③

湖南巡抚杨锡绂认为社仓除捐输和出借不得绳以官法外,其余各项事目地方官员要严为察核:

> 窃查定例社仓捐谷听民自便,不得绳以官法,原杜胥役滋扰起见,但社仓规条仍令每岁将出入数目报官查考,诚防社长侵亏之弊也。……臣思社仓之不得绳以官法者,止指捐输与出借交还之事,若社长侵亏即系监首自盗,自应详报比追,岂得姑纵因循坐视良法之坏?臣现严檄通饬,将社谷亏数即日据实报出,上紧追完,其总仓亦速赶建报竣,统以本年秋成

---

① 《宫中朱批奏折·财政类·仓储》,乾隆十一年六月二十四日,湖北巡抚开泰奏。
② [清]陈宏谋:《筹办积贮情形疏》,载《清经世文编》卷四十《户政十五·仓储下》。
③ 《宫中朱批奏折·财政类·仓储》,乾隆十一年三月十九日,安徽巡抚魏定国奏。

十月为限，责令道府各官于十一月内盘查之便，将社谷一并抽盘。若尚有未建仓者，即以溺职揭参。若建仓而谷不足者，除实欠在民外，其社长侵亏之数州县已经报出，则将社长照律治罪，一面严追。倘州县未经报出，则照徇庇例著落州县赔还，并谆饬司道等务须同心实力督察清理，勿稍泄视优容，以除社仓积弊。至经管总仓各社长，臣责成州县慎选公正殷实之人承充，每年岁底及印官新旧交代之时，一例盘明结报，仍不得滥令胥役干预扰累，违则参究。惟是社谷出入全在社长得人，而日久更换保无滥举夤充仍致侵亏之弊，似应酌定处分，如上司盘查及新旧交代查出社长侵亏，分别州县失察徇隐，予以降罚追赔之例，庶有司各认真查办，而社仓良法不致有名无实。①

但社仓稽核较之常平仓尤为困难，例如湖北社仓颇为零星，“每一州县动至数十处、百余处不等，地方有司耳目难周，惟以取结为凭。即或亲加盘查，而挪东补西，公私混淆，究属无从稽考”②。湖北巡抚开泰则认为社仓近于民而远于官，易滋弊薮。因社仓属民间自行经营，官员纵有稽核之责，也不过照例开单申报，只是为了能推卸责任。但各属社仓散在村庄，委员遍查亦容易导致扰累地方，他提出按季抽验的办法：

社仓近于民而远于官，较之常平事则尤便，而弊亦易滋……至社仓缘系委之于民，每多视同膜外，纵有察核之名，不过照例开单申报，遂可藉以卸责。……今若不及时设法整顿，诚恐懈弛相沿，久之复多亏缺。但各属社仓散在村庄，又未便特行委员遍查，致滋扰累。……应饬各道府即于巡查所至，遇有存贮社谷之处，就便抽验。倘有侵那等弊，务须究明确情，将该社长分别重轻责革更换，仍勒限追赔还仓。其亏缺过多者，并将失察之该州县声明揭报，不得瞻徇。如此，每遇巡查下属，按季抽验，渐次周历，在各道府就便举行，既无另需往返之烦，而振刷所及该州县自必知所顾畏实力稽核，社长等亦必共加警惕，积弊可除。庶各社仓储不至有名无实，于民生似有裨益。③

① 《宫中朱批奏折·财政类·仓储》，乾隆十二年三月十七日，湖南巡抚杨锡绂奏。

② 《宫中朱批奏折·财政类·仓储》，乾隆十三年十一月二十六日，湖北巡抚彭树葵奏。

③ 《宫中朱批奏折·财政类·仓储》，乾隆十一年六月二十四日，湖北巡抚开泰奏。

此种方式比较可行,也为乾隆帝所赞许。以上疏奏均以地方官员对社长以及社仓经营的稽核为出发点而提出的权宜办法,但对地方官的职责则没有明确章程可资依据。乾隆二十三年(1758年),浙江巡抚杨廷璋奏请定地方官功过以示劝惩,"查社仓守掌在民,官无派勒,稽察在官,民无侵蚀,全在地方官尽心料理。若不定以功过,鲜克望其实力。今应将奉行得法立社较多之地方官,以贤能记功。倘漫不经心有名无实,即予记过。若抑勒滋扰,立即严参"①。乾隆三十二年(1767年),叶县四处社仓共短谷五百八十八石,乾隆谕军机大臣等"社谷亏缺,责在社长,知县止有应得失察处分"②。虽说社仓谷石出现亏缺,责任在于社长,但该县令因对社仓稽察不利,受到了失察处分。这样便在制度上规定的地方官对各地社仓的稽查权利与职责。乾隆三十五年(1770年)十二月,苏州布政使李湖疏称州县稽查之法宜应权宜调整:

> 社仓定例,社长专司出纳,官役不得掣肘,但春借之期,官不为之稽查核实,则柔懦社长,土棍、乡保、胥役皆得硬借重借;秋敛之期,官不为之查比,则欠户皆得拖延。应请凡遇春借之期,社长将应在本社借谷之户取具押领,同正、副簿禀送州县核准,示期开仓出借。该州县接到禀报,按照村庄门牌,核明应借之户,填入正、副簿内;其不应借者,不准入簿借给。即于次日定期出示赴领,至期分委佐杂或教职一员亲赴看散,散毕封仓。如开仓出借时,有用强硬借之刁民,该委官即带交印官究处。至秋成后应行催交借谷时,社长禀明州县示期开仓收纳。若按期交纳全完,州县或亲赴验明封仓,或委佐杂、教职赴验封仓。倘十月内不能全完,社长将簿内欠户标明禀送州县,差传欠户比追。是收掌、出纳仍责之社长,地方官严其查核,则强借拖欠之弊可除矣。③

虽然清朝政府极力想建立一种官督民办的社仓经营体制,但各地督抚等官吏对此理解不一,在政策的执行过程中往往会出现偏差。乾隆三十七年(1772年),山东巡抚徐绩奏称:"东省劝谕社仓粮石,虽经设立社长专司筦钥,而经理出纳仍由地方官总持,名为民捐,实同公项"④。乾隆四十三年(1778年),山东巡抚国泰建

---

① 《宫中朱批奏折·财政类·仓储》,乾隆二十三年十月初六日,浙江巡抚杨廷璋奏。

② 《清高宗实录》卷七百九十七,乾隆三十二年十月癸未。

③ 《宫中朱批奏折·财政类·仓储》,乾隆三十五年十二月十四日,护理江苏巡抚苏州布政使李湖奏。

④ 《宫中朱批奏折·财政类·仓储》,乾隆三十七年正月二十八日,山东巡抚徐绩奏。

议:"社仓谷石,其春借秋收,俱交地方官经理,并于岁底令州县赴四乡盘查",国泰此奏遭户部议驳,乾隆帝对此议也大为不满"若如国泰所言,收支出纳俱归有司经理,是在官又添一常平仓矣"①。地方封疆大吏在具体执行政策过程中又出现了与政策制定的本意或是与皇上的初衷不尽相合之处。

---

① 《清高宗实录》卷一千五十一,乾隆四十三年二月庚戌。

第四章　社仓积储的功能与成效

如前文所述,十八世纪社仓制度日臻完备,其影响十分广泛,涉及荒歉赈贷、保障农业生产顺利进行、稳定基层社会秩序、支持地方公益事业,乃至补给军需诸多方面。有关社仓的益处抑或说功用,时人多有评说,"社仓之设,原以备荒歉不时之需,用意良厚"①,"地方之要务,莫重于积贮以备荒,而常平与社仓又系兼资而济"②。但此等评论多着眼于社仓的备荒功用,而实际上社仓的功能是多层面的,文献于此亦有记载。据乾隆《广丰县志》载,举行社仓,其益有八,前五点详析社仓优于官仓之处,后三条点明社仓在稳定社会秩序、敦古俗、慕义风、备荒患之效用③。下文将从经济、社会两个方面阐述社仓的功能,如此划分实出于行文上的考虑,其实有时断难纯然把其归于一类,更多的情况是,社仓的诸多功能相互补充又互相交叉在一起。

第一节　社仓的经济功能

关于社仓的经济功能,文献典籍鲜有论述。之所以仍述其经济功能,系源于史册对设立社仓之实效的载录,而功能与实效是一个问题的两个方面,故单辟一节,

① 中国第一历史档案馆编:《雍正朝汉文谕旨汇编·上谕内阁》(第6册),雍正二年闰四月初四日,桂林:广西师范大学出版社,1999年,第121页。
② 《宫中朱批奏折·财政类·仓储》,乾隆四年二月十八日,广西巡抚杨超曾奏。
③ [乾隆]《广丰县志》卷三《建置·仓库》,《中国方志丛书》本。

予以阐述。

一、借与籽种,保障农业生产

古代中国是以农为本的社会,广大黎元亦多以经营农业维持生计,但灾荒不时,严重破坏农业生产,有时却因实在穷困,无力购办籽种进行农作,而社仓有时便择仓内堪为籽种之新谷,酌动借给,令其耕作。

谈及以社谷为籽种时,有一点需要特别注意,即在清廷及地方官府所拟的社仓规约中,抑或是社仓实际运营中,于此颁行专门条规却十分少见,且有封疆大吏对此发出质疑之声。如乾隆二年(1737 年),云南巡抚张允随陈奏重农实政时疏称:

> 至于贫乏之民,尧舜之世,所不能无,故先王有省耕省敛之典,即有补不足、助不给之恩。倘课农之法既备,劝农之典复隆,而工本艰难,自当酌量借给籽种,传令及时栽种。查各属社仓谷石,原系春借秋还……于青黄不接之时,以之接济民食,安能复作籽种。①

于此可见,张允随担心社谷不敷借贷,故不便借为籽种,但赞同之人却大有人在。早在雍正年间,陈宏谋就曾建言酌量暂拨常平仓及官庄等谷作为社本,实力奉行,妥为经营,以社仓息谷以供籽种:"秋成照例加一升息,归于社仓项下积贮,庶各属社谷,均可由此渐增,而地方穷民,每年得此轻息之谷,以供籽种,免重利盘剥之害。"②乾隆五年(1740 年),陈宏谋在诠释社仓概念时,也谈及出借社谷接济籽种之事,"社仓者,积之于民,每年出借生息,接济籽种,社长司之者也"③。

有人或许要问,常平仓不是也可以借给乏力小农籽种以资耕作吗? 常平仓制度确实有此规定,但仓法由人,如果经营不善非但不能得济,反受其累。如湖南常平仓谷皆贮城中,历年有粜无借,每当春耕之时,"农民艰于籽种,多方典借,加三、加四之息皆所不惜,甚以为苦"④。陈宏谋指出,若随处皆有社谷可以借领,年年源源接济,则小民皆得其利,并规定"社谷原备农民籽种,耕田之家,无论佃田、自田,

---

① [清]张允随:《敬陈重农实政疏》,载[清]琴川居士辑《皇清奏议》卷三十四。
② [清]陈弘谋:《社仓条奏》,载《雍正》《云南通志》卷二十九《艺文·奏疏》。
③ 《宫中朱批奏折·财政类·仓储》,乾隆五年八月二十二日,江苏按察使陈弘谋奏。按:此奏为陈弘谋亲书,但绝大多数情况下则写作陈宏谋。
④ [清]陈宏谋:《彙颁社仓条规檄》,载[清]戴肇辰辑《学仕录》卷五。

凡无力者皆许借领"①。

　　济灾歉、借籽种实质上是社仓救济功能的两个方面，只是社会效果有不尽相同之处。一是关照灾荒出现时，如何帮助民众渡过难关；一是关注如何使春耕顺利进行，不误农时，但两者经常是共时共生的。"社谷原为耕田之家接济籽种之计"②。关于出借社仓谷石以作籽种的事例文献多有记载。乾隆元年(1735年)，甘肃文县等地受灾，"陡降冰雹，麦豆新苗俱有损，幸居民无多，田禾亦少，已令在社仓粮内，借给补种"③。乾隆六年(1741年)秋后，淮北各属连年荒歉，江苏巡抚陈大受便"饬属发社仓借给麦种"④。乾隆二十二年(1757年)，福建福州、泉州、漳州各府属歉收，高宗谕令"于社仓内借给麦本，来年秋收后，免息还仓"⑤。翌年，福建所属长乐、福清、晋江、南安、惠安、同安、漳浦、诏安等八县因灾歉收，其中实在无力农民"于社仓内，借给麦本，以资力作，俟来年秋收后，免息还仓"⑥。乾隆二十四年(1759年)，山西省各属被旱，传谕塔永宁各就地方情形，酌量动拨社仓米谷，"借给籽种，及贫民之实在无力者，并酌借口粮，以资力作"⑦。

　　除了出借社谷以备籽种以资力作农耕外，档案中还有借社仓粮石易买驴头以保证春耕无虞的记载。如雍正十二年(1734年)，兰州巡抚许容奏闻：

> 兰州、平番以及西宁等处，去冬得雪较少，不甚寒冷，牛只微有时症，而西宁所属两县一卫传染较多。前据西宁道杨应琚禀称，春耕紧要，议请借动社仓粮石，按牛只倒毙之多寡，酌量散给，易买驴头，以济农务。臣当即谕令一面办理，一面详报，务期足资民用。⑧

　　当东作方兴之时，如果籽种全无，缺乏畜力，甚者饥寒交迫，试问如何进行农业生产？所以，动拨社谷，出借籽种，易买耕畜使最低程度的农业再生产能够进行下去，这对恢复正常的农业生产秩序意义不可低估。

①　[清]陈宏谋：《彙颁社仓条规檄》，载[清]戴肇辰辑《学仕录》卷五。
②　《宫中朱批奏折·财政类·仓储》，乾隆五年八月二十二日，江苏按察使陈弘谋奏。
③　《宫中朱批奏折·财政类·仓储》，乾隆元年五月十八日，甘肃巡抚刘于义等奏。
④　《清高宗实录》卷一百六十一，乾隆七年二月(日无干支，载于是月后)。
⑤　《清朝文献通考》卷四十五《国用考七·蠲贷下》。
⑥　《清高宗实录》卷五百七十五，乾隆二十三年十一月壬寅。
⑦　《清高宗实录》卷五百八十七，乾隆二十四年五月丙申。
⑧　《雍正朝汉文朱批奏折汇编》(第25册)，雍正十二年二月初四日，兰州巡抚许容奏，第835页。

二、营造良好的商贸环境

乾隆十年(1745 年),湖北巡抚晏斯盛疏称:

> 窃民间社仓,久经奉旨通行……惟是大市、大镇,商旅辏集,行业专家,祖孙聚处,大者千计,小者百什数,贸易而兴盛者有之,消乏者亦有之,其间负贩帮杂而流落无归者亦有之。兴盛之家,衣食足而礼义生,恒产裕而恒心不失。至于消乏之家,下及帮杂负贩,流落无归之徒,窘迫颠连者,出其中好勇疾贫者,亦出其中若遇荒歉之年,生意冷淡,市米顿希,常社之粮,莫分余粒,未能安堵而高卧也。①

是年(1745 年)三月,晏斯盛奏闻:"汉口一镇,商贾辏集,请令盐、当、米、木、花、布、药材六行,及他省会馆,各建社仓,择客商之久住而乐善者,经理其事。"高宗做出批示"若行之善,则今之一米商,即可为商社矣。若行之不善,是益一行为六行囤积之人,米必大贵,再与鄂弥达熟筹妥酌奏闻。"②迨至八月份,湖广总督鄂弥达议覆"汉镇为九省通衢,商贾云集日销米粮不下数千石,皆赖四川、湖南及本省产米州县源源贩运,以资本镇日食及江湖商贩之需,是汉镇虽非产米之区,实为米粮聚集之都会。惟是米粮到镇,俱在船枭卖,不入栈仓,势不能囤积图利。以前偶值米贵,总由商贩未通,非奸商囤积所致。查现在商当等六行,共七百余家,询据伊等咸称,捐贮米谷有益商民,各行店久有同心,无不踊跃乐输,共襄义举,情愿捐谷二万四千石,将来尚陆续报捐。"③如社仓法行之有效,晏斯盛还建议"即推广于各市镇,一例通行",如此设立商社便可成为"保聚一方之一端也"④。如果各商社经营得法,此举对营造汉口良好的商业环境,无疑是有帮助的。

虽然清廷规定社仓设于乡村,但实际上社仓却多设于市镇。如乾隆年间江南地区 64 县共建有社仓 200 所左右。一般情况下,社仓一所设于县城,其他多立于市镇,市镇是社仓设立的主要场所⑤。在长江中游地区,社仓亦大量设里于市镇。

① [清]晏斯盛:《请设商社疏》,载《清经世文编》卷四十《户政十五·仓储下》。
② 《清高宗实录》卷二百三十七,乾隆十年三月壬寅。
③ 《宫中朱批奏折·财政类·仓储》,乾隆十年八月三十日,湖广总督鄂弥达奏。
④ [清]晏斯盛:《请设商社疏》,载《清经世文编》卷四十《户政十五·仓储下》。
⑤ 参阅黄鸿山、王卫平:《清代社仓的兴废及其原因——以江南地区为中心的考察》,《学海》2004 年第 1 期。

这表明,市镇在明清时期仓储体系中占有重要一席,市镇具有明显的社会保障功能,这种功能使其自身的商业机能更加突显。再从市镇仓储的运作机制看,其管理效率不容低估,这种官方督导、民间掌控的仓储模式有一定的历史合理性①。如前文所述,其他省份市镇亦多设有社仓。

众所周知,明清经济发展的一个重要表现便是市镇的兴起,而市镇发展又是以商贸为核心的。虽然我们不能确知社仓在此中的实际作用究竟有多大,但可以肯定的是,如果经营得法,便会如晏斯盛所言此法将成为保聚一方的惠政之举。

三、稳定粮价

常年平粜,对于接济民食大为有益;灾年减粜,对稳定粮价和社会秩序的作用亦不可低估。粮价不仅是物价的反映,也是社会秩序稳定与否的晴雨表。所以,清廷对于各地粮价是高度关注的。当粮价增高、米价昂贵之时,政府总是统筹规划,多方应对。

乾隆元年(1736 年),山西省粮价颇为昂贵。该省常平仓存谷无多,但尚有二十余万石社谷。此项社谷"除照例出借外,其余应酌减价值,及时发粜,以裕民食"②。乾隆三十四年(1769 年),东省各属粮价较昂,山东巡抚明安建议先尽米麦杂粮及社仓粮石减粜出借,并"请将每石九钱至一两者,减五分;自一两以上至一两一钱者,减一钱;至二钱者,减一钱五分;至三钱者,减二钱。其自一两三钱至五六钱,统以一两一钱为率"③。乾隆四十三年(1778 年),山东巡抚国泰奏闻,东省麦

---

① 参阅任放:《明清长江中游市镇与仓储》,《江汉论坛》2003 年第 2 期。

② 《清高宗实录》卷十一,乾隆元年正月己未。

③ 《清高宗实录》卷八百二十七,乾隆三十四年正月壬子。按,据此不仅可以看出社仓谷石如何减价出粜,更为重要的是,此条史料反映一条信息,即社谷出借与清代粮价奏报制度亦有相当的关联。学界关于清代粮价折奏制度多有探究,可参考 Endymion Wilkinson,"The Nature of Chinese Grain Price Quotation 1600 – 1900",*Transactions of the International Conference of orientialists in Japan*,No XIV,1969. ;*Han – sheng Chuan and Richard A. Kraus*,*Mid – Ch'ing Rice Markets and Trade*:*An Essay in Price History*,Harvard University,1975,Chap. 1. ;王业键:《清代的粮价陈报制度及其评价》,载《清代经济史论文集》(二),台北:台北稻乡出版社,2003 年;陈金陵:《清朝的粮价奏报与其盛衰》,《中国社会经济史研究》1985 年第 3 期;刘岜:《清代粮价折奏制度浅议》,《清史研究通讯》1984 年第 3 期;王道瑞:《清代粮价奏报制度的确立及其作用》,《历史档案》1987 年第 4 期等论著。但这些论著多是就粮价制度谈制度,并没有把粮价折奏制度与仓储制度(当然,社仓制度亦在其列)结合起来思考。

收歉簿,明春青黄不接,恐市价渐昂,照例先动社仓次及常平仓杂粮谷石,减粜出借。① 乾隆四十八年(1783 年)、五十年(1785 年),山东粮价又未能平减,山东巡抚明兴提出同样的解决方法。

虽然有的学者指出,粮食仓储并不能对当时的米价季节变动程度产生直接影响②,但考虑到乾隆朝中前期,国家对社会管理十分有效,皇帝控驭地方大员的能力较强,行政机构效能良好,社仓经营较为成功等诸因素,有理由相信,社仓在稳定粮价过程中是起到一定作用的。

第二节　社仓的社会功能

十八世纪,社仓成为常平仓以外最为重要的仓储形式。时人对社仓功能及效果多有评说,"治民之道,足食为先,常平之外,又有社仓"③,社仓之法可以"济民间之缺乏",又能"御岁时之饥馑"④,又与"保甲之法实相表里"⑤。其半官半民的性质也决定了其能发挥诸多社会功能,对救济灾荒、控制基层社会、兴办地方公益事业等的各方面都发挥了重要的作用。

一、救济灾荒、周恤贫乏

积谷备荒,灾祲年间以济小民不时之需乃是设立社仓的初衷,对此功能的记载不绝于书,俯拾即是,社仓之设所以"预积贮,而备缓急"⑥,"接济农民,俾免重利称贷"⑦,"积贮救荒,与常平相为表里"⑧。清朝疆域至广,天时不一,水旱不齐。遇一时水旱需谷甚殷之际,常平仓谷在城镇赈粜无疑起过重要作用,但居乡之民不能远趋于市,寻求接济,全赖就近动借社谷,以资口食。下面是乾隆朝在灾荒出现时,动

---

① 《清高宗实录》卷一千七十三,乾隆四十三年十二月乙亥。
② 参阅陈春声:《市场机制与社会变迁——18 世纪广东米价分析》,第 128－134 页。
③ 《军机处录副奏折》,乾隆四年三月十八日,西安巡抚张楷奏。
④ 《宫中朱批奏折·财政类·仓储》,乾隆元年五月初八日,通政司右通政李世倬奏。
⑤ 《宫中朱批奏折·财政类·仓储》,乾隆五年七月初一日,闽浙总督德沛奏。
⑥ 中国第一历史档案馆编:《雍正朝汉文谕旨汇编·上谕内阁》(第 7 册),雍正五年六月初一日,第 99 页。
⑦ 《清朝文献通考》卷三十七《市籴考·六》。
⑧ 《宫中朱批奏折·财政类·仓储》,乾隆五年七月初八日,江西巡抚岳浚奏。

借社谷的记载,有助于我们理解社仓在基层社会救助时所起到的作用。

表4-1 《清高宗实录》所载灾荒动支社谷表

受灾地点及原因	解决方式	资料来源
山东乐陵县及德平县低洼被淹受灾。	来春青黄不接之时,动支社仓谷石,按户借给,以资接济,毋令失所。	《清高宗实录》卷二十九,乾隆元年十月甲申。
宁夏府属之宁夏、新渠、宝丰等县,黄河泛涨,淹浸民田。	动支社仓公用银粮,加意赈恤。	《清高宗实录》卷三十,乾隆元年十一月辛丑。
河南永城县被水。	赈济灾民,并借给社仓谷石。	《清高宗实录》卷三十一,乾隆元年十一月己未。
宁夏县属河忠堡、张口堰本年河水冲决,淹没田禾。	所有被灾男妇,无论大小,每名给与社仓粮三斗。	《清高宗实录》卷五十一,乾隆二年九月辛亥。
安徽所属,乾隆三年被灾。	酌其田数多寡,将社仓谷石出借。	《清高宗实录》卷八十七,乾隆四年二月丙午。
粤东南海、番禺、东莞、新安、新宁、清远、花县、增城、归善、高要、恩平等十一县,猝被风雨,损伤田禾。化州、阳春、罗定三州县及隆澳被旱。	所有应征钱粮一并缓征,借给贫民社仓谷石,秋后免息还仓。	《清高宗实录》卷二百五十三,乾隆十年十一月乙酉。
云南省昆明、晋宁等州县豆麦被雪。	现饬地方官动拨仓谷。减价平粜,并出借社仓谷,以济民食。	《清高宗实录》卷二百六十三,乾隆十一年三月乙丑。
河南鄢陵、商邱、宁陵、永城、虞城、睢州、考城、柘城、新蔡、淮宁、扶沟、商水、沈邱、郾城等州县,大雨致河流泛溢成灾。	蠲缓加赈外,动社仓谷石,先给一月口粮。	《清高宗实录》卷二百七十一,乾隆十一年七月癸亥。
直隶大名、广平二府,邢台、任县、沙河、内邱四县,二麦歉收。	将该处义社仓尽数借出。	《清高宗实录》卷一千五十五,乾隆四十三年四月己未。

受灾地点及原因	解决方式	资料来源
河南省开封、彰德、卫辉、怀庆、五府属被旱。	酌借一月口粮,每亩借给籽种银六分,以资耕种。存仓社谷,随时借粜,俾市粮充裕。并于社谷内,酌给月粮,以资糊口。	《清高宗实录》卷一千五十二,乾隆四十三年三月壬申、戊子。

社仓经营,于初春青黄不接之时出借,秋后有收时加息还仓,源源不断,故出借社谷,周恤贫乏亦是题中应有之义。如雍正十三年(1735 年),湖广总督迈柱奏闻:"贫民之中,有等疲癃残疾、茕独鳏寡,不能尽入养济院之人,丰年既无赈济之条,而社仓散谷又不敢借给,此辈穷黎未免饥寒迫体,最堪悯恻,应令有司查明正实残疾鳏寡、赤贫无依之人,将每年所收社仓息谷酌量均给,以仰副我皇上无一民不遂其生之至意。"①

乾隆元年(1736 年),阶州文县地区牛疫盛行,其无力之家采买维艰,"请在社仓所存银两及常平仓粮石内,择其无力买牛之家,每户或借粮二石,或借银二两,以资买补"②。乾隆三年(1738 年),湖北巡抚范璨因安荆一带正月过后积雪经旬,穷民无处佣工谋食,"令地方有司,将社仓谷麦分别借给"③,以资渡过窘境。

有的地区还将息谷的一部分给与社民以充杂费,乾隆九年(1744 年),河南巡抚硕色奏请"于每年所收息谷内,酌留一升给社民,为杂项之用"④,此议得到高宗批准。此举虽与灾歉之年周恤贫困有所不同,但实质上对社民的周恤目的是一致的。

上举出借社谷之例乃沧海一粟,各地社仓救灾赈恤,惠济乡里,解民于倒悬之事例不胜枚举。自古备荒无奇策,故多积米粮至为紧要,社仓作为一种重要的备荒制度,其救灾赈恤功能的发挥可以在一定程度上缓解灾祲的破坏,对稳定社会秩序有着不可忽视的积极作用。

---

① 《雍正朝汉文朱批奏折汇编》(第 27 册),雍正十三年二月初十日,湖广总督迈柱奏,第665 页。

② 《宫中朱批奏折·财政类·仓储》,乾隆元年五月十八日,甘肃巡抚刘于义奏。

③ 《清高宗实录》卷一百八十七,乾隆八年三月癸未。

④ 《清高宗实录》卷二百二十九,乾隆九年十一月癸卯。

二、基层社会的管理与控制

如上所述,作为备荒手段的社仓积贮,其重要功能便是救灾恤民,惠济乡里。与此同时,社仓运营与基层社会的管理与控制亦密切相连。易言之,从社仓的社会功能角度讲,其可以成为一种基层社会控制的方式。①

1. 社仓与保甲相经纬

仓储是中国古代社会保障体制和社会控制体制的重要组成部分。清廷大力推行社仓政策,是因为社仓除具有重要的经济职能外,同时也是管理基层社会的重要政治手段,是有效社会控制和社会管理的一种微观反映。社仓与基层社会编制——保甲制密切相关,亦即清廷寓社仓于保甲之中或社仓与保甲相经纬的经营理念。

在传统的中国古代社会,保甲制度是重要的基层社会组织。"保甲制度为共同担保,共同责任之制度,其组织深合全民政治之原则,而机能效用,可为增进地方行政体系整肃之方。"②张哲郎亦指出清代采用宋代以来的保甲制以维持地方治安③。虽然作为行政单位的保甲组织不是一级行政政权,但在基层控制抑或说治理方面发挥了不可替代的作用。

清代的保甲制度因循前代之制,少有变更。有一点需要注意,即清代乡里制度的演进大致经历了一个从里甲制向保甲制转变的过程,但保甲制推行的时间却早于里甲。顺治元年(1644年),清廷议定:"各府州县卫所属乡村,十家置一甲长,百家置一总甲,凡遇盗贼、逃人、奸宄、窃发事故,邻佑即报知甲长,甲长报知总甲,总甲报知府州县卫,府州县卫核实,申解兵部。若一家隐匿,其邻佑九家、甲长、总甲不行首告,俱治以重罪,不贷。"④此举当然与清军入主中原不久,意欲加强社会控制,稳定社会秩序不无关系。虽然实际效果并不显著,但可视为清代保甲制度推行之端倪。之后清朝诸帝于保甲制度不时晓谕,封疆大吏亦实力倡行。正如有的学

---

①　按:最早把仓储制度与基层社会控制结合起来思考的当为美籍华人学者萧公权先生,参阅 Kung – Chuan Hsiao,Rural China:*Imperial Control in the Nineteenth Century*,University of Washington Press,1960. 国内循此路径研究仓储的学者基本上受其影响,详见绪论学术史回顾部分。

②　闻钧天:《中国保甲制度》,上海:商务印书馆,1935年,第1页。

③　参阅张哲郎《乡遂遗归——村社的结构》,氏著《吾土与吾民》,北京:读书·生活·新知三联书店,1992年,第219页。

④　《清世祖实录》卷七,顺治元年八月癸亥。

者所论,到了清代,乡里制度已由地域性开始向全国性转变,由民间性向官方转化。保甲制已成全国普遍推行的制度,并且影响所及几乎渗透到乡里社会的每一个角落。① 地方保甲的职责相当广泛,人丁编审、赋役征收、词讼纠纷、灾祲赈济、兴举仓务等均与保甲息息相关。

实际上,朱子社仓之法就已将推行社仓依托于保甲制度,《社仓事目》载:

> 一、逐年十二月分委诸部社首、保正、副将旧保簿重行编排,其间有停藏逃军,及作过无行止之人隐匿在内,仰社首、队长觉察,申报尉司追捉,解县根究,其引致之家,亦乞一例断罪。次年三月内,将所排保簿赴乡官交纳,乡官点检,如有漏落及妄有增添,一户一口不实,即许人告,审实申县,乞行根治。

> 一、申府差官讫,一面出榜排定日分,分都支散(先远后近,一日一都),晓示人户(产钱六百文以上,及自有营运,衣食不缺,不得请贷),各依日限具状(状内开大人小儿口数)。结保(每十人结为一保,递相保委,如保内逃亡之人,同保均备取保,十人以下不成保,不支)。正身赴仓请米,仍仰社首、保正副、队长、大保长并各赴仓,识认面目,照对保簿,如无伪冒重迭,即与签押保明(其社首、保正等人不保,而掌主保明者,听)。其日,监官同乡官入仓,据状依次支散。其保明不实,别有情弊者,许人告首,随事施行。②

与此同时,朱熹还制定了社谷出借与收纳的"排保式"和"请米状式",作为固定范式,将保甲制度与社仓运营结合起来。南宋社仓是否全然照此运作,尚难确知。此等规定似属繁琐,涉及名目繁杂,如保头、甲户、大保长、队长、保长、社首、保正副等,且有些名目至清已不复存在,故清代只能权益变通,已收实效。

清代社仓的运营与保甲制度关系十分密切。社仓的功能发挥亦与保甲制度紧密联系。督抚大吏在奏闻地方情形时经常将两者并奏,二者关联可见一斑。雍正五年(1727 年),浙江巡抚李卫奏称,"编查保甲,原期按户察奸;劝立社仓,欲使民多储备,法至善也。"③如前文所述,乾隆初年曾涉及社仓运营与保甲制度的关系,

---

① 参阅赵秀玲:《中国乡里制度》,北京:社会科学文献出版社,1998 年,第 53 页。

② 朱杰人、严佐之、刘永翔主编:《朱子全书·晦庵先生朱文公文集(六)》(第 25 册)卷九九《婺州金华县社仓记》,第 4596—4597 页。

③ 《雍正朝汉文朱批奏折汇编》(第 9 册),雍正五年闰三月初一日,浙江巡抚李卫奏,第 363 页。

但并未取得一致看法,有些督抚赞成,有些大员提出质疑。但从实际社仓运作的方式上看,有些地方社谷借贷就曾参酌保甲之法。社仓谷石收纳与支出是要严格登记的,社长掌其出入,察其收放,都是有章程可循的。清廷为了取得社仓经营的实效,同时也为了对基层社会进行更好的控制抑或是管理,把各乡社居民的基本信息登记在册,以便稽核。

乾隆元年(1736 年),李世倬奏请"为有司者,于春借之时,社长具报之日,即备询其家业名口,而自注之于册,或虑家业之消长不时、人口之添退无定,则再于秋还之候、社长具报之日,复询其故而改注之。此不过有司一举笔之劳,不必假手于吏胥者也。自此一岁一周,既可察社长之公私,考民间之勤惰,觇邑中之肥瘠,而奖励由此可施,政治由此可省"①。山西巡抚石麟对此项建议大为赞同,认为此举有利于灾年查赈,"今于出借交还之时,即查询其家业名口,登记于册,以备查赈之用,诚为简便"②。乾隆帝对李世倬奏疏的认识较为理性,"所奏似属有理,但必有司善于奉行,方为有益,否则纷扰闾阎,未见其益,先受其累矣。著传谕各该督抚酌量地方情形,密饬有司,留心酌办。倘该地方有难行处,亦不必勉强"③。

还有的地方要员建议在编排保甲时顺便填注乡民的基本信息,以便灾害出现时分发社谷。河南巡抚富德曾疏言:"编查保甲之法,乃各州县现在之所奉行,不论偏僻村庄,亦无问年岁丰歉,地方有司例应逐户挨查,非如社仓之在各村庄本或有而或无也。今诚使各该地方官,每岁于冬间或春初点查保甲时,即将逐户之男妇大小名口添注于册,务使村不遗户,户不遗丁,并询其有无钱粮及完纳户名,详注册内,查与粮册相符,即知其贫富虚实。平时岁以为例,则无事之日,一州县之户口贫富已按籍而瞭如指掌,然后设遇赈济,自然不费周章,即或间有迁移,当不越此阡彼陌,再偶有消长,亦不甚相上下,料无脱漏之虞、不沾之惠。而胥役之浮冒侵渔,均无所容其伎俩。"高宗对此较为谨慎,做出批示"此事已遍密谕各省督抚,原各令其因地制宜,以期有利而无弊也。可照汝此议先行于豫省一二年后俟有成效,他省若不如此,则朕再降谕旨耳"④。

湖北巡抚晏斯盛更是明确提出举办社仓应与保甲制度结合起来。乾隆八年(1743 年),他奏呈《推广社仓之意疏》指出:

① 《宫中朱批奏折·财政类·仓储》,乾隆元年五月初八日,通政司右通政使李世倬奏。
② 《宫中朱批奏折·财政类·仓储》,乾隆元年六月十八日,山西巡抚石麟奏。
③ 《清高宗实录》卷十八,乾隆元年五月壬寅。
④ 《宫中朱批奏折·财政类·仓储》,乾隆元年六月初三日,河南巡抚富德奏。

推广社仓之法，用宋朱熹之意，而变通行之可也。请于十家一牌，十牌一甲，十甲一堡之中，建立一仓，仓积谷三千石。一家大小口相衡，约为三口，口谷一升，家计三升。一堡千家之人，日食谷三十石，堡仓三千石之积，足支百日。再倍积之，分别极、又、次贫三等，足支一年。虽遇奇荒，人不为动。或曰小州县可二十堡，大州县将百二十堡，大小相衡，将八十堡。堡谷三千石，得谷二十四万石……一堡之地，十甲之地。一甲之地，十牌之地也。一牌之地，十家之地也。以本地之谷，存本地之仓，年收年贷。家给而人可得，非若远谷之不能致，敛不遽散也……一堡之地，一里之地也。十甲千家之人，按甲轮管，年清年款，上下交代，随地丁里甲而转，行之既久，人有所恃，安土重迁，出入相友，守望相助，堡甲联比，相为表里，夜不藏奸，地不留匪……今更由社仓之旧，以厚其本，而大其规模，使与保甲相为经纬，则常平之积可不必增，采买之停可不复虑，虽博施济众可也，何尧水汤旱之足云。①

由上观之，在晏斯盛推广社仓的设想中，把社仓设置按堡按甲分布，即十甲一堡建一社仓，社仓的管理模式按甲轮流经管，如此便可以本地之谷，贮本地之仓，济本地之民。易言之，他极力建言使社仓与保甲相为经纬，以便更好发挥社仓博施济众之功效。

乾隆九年（1744 年），晏斯盛在《社仓保甲相经纬疏》中重申了上述想法，并对具体操作之法做以补充：

窃惟周礼族师，五家为比，十家为联，使之相保相受，刑罚庆赏，相及相共，以受邦职……臣前奏推广社仓之法，请按堡设仓，使人有所恃，安土重迁，出入相友，守望相助，保甲联比，相为经纬，用几古治，非苟而已。顾欲各堡一仓，仓积谷三千，一时既有所难行，而其入谷之数，则变通于额赋之中，另分本折，稍觉纷更，诚如部议。虽然，臣窃筹之，天下之民，必有相生相养之实以为之经，而后可行以相保相受之法而为之纬。社仓、保甲原有相通之理，亦有兼及之势，彼此之间，一经一纬，大概规模，似有可观。一时求备，则甚难；简约试之，则似易……大州县约八十堡。四堡约一仓。总二十仓。仓约一千二百五十石。总二万五千石。中州县约四十八堡，四堡一仓，总十二仓。仓约一千二百石，总一万四千四百石。小州县约三

---

① ［清］晏斯盛：《推广社仓之意疏》，载《清经世文编》卷四十《户政十五·仓储下》。

十六堡,四堡一仓,总九仓。仓约一千二百石,总一万八百石……一甲之民,常多良善,众推甲长,在在有之。四堡之仓轮甲递管,共相稽查,年清年款,视社长为尤易,而累弊亦可尽除。①

此疏晏斯盛对社仓与保甲相经纬的经营方式进行了充分论证。两湖地区的社仓即权照此法运营的。姚建平撰文指出,两湖地区社仓的最大特点在于它的里甲式分级结构,并举例说明,如湖北省施南府恩施县社仓分为三里二十六甲,来凤县社谷一千六百三十八石,分储十二里;黄州府黄冈县社仓共三十三座,分布在全县九个乡,蕲水县社仓一百九十五座,城内三座,其余分布在城外五个乡。两湖地区的社仓分布呈现出一种极有规律的里甲模式。②

白丽萍亦对两湖地区的社仓与基层社会组织的关系多有讨论,并突破了单纯社仓与保甲结合起来分析的研究路径,而是把社仓与其他基层行政单位联系起来进行论述。她指出就两湖平原而言,社仓和里甲、保甲等基层社会编制之间"相经纬"的关系亦十分明显,主要表现为两个方面:一是,社仓的设置地点基本依托里甲、保甲而设,分布在城市和农村法定社区,即坊厢及乡、都、团、里、甲等,也就是说,是以法定社区为基础的仓储建置模式。当然,由于农村人口居住的分散性,社仓不可能完全按照晏斯盛所设想的十甲一保、一保一仓的模式建立,而是根据各自的实际情况,择选适中之地,或一甲数仓,或一乡数仓,或一图数仓,总以方便借放为原则;一是,里甲长、保甲长参与社仓的经营管理活动。③

两湖地区是践行此法的典型地区,其他省份的社仓经营亦有依托保甲的记载。如广西巡抚杨仲兴曾云:"余自乾隆八年莅兴以来,即力行保甲,官有籍,门有牌,所以清盗源也。调剂民食,即在乎此。遇青黄不接之际,开仓出借,核册稽人,审时计日。持门牌来者,如取如携,各足其分而去,里胥不得冒焉,准此而粜亦维均,行之一年,而知其形;又一年,而知其情;又一年,悉其道里曲折之数"④。于此可见,如果举措得宜,保甲制度便可保证社仓良性运营,达到惠泽民众的目的。

社仓是传统社会保障体系和社会控制体系的重要因子,既是经济手段,又是政

---

①　[清]晏斯盛:《社仓保甲相经纬疏》,载《清经世文编》卷四十《户政十五·仓储下》。

②　参阅姚建平:《清代两湖地区社仓的管理及其与常平仓的关系》,《社会科学辑刊》2003年第4期。

③　参阅白丽萍:《清代两湖平原的社仓与农村社会》,陈锋主编:《明清以来长江流域社会发展史论》,武汉:武汉大学出版社,2006年,第375—376页。

④　[清]杨仲兴:《创建南乡太平堡社仓记》,载《清经世文编》卷四十《户政十五·仓储下》。

治手段,在对基层社会的控制与管理方面发挥着重要作用。社仓与保甲紧密结合在一起,则既关注了社仓的经济手段,又依托了保甲的政治功能,达到维护和控制基层社会的目的。

2. 义民旌表与社谷捐输之社会意义

前文在论述民捐社谷时,有一点没有提及,即未充分论述清代的义民旌表制度,以便更好地理解地方官、绅、民在解决社仓谷源时的相互关系及社谷捐输的社会意义抑或说社仓积贮之社会意义。下面具体考察一下义民旌表在清代社会的沿革。

旌表制度是历代王朝用以美化风俗、教化民众的一种制度。它直观而准确地折射着古代社会的道德精神,是中国古代社会文化导向的有效方式,也是弘扬仁、义、忠、孝、节、廉等道德的社会回报机制。旌表制度形成于汉朝,完善于隋唐,集大成于两宋,到明清时期达到顶峰。①

清代义民旌表的旌格演变情况详见下表。

表 4 - 2　清代义民旌表的旌格演变表②

时间	内容	资料来源
顺治九年	士绅富民,倡义助赈者,给以顶带服色纪录。	《清世祖实录》卷六十九,顺治九年十月癸卯。
顺治十年	士民捐助赈米五十石,或银一百两者,地方官给匾旌奖;捐米一百石,或银二百两者,给九品顶带;捐多者,递加职衔。	[清]康熙《大清会典》卷二十一《户部五·田土二·荒政》。

① 参阅秦永洲、韩帅:《中国旌表制度溯源》,《山东师范大学学报》2007 年第 6 期。

② 按:[嘉庆]《大清会典》、[光绪]《大清会典》不设户部·蠲恤·劝输小目,似可推知嘉庆以降,清廷并没有再以国家的名义制定具体的义民旌表的旌格,相关事宜俱照成例办理。如嘉庆六年,淮商请借拨盐义仓谷赴汉口煮赈贫民。仁宗认为此举"洵属急公可嘉,著咨部议叙"。再如嘉庆十一年,上谕:"晋省河东上年被旱成灾各州县,现需将省北米石运集平阳,再分拨各州县,程途遥远,运费较繁。该绅士等谊笃桑梓,报效情殷,著照所请将所捐银米全行赏收,分别应用……急公慕义,实属可嘉,著交部照例议叙,以示奖励。"以上两例也是[嘉庆]《大清会典事例》所仅载的事例。参阅[嘉庆]《大清会典事例》卷二百三十一《户部·蠲恤·劝输》。道光十三年、咸丰六年、光绪三年奖励义民的事例,参阅[光绪]《钦定大清会典事例》卷二百八十八《户部·劝输》。

时　间	内　　　容	资料来源
顺治十一年	殷实之家,有能捐谷麦,或减价出粜,以济饥民者,酌量多寡,先给好义匾额,及羊酒币帛,以示旌表。	《清朝文献通考》卷三十四《市籴考·三》。
	题准见任官员并乡绅,捐银一千两、米一千石以上者,加一级;银五百两、米五百石以上者,纪录二次;银一百两、米一百石以上者,纪录一次;生员捐米,三百石,准贡;俊秀捐米,二百石,准入监读书。	[清]康熙《大清会典》卷二十一《户部五·田土二·荒政》。
顺治十四年	绅衿富室,尚义出粟,全活贫民百人以上者,该地方官核实具奏,分别旌劝。	《清世祖实录》卷一百八,顺治十四年三月癸丑。
康熙元年	题准捐赈银米,不分本属隔属,如一年内,捐及额者,题请议叙。	[清]康熙《大清会典》卷二十一《户部五·田土二·荒政》。
康熙七年	生员捐银二百两,或米四百石,准入监读书;俊秀捐银三百两,或米六百石,亦准送监读书;富民捐银三百两,或米六百石,准给九品顶带;捐银四百两,或米八百石,准给八品顶带。	[清]康熙《大清会典》卷二十一《户部五·田土二·荒政》。
康熙五十四年	议准直省社仓劝输之例,富民能捐谷五石者,免本身一年杂派差徭;有多捐一倍、二倍者,照数按年递免。至绅衿捐谷四十石,令州县给匾;捐谷六十石,令知府给匾;捐谷八十石,令本管道给匾;捐谷二百石,督抚给匾。其富民好义,比绅衿多捐二十石者,亦照绅衿例,次第给匾。捐至二百五十石者,咨明吏部,给与义民顶带,照未入流品服荣身,凡给匾民家,永免差役。	[清]雍正《大清会典》卷三十九《户部·蠲恤五·积贮》。

时间	内　　容	资料来源
康熙六十年	山陕被灾地方，绅衿富户，并内外现任官，愿捐米者，计官职之大小，捐米之多寡，具呈该地方官，照数收捐，出给实收，随收随报，督抚题明转咨吏部，遇有缺即升。富户题明破格旌奖。	［清］雍正《大清会典》卷三十七《户部·蠲恤三·劝输》。
	各省督抚遇有转徙饥民来至境内，地方官并富民人等，有情愿捐赀养赡，全活多人者，督抚核实题荐，从优议叙。	［清］乾隆《大清会典则例》卷五十五卷《户部·蠲恤三·劝输》。
雍正二年	民间社仓积贮，有捐至三四百石者，请给八品顶带。	《清世宗实录》卷二十六，雍正二年十一月戊申。
	社仓捐谷奖励之法：若有奉公乐善，捐至十石以上，给以花红；三十石以上，奖以匾额；五十石以上，递加奖劝。其有好善不倦，年久数多，捐至三四百石者，该督抚奏闻，给以八品顶带。	［清］雍正《大清会典》卷三十九《户部·蠲恤五·积贮》。
雍正九年	大学士、九卿详议绅衿、富户，捐谷助赈，予以议叙事宜：议定地方绅衿富户，捐谷十石以上至三十石者，分别给以花红、匾额；二百石以上至四百石者，分别给以顶带。	《清世宗实录》卷一百七，雍正九年六月丁巳。
	各省乐善之家，有能存恤周济者，该地方官酌量轻重，赏给花红、旗匾。最优者详请题达，给以顶带，以示鼓励。	《清世宗实录》卷一百八，雍正九年七月乙酉。
雍正十年	耆老义民，量其捐谷多寡，或给匾额，或给顶带荣身。生监人等，或准作贡生。缙绅人等，或刻石书名，以为众劝。候补候选有力之家，捐赀多者加级，更多者，照本职加衔。	《清世宗实录》卷一百一十八，雍正十年五月辛未。

时间	内　　容	资料来源
雍正十一年	上谕:苏、松、常三府近水之人,遭值水患,其本地绅衿士庶中,有雇觅舟楫救济者,有捐输银米煮赈者,今年夏间,人有时症,绅衿人等,又复捐输方药,资助米粮……著该督抚宣旨襃奖,仍遵前谕,将捐助多者,具题议叙。少者,给予匾额,登记册籍,免其差徭,并造册报部。	〔清〕乾隆《大清会典则例》卷五十五卷《户部·蠲恤三·劝输》。
乾隆二年	民间有捐资周急、惠济本乡者,经该督抚旌表,均应遵照钦定乐善好施字样,永为成式,由部覆本内声明颁给。	〔清〕乾隆《大清会典则例》卷七十一《礼部》。
	覆准被灾贫民,该地方富户,如有出资安插,不致流离失所者,该督抚察明富户用过银米实数,作何优赏之处,即于题销赈济银米疏内,分别议奏,以示奖励。	〔清〕乾隆《大清会典则例》卷五十五卷《户部·蠲恤三·劝输》。
乾隆六年	稍为变通捐谷奖励之法:士民捐谷至十石以上者,州县给花红,鼓乐导送;三十石以上,州县给匾;五十石以上,详报知府给匾;八十石以上,详报巡道给匾;一百石以上,详报布政使给匾;一百五十石以上,详请督抚二院给匾。年久乐输多至三四百石者,照例题请,给八品顶带荣身。	《清高宗实录》卷一百四十八,乾隆六年八月己亥。
	题准山西社仓奖劝之法:捐十石以上至三十石者,照例听地方官给与花红;三十石以上至五十石者,地方官给匾捐;至百石者,府州给匾;二百石者,本管道给匾;三百石者,布政使给匾;四百石者,巡抚给匾;捐至五百石以上者,具题,给以八品顶带荣身。其连年捐输者,仍许积算捐数,照现定等次分别奖劝。	〔清〕乾隆《大清会典则例》卷四十《户部·积贮》。
	社仓捐至三百石者,给以八品顶带。四百石以上者,给以七品顶带。	〔清〕乾隆《大清会典则例》卷四十《户部·积贮》。

时间	内　　容	资料来源
乾隆六年	若一人节年报捐，先后并算，数至十石，亦准照例给以花红，递年加捐，积至三十石、五十石以上者，照例递加奖励。其捐输杂粮，亦照谷一例计算。	《清高宗实录》卷一百四十九，乾隆六年八月丙辰。
	原任江苏巡抚徐士林奏称，社仓捐输奖励之处，八十石至二百石，差等稍觉相悬，而藩司为通省钱谷总汇，不行给匾。亦似遗漏。应将绅衿捐谷一百五十石及富民比多二十石者，令藩司给匾。至雍正二年定例，捐谷三四百石者，并无定数，今应酌定，如捐谷四百石者，给以八品顶带，凡捐小麦、粟米、大米，算作二谷，诸色杂粮，俱作谷数计算。	《清高宗实录》卷一百五十，乾隆六年九月己巳。
	广西巡抚杨锡绂奏请权宜变更捐输社仓奖励之法：粤西地瘠民贫，捐者少，如未及十石，不加奖励，无以示激劝。请捐至五石以上者，即令州县犒以酒食，其不及五石者，将所捐之数，详登收簿，如下年再捐，准一并计算，按数加奖。	《清高宗实录》卷一百五十二，乾隆六年十月癸卯。
乾隆七年	题准江南、安徽社仓能捐谷五石者，免本身一年杂项差徭。十石以上者，照例给奖。捐小麦、粟米、大米算作二谷，诸杂粮均作谷数计算。	［清］乾隆《大清会典则例》卷四十《户部·积贮》。
乾隆八年	安徽巡抚范璨奏：劝谕富户，出粜藏粟，以济贫民。有愿减价者，量其多寡，或赉花红，或给匾额，其好善最多之处，总作一碑志以为乡党劝。	《清高宗实录》卷一百九十七，乾隆八年七月（日无干支，载于是月后）。
乾隆九年	福建巡抚周学健奏请：城乡力农殷民及有田富户……能减价平粜一百石至三百石以上者，给以花红扁额；能至三千石以上者，给以八品顶带荣身。	《清高宗实录》卷二百一十九，乾隆九年六月（日无干支，载于是月后）。

时间	内　容	资料来源
乾隆十二年	直隶总督那苏图分别题请奖励踊跃捐谷义仓的绅民:民人按捐分别奖励,旗户宜一体收捐给奖。义谷与社谷内,凡绅衿士庶,捐十石者,给以花红;三十石、五十石以上者,奖以匾额;二百石者,题给九品顶带;三百石者,给八品顶带;四百石以上者,给七品顶带。捐杂粮者,亦照数画一奖励。	《清高宗实录》卷二百八十三,乾隆十二年正月(日无干支,载于是月后)。
乾隆二十三年	社谷听民乐输,不限多寡。若照前题定奖劝输谷章程,十石以上,方与奖励,恐阻向善之心。应凡捐数十石以下者,于该社建好善急公等坊,汇列姓名,以示鼓舞。	《清高宗实录》卷五百七十三,乾隆二十三年十月甲戌。
乾隆四十一年	议准绅衿士民,有于歉岁出资捐赈者,准亲赴布政司衙门具呈,并听自行经理,事竣由督抚核实,捐数多者,题请议叙;少者,给予匾额。	[清]光绪《钦定大清会典事例》卷二百八十八《户部·劝输》。

表 4-2 清晰地表明四个问题:

第一,有关义民旌表标准的制定,一般是在地方积谷,特别是社仓积贮或时值灾祲之时,或逢青黄不接之际,总之实系粮食、粮价问题,由户部议准,地方照例执行。

第二,旌奖则例并不是一成不变的,它不仅因地而异,而且因时而异,国家常根据实际情况对则例内容加以调整,于定例作以变通。如乾隆六年(1741 年),户部议准原任浙江巡抚卢焯奏陈的社仓捐谷奖励之法,"五十石以上,详报知府给扁(匾);八十石以上,详报巡道给扁;一百石以上,详报布政使给扁;一百五十石以上,详请督抚二院给扁"①。而同年题准的山西社仓奖劝之法与之相差很大,"三十石以上至五十石者,地方官给匾捐;至百石者府州给匾;二百石者本管道给匾;三百石者布政使给匾;四百石者巡抚给匾"②。

第三,乾隆朝是对义民旌表相关政策制定最为完善的时期。既有社仓积贮奖

① 《清高宗实录》卷一百四十八,乾隆六年八月己亥。该引文中"扁"同"匾"。
② [乾隆]《大清会典则例》卷四十《户部·积贮》。

赏办法,又有绅民减价平粜的劝奖,还有输粟助赈奖励办法的权宜变通。

第四,清代义民旌表制度是逐渐完善的。顺治时期为制度草创时期,康雍乾时期为制度完备时期,嘉道之后为制度因循时期,少有变通。

清代义民旌表制度的完善无疑促进了社谷的捐输,但问题还远没有如此简单,两者的紧密结合使得社谷捐输有了更深刻的社会意义。

陈春声先生于此有精到的论述。从名义上说,捐输社仓谷是由于传统的"保乡"、"睦族"观念,系一种无偿捐献。但实际上这是财富与政治权力的一种交易,捐输者可由此得到更高的社会地位和各种优免特权。对一个政权来说,保证国家长治久安的关键之一就在于使各个社会阶层和社会利益集团都有上升的可能和希望,尽可能多地满足各种身份地位的人们的功利性和心理性需要,扩大自己的统治基础。隋唐以后,科举长期成为向较高社会阶层流动的重要途径,但对许多科举落第或未受过严格的儒家经学训练的人来说,捐输和捐纳也为实现这一目的提供了可能。但由于捐监制度的种种限制,许多未取得生员资格或财力有限的人无法从这一制度得到好处,还有一些低层的士绅地主可能因时间和名额限制而失去利用这一途径的机会,而捐输社仓谷的做法正好为被排除于捐纳监谷之外的人们提供了新的机会。社谷捐输制度更灵活、方便,可作多种选择,而且这种财富与权力地位的交易是在"急公好义"的美誉下进行的,较之有"鬻爵"之嫌的捐纳更合乎士大夫阶层的道德规范,因而很受地主、商人的欢迎。如能通过捐输得到顶戴,就可取得某种准官僚的资格,具有一定的司法豁免权,从而可以对地方社会拥有更大的控制权和影响力。对许多士绅来说,捐输社仓谷往往只是毕生谋求乡族社会控制权活动的一个部分。[①]

3. 弭盗贼、敦古俗、倡义风

关于社仓的此项社会功能虽然文献记载不丰,亦间有时人予以评述。明代张朝瑞曾言及借贷社谷,"贫者不患于阻饥,富者可免于劝借,而盗贼亦因以潜消,地方之民永有赖矣"[②]。康熙五十五年(1716 年),张伯行奏请设立社仓,并拟定十六款社仓条规,他建议同会之人"务要各相保爱,遇水火盗贼则同心救护","会中之人,或有出外远行者,并自远方回来者,必知会两邻,或有外方之人远来住宿者,亦

---

① 参阅陈春声:《清代广东的社仓——清代广东粮食仓储研究之二》,载汤明檖、黄启臣主编《纪念梁方仲教授学术讨论会文集》,第 314—316 页。

② [明]张朝瑞《社仓议》所述及的具体举措载于[清]俞森《社仓考》,参阅李文海、夏明方主编《中国荒政全书》(第二辑第一卷),第 1089 页。

应知会两邻,便于稽查",如此办理即可弭盗防贼了。① 乾隆《广丰县志》在论述设立社仓的益处时即有类此记载,"盗贼窃劫,多从近地,知门径也。得食则饥荒可度,夜警不生,是富家出谷,即收济人之美名,复得卫几之大利"②。灾荒之际,民食可虞,盗贼蜂起,劫掠不止,如能及时出借社谷,确可在一定程度上消弭盗贼案件,稳定社会治安。

理学名臣张伯行就曾建言兴举社仓以敦风俗,具体办法如下:

> 每月朔望日一会,每会二三十家,或四五十家。在村镇者,以土地神为主;在城市者,以城隍为主。至期,社正、社副、社长、社佐率一会之人,诣神前上香,奉上谕十六条于上,序长幼立于神位前,行三跪九叩头礼,社正又向神前宣读圣谕十六条,读毕再向神前申明之曰:凡我同社之人,能遵圣谕者,神必降之福;有违圣谕者,神必降之祸,尔其慎哉,尔其勉哉。礼毕,彻神位序坐,社正副将前半月行过好事者一人,举其事而称奖其善,众人共一揖,以赞赏之;再将行过不好事者一人,亦举其事论说其不善,众人亦一揖而督责之,此于社仓中寓乡约以厚风俗者也。③

前已述及,康熙朝社仓建设并没有取得实效,张伯行推行社仓的努力并未取得佳绩,但此法在执行过程中无须额外经费花销,亦不易滋生流弊,故尚属可行,或许真能起到教化乡里的作用。当然,有人还从别的视角阐述社仓的此项功用,"有孝子节妇,贫不聊生,与夫孤儿、未婚、亲丧未葬,里排从公报名,各行周助,则可以敦古俗、倡义风"④。此等情形所出借的社谷是不用还仓的,所以,社仓积贮可视为社会保障体系的重要组成部分。

陈宏谋职任江西巡抚时,根据江省地方多聚族而居,且族各有祠的实际情况,提议宗祠建立社仓,以备族内不时之需,指出"一族之内,自不乏有余乐善之家,自必有捐赀赡族之举……何不捐为社本,贮于祠内,另为本族之社仓,报官存案,另选社长,听族内之人年年借还,不在异姓社谷之内,地方官给匾,悬挂祠堂,则以本族之谷,借给本族之人,将来生息日多,则可以免息,可以赡族。有义仓之实惠,无义仓之流弊,睦族亲亲之道俱在于此矣"⑤。

---

① ［清］张伯行:《再奏设立社仓并附条例折》,载《正谊堂文集》卷三《奏折》。
② ［乾隆］《广丰县志》卷三《建置·仓库》。
③ ［清］张伯行:《再奏设立社仓并附条例折》,载《正谊堂文集》卷三《奏折》。
④ ［乾隆］《广丰县志》卷三《建置·仓库》。
⑤ ［清］陈宏谋:《选举族正族约檄》,载《清经世文编》卷五十八《礼政五》。

三、公益事业的经费来源

社谷可以向公益工程的役作人员宽借口粮。社谷出借生息的部分,还能为地方公共事业提供部分经费。

乾隆十五年(1750 年),方观承疏称,挑浚长沟,导水归河,有益地方农事,奏请应于每年农隙时,或二月或十月派夫加培整葺,"其役作在三日以上者,许地方官详明,于社仓谷内宽借口粮,秋后免息还仓"①。社仓向役作人员出借口粮有利于这些工程的顺利进展。

此外,社仓出借生息的部分还可以为地方公益事业提供部分资金。如乾隆二十四年(1759 年),江苏巡抚陈宏谋因苏州郡城普济、育婴、广仁等堂,需费浩繁,公费不敷,请"拨社仓息谷接济"②。乾隆三十九年(1774 年)、四十年(1775 年)间,安徽、福建二省还将社仓息谷变价解司,以充地方公用。③ 乾隆四十四年(1779 年),江西巡抚郝硕认为江西事属一例,将节年积存息谷三十二万三千八百五十六石,饬令各州县于来岁青黄不接之时,按时价出粜,将所得解司贮库,"遇有农田水利等务,为民间必需工作,势不可缓者,奏明动用,报部核销。嗣后,借放所收息谷,并循福建省奏准之例,每积至五万石以上,照此查办一次,庶积谷藉以流通,公事得以兴举"④。酌变社仓息谷以充地方公事的做法即是推广社仓之良法,又系因时因地权宜变通之一端。乾隆四十六年(1781 年),湖南巡抚刘墉也奏请将"历年收存息谷,请照安徽、江西等省例,变价存司,以为民田水利及随时抚恤之用。"⑤清廷议准刘墉之请,"除本谷储备借粜外,所有历年积储息谷,变价存司,以为民田水利随时抚恤之用"⑥。

息谷也可作为新建社仓的经费来源。乾隆六年(1741 年),福建布政使乔学尹奏请,州县无社仓之处"即于捐谷内,抽十分之一易银,资其工料"⑦。此议得到了

① 《清高宗实录》卷三百六十四,乾隆十五年五月丙午。
② 《清高宗实录》卷五百七十九,乾隆二十四年正月辛亥。
③ 《宫中朱批奏折·财政类·仓储》,乾隆四十四年九月初九日,江西巡抚郝硕奏。按:在此奏中郝硕言及皖、闽两省曾将社仓息谷变价以资地方公益事务的营建。"臣查乾隆三十九年、四十年间,安徽、福建二省奏请,将社仓息谷变价解司,以充地方公用,俱经部议准行。"
④ 《宫中朱批奏折·财政类·仓储》,乾隆四十四年九月初九日,江西巡抚郝硕奏。
⑤ 《清高宗实录》卷一千一百二十五,乾隆四十六年二月癸酉。
⑥ [光绪]《钦定大清会典事例》卷一百九十三《户部四十二·积储》。
⑦ 《清高宗实录》卷一百三十九,乾隆六年三月甲午。

高宗的赞许。九年(1744年),河南巡抚硕色奏称:"社仓之设,原系良法善政,必须经理得宜,始与小民有济……查通省社粮,各属内有扣留息谷变价建造社仓,报明完竣者,止有七州县。其余州县社粮,或收存公所,或暂贮寺院,殊觉不妥。臣已饬令布政司通行各属,估建社仓,准其一体将所收息谷变价,兴工建盖。"①硕色的建议得到恩准,翌年,豫省建盖社仓仓厫已"仰蒙天恩已准动用社息矣",护理河南巡抚印务、河南布政使赵城复奏,"现据各属纷纷请建,而何年始可兴建遥遥无期,难以久待。以臣之愚,前后同一息谷也,与其待用将来之息,致社谷时有霉变之虞,似不若请动现贮之息,使社谷早收实贮之益。……将已经报部之社息俯准酌动,建盖社仓。……建仓之费,即请于各该处从前报部息谷内扣出,变价购料兴工……仍饬令地方官先造估册,核无浮多,报部存案。工竣之日,委验取结报部请销,兼令时加修理,并入交盘,为一劳永逸之计。如此,则社仓之建可以克期观成"②。湖广之地亦有息谷建仓的事例,湖南巡抚蒋溥曾奏请"将息谷变价,建设总仓并收贮,以便稽察"③,高宗谕允。乾隆十三年(1748年),湖北巡抚彭树葵奏报,"自雍正年间劝捐起,节年所收息谷共一十九万有奇,现俱归入社本,从此源源不息,有盈无绌,酌量动支修建尚易",酌请准照湖南省成例,"其有零星处所必须归并者,即于七升息谷内动支变价建仓收贮,以便查考"④。仓储的重要职能之一便是社会保障作用,与小民生计盖藏密切关联,而仓厫建设实为仓政良性运转的前提之一。所以,以社仓息谷变价建仓乃是支持地方公益的善举。

上文讨论了社仓的经济、社会功能,此外,文献史籍中还载有动拨社仓谷石以济军需的事例,因无法划入前述所分类型,故附叙于后。

社仓谷石本为民用,但在非常时期,比如战争期间,就可能被征调前线接济军饷。十八世纪动拨社谷支给军需多集中于乾隆朝。如乾隆三十七年(1772年),阿尔泰奏言:"现在进剿小金川,分兵三路会攻,所需军粮、火药、铅弹,业经设立站夫,逐程背运。其陕、黔两省续派官兵,亦即飞调来川,兵数愈多,需粮愈急……臣等现在飞饬附近三路各州县,一面先行碾发义仓谷石,一面于常平、社仓谷内借动接济。"⑤战争持续进行,军需供应事繁务重,乾隆三十九年(1774年),富勒浑、郝硕奏

---

①　《宫中朱批奏折·财政类·仓储》,乾隆九年十一月二十七日,河南巡抚硕色奏。

②　《宫中朱批奏折·财政类·仓储》,乾隆十年二月二十五日,护理河南巡抚布政使赵成奏。

③　《宫中朱批奏折·财政类·仓储》,乾隆十二年三月十七日,湖南巡抚杨锡绂奏。

④　《宫中朱批奏折·财政类·仓储》,乾隆十三年十一月二十六日,湖北巡抚彭树葵奏。

⑤　[清]阿桂:《平定两金川方略》卷十五,乾隆三十七年正月壬寅,文渊阁《四库全书》本。

闻,已借动"成都所属社仓谷六万石碾米,由灌汶一路,滚运西北两路军营"①。当然,此系暂时动拨,富勒浑、郝硕同时亦奏称碾动之社谷,"俟秋收时再买补,以足社谷之数"②,此举得到高宗的高度赞赏。平定金川之役,拨动四川社谷数量还是相当大的,"自军兴以来,节年碾动常监社谷九十余万石"③。翌年(1775年)十一月,四川总督文绶还专折奏报买补动拨社谷的相关事宜:

> 惟查社谷一项,本属民间储积,前因各属仓谷远运为艰,是以暂行借动,又以粮价日贵,未即采买还仓。此项谷石捐输自民,每年青黄不接之际,穷农借供口食籽本,秋收加息还仓,未便日久虚悬。且借动社谷俱在成都府属各州县,若与常监各谷同时采买,更不免争籴长价之虞。臣据藩司钱鎏具详,悉心筹酌,目下距秋未远,谷价稍平,应将三十八、九两年借动社谷一十二万余石,先即照数买补,现在谷价每石需银八、九钱不等,但社谷原系散贮各乡就近买交,即以此乡所入供此乡之用,无须盘运脚费,每谷一石酌给价银六钱,谷多之户既省脚费,亦可踊跃买交。倘碾动数多之处一时难以买足,仍准俟来秋续买补清。④

据此奏可知,仅乾隆三十八、九两年间四川一省就动拨社谷12万余石,数量还是很可观的。更为重要的是,地方官府对社仓积贮的重视,同为借给军需,但采买归仓之时,却先尽社仓买贮,暂缓常监之谷的购办。在采买社谷时,既考虑粮价平贱与否、动拨数额多少、是否需要脚费等因素,真可谓是再三思维,多方筹度。

乾隆五十二年(1787年),台湾军务尚未告竣,急需兵食。四川素为产米之区,又值连岁丰稔。乾隆帝令保宁再行采买米三十万石,如市粮不敷采办,"即于附近川江各县常社仓内,碾动谷石"⑤,接续运赴江南交送李世杰等处,一并委员运往闽省,以资接济。乾隆六十年(1795年),毕沅奏言:"查粮饷一项,现在所调官兵共计一万有余,计日支粮,为数不少。臣现驻扎常德,设立总局,按兵核算,通盘筹划,就近辰州之长沙、岳州、常德、澧州及荆州等属水次各州县,先尽常平、社仓存谷碾米

① 《清高宗实录》卷九百六十一,乾隆三十九年六月甲辰。
② [清]阿桂:《平定两金川方略》卷九十八,乾隆三十九年六月癸卯。
③ 《宫中朱批奏折·财政类·仓储》,乾隆四十年十一月二十一日,四川总督文绶奏。
④ 《宫中朱批奏折·财政类·仓储》,乾隆四十年十一月二十一日,四川总督文绶奏。
⑤ 《清高宗实录》卷一千二百八十四,乾隆五十二年七月乙亥。

迅速运赴常德,陆续转运军营,宽为储备。"①应该说,整个十八世纪动用社谷接济军饷的事例并不多见,但不能因此就忽略了社仓这一作用。更为重要的是,从这一层面上可以看出,在清朝社仓的经营过程中,国家所拥有的权力。因为,早在康熙十九年(1680 年),清廷便议定:"直省常平仓谷,留本地备赈,义社仓谷留本村备赈,永停协解外郡。"②从上述所引事例不难看出,此规定在社仓实际运作过程中并没有完全得到贯彻,亦从一个侧面表明清廷的政策表达与实际操作之间不时存在背离的情形。

---

① [清]鄂辉:《钦定平苗纪略》卷四,乾隆六十年二月二十八日,嘉庆间武英殿活字本,北京大学图书馆古籍善本室藏。

② [康熙]《大清会典》卷二十九《户部十三·仓庾二》。

余 论

粮食是一个国家生存发展的经济命脉，粮食安全维系着国家的安全与社会的稳定。是故，历代统治者都十分重视粮食储备调节制度，把粮食问题摆在治国安邦的重要位置，洪范八政之目，即以民食为首。十八世纪，正值帝制社会最后一个辉煌时期，无论怎样评说"康乾盛世"，十八世纪的中国确实取得了值得称道且令人瞩目的成就，其中逐渐健全、日臻完善的社仓积贮政略便系一端。

综括上文，十八世纪社仓制度的发展有如下特点：

其一，社仓之法的践行具有明显的时段性[①]。甲申天变，清朝定鼎燕京，是时戎马倥偬，未遑制作，荒政未修，仓廪无备，虽于顺治十一年（1654 年），清廷颁诏天下整顿包括社仓在内的仓储制度，然各省所建社仓寥若凤毛，成效不彰。顺治年间的社仓建设可以视为政策号召阶段抑或是社仓积贮的萌芽期，其目的是展示统治者关心民瘼的姿态，实际上并无建树可言，但单纯从社仓制度沿革角度讲，却不能置之不提。迨至康熙年间，政治相对清明，社会秩序日趋稳固，经济日渐繁荣，清初以来的财政困难、民生凋敝的窘境得以改观，仓储体系的建立与完善提上帝国运转的议事日程，社仓建设亦逐渐成为国家积贮策略的重要组成部分。虽文献有此间各省遍设社仓之语，然纵观此期的社仓营建概况，乃系浮饰溢美之词。实际上，终康熙一朝，社仓建设一直处于"试行"阶段，且无显效。此外有一点值得注意，即康熙年间社仓的兴建多为李光地、张伯行等理学名臣倡行，与雍正、乾隆时期以陈宏谋、晏斯盛等所谓的"治国精英"相比确有不同，康熙与雍乾时期社仓建设所取得的成

[①] 按：虽然本书以十八世纪为中心讨论社仓制度，但考虑到制度沿革的完整性，在时间上限作了相应拓展，实际所论时段便从顺治元年始至嘉庆四年止。

就亦判然有别,或许源于名理层面与实践层面的官员殊途践行亦未可知。即便如
此,从制度层面上讲,康熙年间社仓积贮的政策还是值得称道的,如张伯行曾拟社
仓条约十六款、康熙五十四年(1715 年),清廷议定直省社仓劝输之例,将旌表制度
与社仓制度结合起来,范定了此后劝输旌奖的模式。从宏观上划分,顺康时期为社
仓的试行阶段。翻检文献,康熙朝的社仓建设多有"鼓励试行"、"姑施"等字眼。
不难想象,康熙年间社仓在具体实践层面上并未推行全国。清代社仓制度的全面
通行要延至雍正、乾隆时期。此期社仓规约经过不断地厘定、权宜变通而日臻完
备,"委曲周详,措施尽善,洵非前代言仓储者所可及"①。此语虽针对整个仓储系
统而言,但专言社仓亦未不可。清朝的社仓政策为历代所不及,雍正、乾隆两朝无
疑是其重要的发展时期。当然,社仓体系的完善也不是一蹴而就的事情,雍乾时期
社仓演进还可以划分若干阶段。如乾隆朝社仓建设的讨论就大致经历了三个阶
段:一是乾隆四年(1739 年),山西道监察御史朱续晫奏陈社仓事宜十一条,高宗要
求各省督抚悉心详议具奏。以此为标志,掀起了一场关于南宋朱子社仓事目的大
讨论。这次讨论其实是对以往社仓政策的反思,也是根据清朝实际,对朱子社仓事
目的权宜变革,以便更好地推行社仓政策。二是乾隆二十三年(1758 年),浙江巡
抚杨廷璋就社仓废弛,奏陈酌筹修举事宜六条,实际上针对社仓在经营中出现的问
题,又展开一次讨论。翌年,总督管江苏巡抚陈宏谋提出清理社谷事宜五条建议②。
乾隆皇帝对此也非常关注,以致在殿试中就常平社仓经营过程中,为何良法总出现
丛弊的问题策试天下贡士。三是乾隆三十五年(1770 年),江苏布政使李湖针对江
苏社仓出现的问题,奏呈酌改及增添的三条事宜。③ 乾隆帝针对社仓经营不善的问
题,于乾隆三十六、三十七、四十、四十五年、四十九年的殿试策试天下贡士。显然,
乾隆皇帝对此深为不满,已显疲态,但还是孜孜不倦寻求解决良策。对十八世纪社
仓制度演进的梳理,使我们认识到对一项制度、政策不能做静态的描述,应将典型
的历史人物、历史事件与制度作为一个整体,并把其放到历史的长河中与具体的历
史场景中作动态的考察。唯其如此,才能走向"活的制度史"研究,才能全面、准确
反映出与之相关制度的实质与功用。

　　其二,在社仓具体运营中,呈现出浓厚的国家导向色彩。在清廷理想的社仓积
贮观念中,国家比较推崇官督民办的管理模式,倡议民捐民守、民借民还的运营方
式,但在社仓实际的举办过程中却有十分显著的官方色彩,具体表现有三:一是,十

①　《清国史·食货志五》卷一《积贮一》,北京:中华书局,1993 年,第 759 页。
②　《清高宗实录》卷五百八十五,乾隆二十四年四月(日无干支,载于是月后)。
③　《清高宗实录》卷八百七十五,乾隆三十五年十二月(日无干支,载于是月后)。

八世纪清朝遇到了一个世界历史上罕见的"共时现象"——人口数迅速增长,清廷为此调整、制定了一系列应对举措,加强仓储建设便是其中重要方面,社仓积贮当为题中应有之义。在完备社仓规制的过程中,清廷不时以国家的视角进行晓谕兴建社仓在爱民、养民、足民方面的意义;二为,国家社仓政策的表达与实践时常出现背离现象。虽然清廷极力想建立一种官督民办的社仓经营体制,但各地督抚等官吏对此理解不一,在政策的执行过程中,往往会出现偏差。如乾隆三十七年(1772年),山东巡抚徐绩奏称"东省劝谕社仓粮石,虽经设立社长专司筦钥,而经理出纳仍由地方官总持,名为民捐,实同公项"①。乾隆四十三年(1778年),山东巡抚国泰建议"社仓谷石,其春借秋收俱交地方官经理,并于岁底令州县赴四乡盘查",国泰此奏遭户部议驳,乾隆帝对此议也大为不满,"若如国泰所言,收支出纳俱归有司经理,是在官又添一常平仓矣"②。地方封疆大吏在具体执行政策过程中出现了与政策制定的本意或是与皇帝的初衷不尽相合之处。高宗不解的是为何良法美意,在实际的执行过程中总是会出现这样那样的问题。实际上这个问题不难理解,因为政策的制定与政策的执行是不同层面上的问题,政策执行过程中对政策本意或是皇帝的意图有所偏离是正常的。在"有治人无治法"的传统社会,地方封疆大吏是政策的实际执行者,由于经验阅历和个人行政素质的差异,必然对政策实施有自己的理解和判断。但无论出现何种程度的背离,十八世纪的社仓经营,尤其是雍乾时期社仓的运作均体现出国家干预的色彩。三系,中国幅员辽阔,各直省举办社仓时地区差异很大。农业生产条件较好之地自可依靠劝输获得社本,但边徼五谷不登之区则需国家扶持。如陕甘等地社谷来源主要由清廷动用公帑采买贮仓,云南等省社仓本谷由常平诸官仓动拨。为了避免社仓经营中的弊数,清廷还制定了较为完备的稽查制度。此外,乾隆朝还有动用社谷接济军饷的事例,虽并不多见,但可看出清朝社仓的经营过程中,国家所拥有的权力。凡此种种,均可表明国家在社仓积贮政略的导向作用,也在一个层面上展现了此期国家职能的扩展。

前文以国家政略的视角审视了十八世纪社仓制度的演进,讨论了其所发挥的功能,并从中窥见国家在社会经济事务中所扮演的角色。简而言之,此间的国家直接"干预"而非被动的"介入"是清廷将经世思想转化为实际行动的表现。以往学界对明清国家在社会经济生活中的作用多持消极态度,通过上文的论述,不难看出,清廷在社仓积贮中不可替代的作用。一定意义上讲,此时的国家能力与作用肯定不会弱于近代早期的欧洲国家。社仓制度的运作展示了国家政策与行为的作

① 《宫中朱批奏折·财政类·仓储》,乾隆三十七年正月二十八日,山东巡抚徐绩奏。
② 《清高宗实录》卷一千五十一,乾隆四十三年二月庚戌。

用,并提示治史者要跳出"虚妄史观"的窠臼,对中国传统社会及国家的作用做出积极的评价。而且,对十八世纪社仓的研究亦非全然是个"历史问题",正如有的学者指出,十八世纪乃是二十世纪的先声,将二十世纪的历史视为十八世纪"活着的传统"的赓续①。如此看来,对十八世纪社仓的探讨无疑还存有难以言清的现世参考、鉴戒之功用。

---

① 　参阅高王凌:《十八世纪,二十世纪的先声》,《史林》2006 年第 5 期。

附　录　清代社仓规约辑录

一　张伯行所拟社仓条约十六款①

一、立社仓之法，每乡各立一仓。乡之小者，不能独立，或二乡或三乡共立一仓。又于各社正副中，举德行素著、公正廉明者总统之。

一、社仓捐输之法，论地土之多寡，家道之贫富，量为捐输，分上、中、下，以为捐输之多少，则事得其平，而人心自服矣。

一、一社之中，捐输无论多寡，总分东、西两仓，各贮其半。今年当春天青黄不接之时，将东仓之粮借与本乡之贫乏者。若遇十分收成，则收三分之息；遇八、九分收成，则收二分之息；遇六、七分收成，则取一分之息；遇四、五分收成，则只取其本，则东仓俱系新粮矣。第二年，又将西仓之粮借出，秋收还仓。三年、四年亦如之，此朱子已行之法，斟酌最善，不可更易也。

一、社仓令乡人自为之，不掌于官，恐一经衙蠹之手，则百弊俱生，惠不及民矣。或虑人心不齐，事难速集，则禀明知县，令同乡中德望为众所推服者，劝导之事，必无不济矣。

一、一社之中，有武断乡曲、游手好闲不事生业者，公同摈斥，不许入会，如有改恶从善者，同社之人，能保其自新，亦令入会，以励将来，则于积贮之中，寓善俗之道矣。

---

① ［清］张伯行：《再奏设立社仓并附条例折》，载《正谊堂文集》卷三《奏折》，光绪二年刻本，北京大学图书馆古籍部藏。按：清代社仓规约很多，兹仅于康熙、雍正、乾隆三个时段各选取较为典型、重要的社仓运营条规，附录于此。

一、同社之人，有衣粮仅足自给者，或并不足自给者，秋收之时，既经捐输若干，来春不能度日，仍许将所捐之粮取出，或再不足者，亦许借本乡之粮。

一、一社之中，或遇婚葬之事，自己力量不能备办者，许将本人原捐之粮借出暂用，及其偿还，不必加息，如仍或不足，同社之人，能出财力相助，则县官奖赏之，亦即古人乡田同井、百姓亲睦之义也。

一、借粮加息，就丰收之岁言之，如遇灾荒，许本人将原捐之粮领出自用，如再不足，则将仓中之粮，酌量借给。偿还时，不必加息，其或真正乏食，不能偿还者，社正副验明销册，不必索取，亦朱子之遗法也。

一、捐输之日，社正、社副、社长、社佐公同收贮。借放之日，亦令公同监收，不许会中之人私自收放。

一、家道殷实、素有德行者一人为社正，处事公平人所信服者一人为社副，忠厚老实可以承命奔走者一人为社长，颇晓文书精通算法者一人为社佐，遇各项差使俱宜优免，社正副如有事见官，宜加之礼貌，以示优异。

一、社正等实心效力，一年之内，仓粮完足，无亏空侵蚀等弊者，知县给匾旌奖；二年无亏空侵蚀者，知府给匾旌奖；三年无亏空侵蚀者，司道给匾旌奖，以示鼓励。

一、米粮出入，听社正等公同酌议，有司不得干预其事，亦不得因端借用，如有此事，许社中人公鸣之上司，以因公那(挪)用参处。

一、秋收捐输，无论豆米，听从民便，不必拘定一格，恐措办之难也。

一、减价平粜，或牙行贩出贵卖，或富户囤积以待高价，于穷民仍无所益，不如遇青黄不接之时，即令各社中社正、社副、社长、社佐等，将各社真正穷民计有若干，每日需米若干，各造一册，或半月或十日，令社正等带领赴县买米，则牙行不能贩去，富户不能囤积，设遇荒歉待赈之年，就各社中买平粜米者，再加确查，则穷民不至为沟中瘠矣。

一、社中有仓可盛者，则公同收贮，如无仓可盛，或粮尚少，无需乎仓者，择殷实之家二人，一收东仓，一收西仓，若有收放，社正、社副、社长、社佐公同验看。

一、社中或有设法借去，拖欠不还，以致亏空者，许同社之人禀之于官，按法究治，以一罚十，以警将来。

二 宁远大将军岳钟琪所拟社仓收放稽查条约十六项①

一、按粮分仓，按村分社。凡一州县中，譬如有谷五千石，便分作五仓；譬如有村六百堡，亦分作五社。是以一千石谷为一仓，以相近之一百二十村堡为一社也。若有谷六千石，有村五百堡，便分作六社，设仓六处，便当以相近之八十余村堡为一社矣。应令各州县官，照依条约，将境内村堡，各就方向道里相近者，均匀分拨。立社之后，地方官赴司请领建仓银两，单骑亲往各乡各社，料理相度。每到一社，传齐本社各村堡之民年五六十以上者，齐集本社适中最大之村堡内，公同相度建仓地面，令本社各村堡老民，就于建仓堡内，公举殷实良善、素不多事之人充当仓正、仓副。官吏敬宣圣主天心，以应免之火耗，代民买谷造仓，实系百姓自己备荒之物，并与官仓无涉。面谕明白，官即自遣确人，以银盖仓，务照后开式单盖造，不得科派乡民，不得累及仓正、仓副。盖造社仓式样，仓基约宽五丈，深一丈三尺，其仓房不论高矮，不拘间数，只要仓内可堆二千京石，操柱围圆约在一尺三寸以外，一尺五寸以内，仓底板片约厚一寸四五分以上，俱照式裁尺。仓底之板，须衬垫离地二三尺，使其透风。仓顶每间开一气帽，另加椽瓦，如帽覆之。

一、借放收息，每岁必有增添，所以按一千京石分社，而必照二千京石盖仓，俟将来有积至二千京石者，即当分为两社。如原系八十四村为一社者，即分出四十二村，另立一社，亦于适中凑集之处，另立社仓，分谷一半贮之，再令公举仓正、仓副司之。其盖仓之费，即用息谷，其看守各事宜，如条约行之。

一、社仓之粮，原系民力，故专交百姓自司出纳，不许官员管理。每年春借秋还，加二收息。若秋收只在五分内外，则但照本还仓；若并不及五分，则俟来年照收成分数，酌量还仓。凡绅衿并现年乡约、保长，及衙门人等，不许经营，亦不许借。

一、每年春借，将仓粮只动一半，仍留一半存仓，以防秋歉。万一秋稼不收，许本社各村堡年老人民，各自查本村本堡中实在穷饥人户、大小人

---

① 《雍正朝汉文朱批奏折汇编》（第15册），雍正七年五月二十七日，宁远大将军岳钟琪奏，第421—424页。

口,开明一单到社仓内,同仓正、仓副查明存仓粮食现贮若干,照户计口均摊借放。若秋禾虽遇水旱,仍有二三分收成,穷民但可支持,则存仓一半之粮,仍必留在来春借放,更为得济。切不可止顾目前借放太急,以致来年青黄不接时,转无救应也。至于前项借给之户,必系实在乏食穷民,若家有糇粮或有资本生理者,亦来混借,被穷民告官,加倍追缴还仓。如有绅衿、衙役、光棍恃强带领不应借之人,到仓混借者,许本社穷民告官,将绅衿并上司、衙役立刻详革,一面将绅衿、役棍人等,锁拿收禁,照强借之数于各衿、棍名下加十倍追谷还仓。仍定三日一限,严加责比,其凡遇歉年,借放穷民之谷,总候丰收后照本还仓,实不能还者听。

一、每年春借之时,必系本社中素有营业、实在缺粮者,方许借去,仍须一有营业之人作保,就在簿内写其名字,倘秋收不还,以便著保人催讨。如游手好闲无所营业者,春天俱不准借。又如东社村保之人,亦不许往西社混借。

一、秋收还仓谷子,务要干圆洁净,若湿恶不实,退还另换,仍许加倍罚谷。仓正、仓副误收者,即著代为赔补。其春借之家,有至立冬后不还者,著落保人连催三次,其仓正、仓副各催一次,仍恃顽不理,然后开写姓名,察官惩治,倍罚还仓。

一、仓正、仓副既专管社仓之事,若不给以养廉,岂可责其尽心竭力。应在息谷内,每年每人给十二京石,供其饭米,庶有责成,不致推诿。

一、仓正、仓副谨守笾钥,每年春借秋还登记簿目,出入俱用印烙京斗收放,一概平量,不得低出高进,以致众人不服。

一、社仓民间管理,虽不许地方官经手,但无查考之法,恐仓正、仓副收放不公,或百姓借出不还,又还时杂掺灰土等弊。同乡共井,碍于情面,隐忍姑容,易致废弛。今定每年著官查核一次,凡冬至后,有司到仓,唤同本社年老人民查看本仓原有粮石若干,于本年春借秋还并利息若干,除鼠耗外,现该若干,查看仓廒是否坚固,粮石是否干洁,即以量仓步算打签验底之法验算存仓谷石是否如数充足。然后给与仓正、仓副每人饭谷十二石,再将修补仓廒用过若干,亦取息谷给还。如仓正、仓副收放不公,众老民公同具禀,然后议罚更换。如因仓正、仓副秉公持正取怨于人,遂有一二挟嫌妄禀非众老人公言者,即将妄禀之人惩治倍罚。一年之内,惟冬至后,官至社仓一次,务令官就百姓,不许令百姓就官。除仓正、仓副擅用仓粮,或敢盗卖,被本社百姓告发,许地方官差拘讯究外,至于平常,不许官员票唤仓正、仓副,而仓正、仓副亦不许到衙门伺候点卯。

一、仓正、仓副出入公平,众人输服,修仓勤而贮粮谨者,应分别犒赏,以便鼓励。凡经管一年,公慎得法者,除给饭谷十二石,额外再赏息谷一京石,代花红;经管二年如此者,额外赏息谷三京石,代羊酒;经管三年如此者,额处赏息谷五京石,代旗匾。其家道殷实,愿得旗匾光耀门闾者,即以此五石之谷,令地方官置旗匾给之;愿得谷者,仍听。到五年经管如一者,著地方官详报督抚两院咨部,给与九品顶带。五年后,愿管者,仍著管理。如年迈有疾,不能料理者,即于地方官查仓时,众老民公举一人,当众交代,但正、副二人不许同时更换。如五年之内,有老病事故者,亦候官员查仓时,百姓公举另换。如仓正、仓副有瞻拘情面,滥借与不应借之人,或滥收湿恶不实之谷,或仓廒不修,以致谷有霉烂短少,将仓正、仓副革退,并将未还之谷,及霉烂短少之数,于革退之仓正、仓副名下追补还仓。

一、官员查仓,惟荒年不必等候冬至,只在九月霜降前后,应到各处查看,传齐各本社老民,公同查明实在穷饿户口与贮仓粮数,计户口均分付与,仓正、仓副开仓赈贷,官员不必经手。如借放不公,或迟延勒掯,被穷民喊告者,仓正、仓副照前条处罚。

一、地方有司,不许因公事借动社仓谷石,如该管有司、佐杂向仓正、仓副借动颗粒者,便不论绅衿、百姓,俱许赴该管之道、府、直隶州衙门告状,将借谷之劣员揭参问罪,加十倍追补。如道、府、直隶州借口平日不许干预社仓之事,并百姓因社仓告官亦推托不管,或不准词状,或不行揭报,一经督抚访闻,或百姓于督抚衙门告发,将道、府、直隶州一并参革分赔。

一、官员或每年冬天,竟不到社查仓,或遇荒年,竟不到社查饥民,或查仓时,要仓正、仓副供应,或书办衙役跟官进仓,需索酒食、钱米,许百姓赴上司衙门告状,官则参处,役则重惩斥革,仍十倍追还仓正、仓副。

一、管理收放,责成仓正、仓副。至于进出盘量、看守巡查,必须同社之人公议轮流值日,庶免侵偷等弊。如有恶棍偷盗仓粮,仓正、仓副立刻禀官,重责枷号,加倍追还,候完日放枷,再照偷盗之律,计脏科罪。

一、每丰年,同社中殷实富户但肯捐谷添入社仓,俱于官员到社查仓时,给与捐助数目印票,不拘三年、五年,但积捐至五十京石者,地方官详明督抚咨部,请给九品顶带,以示鼓励。若于歉年有能捐谷添入社仓借放者,一石准作丰年三石。

一、官员每年冬月查仓,先令吏书将条约当众朗读一遍,以便照式稽查。其条约木榜朽坏者,亦动息谷修整刊补完全。

三 陈宏谋所拟社仓规约①

一、社谷原备农民籽种,耕田之家,无论佃田、自田,凡无力者,皆许借领。一切贸易及不耕之民,概不准借。衿监、衙役、兵丁之家,有务农者,仍准亲属出名借给。如系有力,亦不准借。

一、借谷应视其耕田及户口多寡,或数斗或一石,每户多者,不过二石。每户借谷,必须本地有业者,或三人、四人公保;有殷实者一、二人,亦可作保;殷实田主保佃户,则一人许保数户,领内实填保人姓名,同赴社长处认明,方准借给,将来负欠,先比欠户,欠户无著,著保人代还,虽系社长可信之戚好,亦须有保方借,如无保人,社长不得滥借。

一、每年正月内,开印前后,官将众社长传到,面加款待,谆切开谕劝导,给印簿二本。出借时,社长将逐户姓名、借数及保人填于印簿。俟借毕,于簿内结一总数,一本缴官,一本同借领存社长处。其出借迟早,听社长就地酌定,一面报官,一面出借,官不为拘,亦不候官批示也。领状由州县酌定式样,画一示遵。

一、印簿上填明某处、某社、社长姓名、社谷总数,并应借此社之村庄名目,然后逐页钤印,记明页数,借毕缴官,官核明总散数目,相符即可存案,不许胥吏吹求苛驳需索陋规。

一、官有借谷印簿,簿内载有户名、谷数、保人姓名。官遇查勘,公出携带印簿,经过村庄,随处抽问。当堂审事比较,亦将印簿置于案头,随便抽问。如有姓名、数目不符,即可令社长回复,则社长有无虚捏,不能掩饰,不必逐户列示,致滋繁牍,不可责成乡保担戴总保,又启乡保包借之弊。乡保止许为人作保,不许总领总借,官不得再签仓差,专管每社,致滋通同包借索取规费。

一、社仓斛斗,官须验明印烙,每仓皆有漕斛,官斗不得大小参差。前已验明画一者,不必更张。其每石收息一斗,以三升为社长折耗铺仓等费,以七升归仓作本,出借悉照旧例遵行,其看仓夫口食候部覆遵行。

一、地方有势棍刀徒不应借之人,强借多借,及无保人而强借者,许社

① [清]陈宏谋:《彙颁社仓条规檄》,载[清]戴肇辰辑《学仕录》卷五,同治六年刻本,北京大学图书馆古籍善本室藏。

长禀官，官即究处。今年借谷未还者，次年不许再借，宁可今冬还仓，次春再借，不许抽换借领，酿成流抵亏空，有挟制强借不遂，而诬陷阻挠者，立即审明，枷示仓前示众。

一、今年所收之息，下年即作社本，统计实贮在仓之谷，存半借半，无人赴借者，不必强借足数；有借半不敷者，禀明地方官，一面酌量多借，一面通报，亦不必候示方借也；有禀请全不出借，官须查明，以防侵亏及暗借渔利等弊。

一、社长乃主持一社出纳之人，任劳任怨，利济乡里，实属义举，迥非乡约、练长可比，毋论绅衿、士耆，官宜敦请委任，更当倍加礼貌，虽系平民，免其杂差，见官免跪。平日逞强滋事之人，不可滥充社长。三年无过，详明上司，另行分别给奖。社长专司社谷出入，选充之后，官给执照戳记，凡有禀官之事，用戳投衙，免其仆仆往返。凡更换社长，将旧照旧戳条规缴官，另给新照戳记条规，责成交代接受，以杜新旧牵混，推卸揽越等弊。其更换，或一年，或二年、三年，或轮充，官司因地因时因人酌行，不为限制。社长中有侵冒不法者，查明立即革更换着追。

一、各仓贮谷过多，则借谷之村，必有窎远不便者，殊非随处接济之意，且谷多人众，社长责任太重，亦难经理。今酌定每仓至多不过四五百石，有应分仓者，即于适中之地，酌定建仓地方，并将某村应借新仓，某村仍借旧仓，斟酌指定，一面具详，一面晓谕。新仓借谷之户，仍赴旧仓借谷，秋收就近还于新仓，一次借领未完者，下年再赴旧仓借领一次，官省搬运之费，向后村民长得近借自皆乐从也。凡某乡里士民所捐之谷，永供某乡里出借，不得移于别乡里，有虚捐谷者周济邻里之意。

一、新分之社，尚无仓间，或暂借间房祠堂，或于寺观收拾一二间，或造木板箱暂时收贮，再将建仓之费估计，请示遵行，惟不许贮社长之家公私牵混。有情愿捐房、捐地及捐木料夫工者，计其所费，照捐输社谷之例，一体叙奖，凡有分社，一面分仓出借，一面定议详明，不必候示。

一、社谷还仓，以九月为始限，十一月全完，一户完讫，社长即将原领给还，一面于印簿内填一"完"字；如有未完，及完不足数者，社长将完欠姓名、数目开单报官，官即将欠户姓名开列，出示仓所，一面按名追比，本户力不能完，即着保人先为代完，仍于欠户名下追还保人。

一、每仓全完之后，社长将印簿结一总数缴官，官即亲往盘查，止用丈量积算，如果印官政务殷繁，不克分身，或令亲信的属，务选端廉公正之人，携带印簿往查，如有不可信之仓，仍逐仓盘量。盘量之后，社长用锁，再用有印官封封仓,以待来春出借,禀明开封,年终不必取结,不报仓收,以杜扰累。

一、捐输社谷,听民情愿,斗石不嫌其少。捐谷十石以上,州县给以花红;三十石以上,给匾奖励;五十石以上,知府给匾;八十石以上,道员给匾;一百五十石以上,藩司给匾;二百石以上,抚院给匾;四百石者,具详奏请议叙,顶戴荣身;如上年捐未足数,次年捐至四百石,亦准接算请叙,所捐无论多寡,交仓报官,先将姓名、谷数逐社造册,通报查考。

一、秋收之后,地方官每社另发劝捐印簿一本。簿首将分别奖励一条列明,交于社长同乡耆随处劝捐。有愿捐者,登入印簿。俟交仓之后,社长报官,照前条请奖。凡入簿而未交仓者,不必报官作数,不得虚报;不愿捐者,不可强派,如地方旧有无益耗费,可以节省,归作社本,以一时无益之费,作永远接济之事,更为义举。

一、捐谷、息谷积久渐多,即于本乡里分社,更可就近借还,不许移贮别社,将来如果十分充裕,详明可以免息。再多则可变价,为该社地方修桥、建学等项义举之用,地方有偏灾赈粜及一切公事,均不许请动社谷。

一、向无社谷,今愿捐谷立社者,准其酌定仓所,选充社长,一体立社,报明地方官通详。倘新分之社,社谷尚少,听其尽数出借,以待渐次捐添。地方官如有充公银米,亦许详明,作为社本,此不必拘定有四五百石方准立社也。凡立社、分社均将借谷村庄一一列明,以免争借越借。

一、通报出借、还仓已经酌发折式,该州县止须将各社长缴到印簿数目结总填入即可,照式通报,不可因此又令社长另造报上之册,致滋需索烦费。如州县照式填明数目不错者,上司衙门亦不必苛驳。凡社谷数目,至斗升而止,合勺以下之尾数即错,藩司衙门更正造报,不得以零数不敷驳查滋扰。

一、地方官新旧交代,止就各社长报到印簿查核领状相符,取具社长甘结,存案即可。接收出结,不可因一官交代,逐社盘量。交收以后,平时随便可以查验,不必分委佐杂,多差胥役四出分查,致社长有供应之费,奔走之劳。

一、地方偶有偏灾,所借之谷,秋后免息还仓。如本年不还,次年仍收加一息谷,必须详明批定方准免息,不得擅准,亦不得因一隅偏灾,而请免一县之息。

一、斛斗俱用小口,不用宽面阔耳之斛,业准署粮道较准印烙,验发标记。每属斛斗,均按照粮米多寡数目印发,业已足用,不许私置无印斛斗。

一、纳米数至五斗者,即用斛量,不许用斗。数至一斗者,即用斗量,不得升量,合勺零尾,不得概量。一升南漕,二粮合收,分解不得分设仓口。

一、纳户亲自执荡,一概平量,不许斗级人等淋尖踢斛,不许先取样米,不许扫地席余米,不得将干净之米,指称粮粃,押令筛扬。

一、每石止纳水脚银一钱五分,此外不许指称修仓、较斛、道府夫仪房规册费等项名色,另索钱文。所收水脚,悉用司发库戥称收,不得私戥重称。小户情愿完钱者,悉照市价扣算,不许每两概收若干文,或完银或完钱或银不足而找钱悉听民便,不许刁难银色,多压戥头,不许勒令完钱。

一、乡民纳米,或簿载或驴驮或肩挑背负入仓,俱听民便。有须雇挑者,亦听民平价自雇,不得藉称挑夫承值饲差伺应上司盘查名色,盘踞拦阻,多索钱文,不许索取进仓钱、进廒钱。

一、纳粮票钱,大票每张三文一斗至五斗之,中票每张二文升合,小票每张一文,不得无论多寡仍前索取十文、五文不等。完米照给票钱,即给串票归农,不得藉转票名色,另有需索,不得另索脚耗。纳票钱文,不得藉饭米名色,索取白米、漕米项下里纳脚米,久已禁革,不得指名混征。

一、需用斗级,各给腰牌,填写姓名、年貌,以凭访察识认,不得多招土豪,朋充斗级,在仓行强夺挡,或围拥斛旁,假称报斛,乘忙偷米。

一、官仓左近,皆有奢户米铺,远乡之民、零星小户不能从家中运米,就近于仓前买米完纳,事属便民,原可不禁,但不许铺户勾通斗级、仓书,斗级、仓书商通管仓家人,各得规例,以致凡乡民负米上仓者,借故刁难抛撒,令小民种种难堪,不得不归于包纳,以取重利,不得因仓有余米,令铺户交银,暗地折收,其收书务选诚实之人,不得任其费本营充,倚势横索。

一、管仓之亲友、家人,原不可少,但须用诚实谨慎之人,不得听信巧言,急公暗地肥已,官一听信巧取,横索无所不至。每日清晨开仓,挨晚封廒,不得迟迟不到,令乡民久候,不得昏夜量收,任意浮量,乘黑偷窃,仍将某仓管仓之亲友、家人姓名报府道,不时查考。

一、各属官仓,在县城者,地方官须常亲临仓中稽查,即仓在各乡者,远近不一,总皆县境,地方官应携带案卷到仓。一面稽查收粮,一面办理案卷,原不至于误公,不得偶然,一至掩人耳目。至于转委佐杂监试似乎慎重,但仓乃县仓,佐贰即县所委佐贰,于县之亲友、家人,不无瞻徇迎合,岂敢破颜指摘,徒为州县掩饰卸过地步,于事无益,总不如州县在仓,乃有责成州县,如肯坐仓,而又公平无私,则以上各弊不难杜绝矣。

参考文献

一、档案资料

中国第一历史档案馆藏:《宫中朱批奏折・财政类・仓储类》。

中国第一历史档案馆藏:《军机处录副奏折》。

中国第一历史档案馆编:《康熙朝汉文朱批奏折汇编》,北京:档案出版社,1984 年。

中国第一历史档案馆编译:《康熙朝满文朱批奏折全译》,北京:中国社会科学出版社,1996 年。

中国第一历史档案馆编:《雍正朝汉文朱批奏折汇编》,南京:江苏古籍出版社,1991 年。

中国第一历史档案馆编译:《雍正朝满文朱批奏折全译》,合肥:黄山书社,1998 年。

中国第一历史档案馆编:《雍正朝汉文谕旨汇编》,桂林:广西师范大学出版社,1999 年。

《世宗宪皇帝朱批谕旨》,文渊阁《四库全书》本。

《世宗宪皇帝上谕内阁》,文渊阁《四库全书》本。

中国第一历史档案馆编:《乾隆朝上谕档》,北京:档案出版社,1991 年。

《宫中档乾隆朝奏折》,台北:"国立"故宫博物院印行,1982 年。

中国第一历史档案馆编:《清代档案史料丛编》,北京:中华书局,1978 年。

中国第一历史档案馆整理:《康熙起居注》,北京:中华书局,1984 年。

中国第一历史档案馆编:《雍正朝起居注册》,北京:中华书局,1993 年。

中国第一历史档案馆编:《乾隆帝起居注》,桂林:广西师范大学出版社,2002 年。

二、官私典籍

《史记》,北京:中华书局,2019 年。

[汉]孔安国撰,[唐]孔颖达疏,廖名春、陈明整理:《尚书正义》,北京:北京大学出

版社,1999年。

[汉]郑玄注,[唐]孔颖达疏,龚抗云整理:《礼记正义》,北京:北京大学出版社,1999年。

[汉]郑玄注,[唐]贾公彦疏,赵伯雄整理:《周礼注疏》,北京:北京大学出版社,2000年。

《隋书》,北京:中华书局,2019年。

[唐]杜佑:《通典》,杭州:浙江古籍出版社,2000年影印本。

《旧唐书》,北京:中华书局,2019年。

[元]脱脱:《宋史》,北京:中华书局,2019年。

[明]陈子龙、徐孚远、宋征璧等辑:《明经世文编》,北京:中华书局,1962年影印本。

《明史》,北京:中华书局,2019年。

《清实录》,北京:中华书局,1985—1987年影印本。

[康熙]《大清会典》,康熙二十九年内务府刻本。

[雍正]《大清会典》,雍正十年武英殿刻本。

[乾隆]《大清会典》,文渊阁《四库全书》本。

[乾隆]《大清会典则例》,乾隆二十九年武英殿刻本。

[嘉庆]《大清会典》,嘉庆二十三年刻本。

[嘉庆]《大清会典事例》,嘉庆二十三年刻本。

[光绪]《大清会典》,光绪二十五年武英殿刻本。

[光绪]《大清会典事例》,光绪二十五年武英殿刻本。

[清]琴川居士编:《皇清奏议》,光绪二十八年石印本。

[清]贺长龄等辑:《清经世文编》,北京:中华书局,1992年。

[清]李光地著,[清]李维迪校辑:《榕村全集》,道光九年刻本。

[清]张伯行:《正谊堂文集》,光绪二年刻本。

[清]方苞:《方望溪全集》,北京:中国书店,1991年。

[清]戴肇辰辑:《学仕录》,同治六年刻本。

[清]顾炎武著,[清]黄汝成集释,秦克诚点校:《日知录集释》,长沙:岳麓书社,1994年。

[清]王先谦撰,沈啸寰、王星贤点校:《荀子集解》,《新编诸子集成》本,北京:中华书局,1988年。

[清]李绂:《穆堂初稿》,乾隆五年刻本。

[清]鄂辉:《钦定平苗纪略》,嘉庆间武英殿活字本。

[清]阿桂:《平定两金川方略》,文渊阁《四库全书》本。

［清］方观承《畿辅义仓图》,台北:成文出版社,1969 年。

［清］王庆云:《石渠余纪》,北京:北京古籍出版社,2001 年。

［清］阮葵生辑:《七录斋文钞》,《续修四库全书》本,上海:上海古籍出版社,2002 年。

刘承幹:《清国史》(嘉业堂抄本),北京:中华书局,1993 年。

［清］孙诒让撰,孙启治点校:《墨子闲诂》,《新编诸子集成》本,北京:中华书局,2001 年。

《清朝文献通考》,杭州:浙江古籍出版社,2000 年。

《清朝续文献通考》,杭州:浙江古籍出版社,2000 年。

《清史列传》,北京:中华书局,1981 年。

《清史稿》,北京:中华书局,2003 年。

三、地方志书

［雍正］《云南通志》,乾隆元年刻本。

［雍正］《广西通志》,雍正十一年刻本。

［雍正］《陕西通志》,雍正十三年刻本。

［民国］《续修陕西通志稿》,民国二十三年铅印本。

［嘉庆］《广西通志》,《续修四库全书》本。

［雍正］《山东通志》,文渊阁《四库全书》本。

［宣统］《山东通志》,民国四年铅印本。

［乾隆］《江南通志》,乾隆元年刻本。

［道光］《广东通志》,同治三年刻本。

［光绪］《湖南通志》,光绪十一年刻本。

［光绪］《重修安徽通志》,光绪四年刻本。

［民国］《湖北通志》,民国十年刻本。

［乾隆］《潮州府志》,乾隆二十八年刻本。

［嘉庆］《东昌府志》,嘉庆十三年刻本。

［道光］《济南府志》,道光二十年刻本。

［道光］《肇庆府志》,光绪二年刻本。

［道光］《遵义府志》,道光二十一年刻本。

［同治］《苏州府志》,光绪八年刻本。

［同治］《饶州府志》,同治十一年刻本。

［同治］《赣州府志》,同治十二年刻本。

［光绪］《南安府志补正》,光绪元年刻本。

［光绪］《顺天府志》光绪十至十二年刻本(光绪甲申仲冬开雕,丙戌季夏毕工)。

[民国]《杭州府志》,民国十一年铅印本。

[康熙]《邹县志》,康熙五十五年刻本。

[乾隆]《夏津县志》,乾隆六年刻本。

[乾隆]《海阳县志》,乾隆七年刻本。

[乾隆]《武城县志》,乾隆十五年刻本。

[乾隆]《兴平县志》,乾隆四十四年刻本。

[乾隆]《广丰县志》,《中国方志丛书》本。

[嘉庆]《祁阳县志》,嘉庆十七年刻本。

[同治]《茶陵州志》,同治九年刻本。

[同治]《新建县志》,同治十年刻本。

[同治]《新化县志》,同治十至十一年刻本(同治十年开雕,十一年春刊竟)。

[同治]《巴陵县志》,同治十一年刻本。

[同治]《德安县志》,同治十一年刻本。

[同治]《鄮县志》,同治十二年刻本。

[光绪]《黄冈县志》,光绪八年刻本。

[光绪]《宁阳县志》,光绪十三年刻本。

[光绪]《长治县志》,光绪二十年刻本。

四、今人著述

(一)著作类

郎擎霄:《中国民食史》(新时代史地丛书),上海:商务印书馆,1934年。

闻钧天:《中国保甲制度》,上海:商务印书馆,1935年。

闻亦博:《中国粮政史》,上海:正中书局,1946年。

于佑虞:《中国仓储制度考》(社会行政丛书·社会福利类),上海:正中书局,1948年。

Kung - chuan Hsiao, Rural China: Imperial Control in the Nineteenth Century, University of Washington Press, 1960.

[日]星斌夫:《中国社会福祉政策史の研究——清代の赈济仓を中心に》,东京:东京图书刊行会,1985年。

蒋礼鸿:《商君书锥指》,北京:中华书局《新编诸子集成》本,1986年。

张弓:《唐代仓廪制度初探》,北京:中华书局,1986年。

星斌夫:《中国の社会福祉の歴史》,东京:山川出版社,1988年。

彭雨新:《清代土地开垦史》,北京:农业出版社,1990年。

Pierre - Etienne Will & R. Bin Wong with James Lee contributions by Jean Oi, Peter Perdue, Nourish the People: the State Civilian Granary System in China, 1650 - 1850, University of Michigan,1991.

陈春声:《市场机制与社会变迁——18 世纪广东米价分析》,广州:中山大学出版社,1992 年。

姜涛:《中国近代人口史》(中国社会史丛书),杭州:浙江人民出版社,1993 年。

李向军:《清代荒政研究》,北京:中国农业出版社,1995 年。

黄怀信、张懋镕、田旭东:《逸周书汇校集注》,上海:上海古籍出版社,1995 年。

陈宝良:《中国的社与会》,杭州:浙江人民出版社,1996 年。

邓拓:《中国救荒史》,北京:北京出版社,1998 年重版本。

冯柳堂:《中国历代民食政策史》,北京:商务印书馆,1998 年重版本。

赵秀玲:《中国乡里制度》,北京:社会科学文献出版社,1998 年。

高翔:《近代的初曙:18 世纪中国观念变迁与社会发展》,北京:社会科学文献出版社,2000 年。

方行、经君健、魏金玉主编:《中国经济通史》(清代经济卷),北京:经济日报出版社,2000 年。

[美]何炳棣著,葛剑雄译:《明初以降人口及其相关问题:1368—1953》,北京:生活·读书·新知三联书店,2000 年。

曹树基:《中国人口史·清时期》(第五卷),上海:复旦大学出版社,2001 年。

朱杰人、严佐之、刘永翔主编:《朱子全书》,上海:上海古籍出版社、合肥:安徽教育出版社,2002 年。

高王凌:《政府作用和角色的历史考察》,北京:海洋出版社,2002 年。

周振甫:《诗经译注》,北京:中华书局,2002 年。

[法]魏丕信著,徐建青译:《十八世纪中国的官僚制度与荒政》,南京:江苏人民出版社,2003 年。

黎翔凤撰,梁运华整理:《管子校注》,《新编诸子集成》本,北京:中华书局,2004 年。

王卫平、黄鸿山:《中国古代传统社会保障与慈善事业——以明清时期为重点的考察》,北京:群众出版社,2004 年。

陈桦、刘宗志:《救灾与济贫:中国封建时代的社会救助活动(1750—1911)》,北京:中国人民大学出版社,2005 年。

高王凌:《活着的传统:十八世纪中国的经济发展和政府政策》,北京:北京大学出版社,2005 年。

[美]曾小萍著,董建中译:《州县官的银两——18 世纪中国的合理化财政改革》,北京:中国人民大学出版社,2005 年。

李汾阳:《清代仓储研究》(《近代中国史料丛刊三编》第 96 辑),台北:文海出版社,2006年。

[日]滨下武志著,高淑娟、孙彬译:《中国近代经济史研究——清末海关财政与通商口岸市场圈》,南京:凤凰出版传媒集团、江苏人民出版社,2006年。

梁庚尧:《南宋的农村经济》,北京:新星出版社,2006年。

[法]魏丕信著,徐建青译:《十八世纪中国的官僚制度与荒政》,南京:江苏人民出版社,2006年。

孟森:《明清史论著集刊》,北京:中华书局,2006年。

李文海、夏明方主编《天有凶年:清代灾荒与中国社会》,北京:生活·读书·新知三联书店,2007年。

[美]罗威廉著,陈乃宣等译:《救世——陈宏谋与十八世纪中国的精英意识》,北京:中国人民大学出版社,2013年。

吴四伍:《清代仓储的制度困境与救灾实践》,北京:社会科学文献出版社,2018年。

（二）论文类

于树德:《我国古代之农荒预防策——常平仓、义仓和社仓（上、下）》,《东方杂志》1921年第18卷第14、15号。

林朴初:《仓的研究》,《新生命月刊》1930年第3卷9号。

刘广惠:《中国历代仓库制度与现代农业仓库的推进》,《经理月刊》1936年第2卷第1期。

徐钟渭:《中国历代之荒政制度》,《经理月刊》1936年第2卷第1期。

杨树贤:《粮食问题下的仓储制度之研究》,《汗血月刊》1936年第6卷第6号。

谷霁光:《隋唐社仓制度与国家财政》,《天津益世报史学》1936年9月11日。

尚钦文:《仓储制度的研究》,（南京）中国经济研究会主编:《中国经济》（月刊）1937年第5期。

马文生:《从谷贱粮荒谈到历史上的均输平粜政策及三仓制度》,《新东方》（南京新东方社）1940年第2期。

曲直生:《中国粮食制度之演变》,《中农月刊》（粮食问题专号·上）1947年第8卷第11期。马鸿瑞:《中国古代仓储制度》,《贵州经济建设月刊》1947年第2卷第3、4期合刊。

刘中甫:《中国粮仓之沿革及其将来》,《粮政季刊》1947年第5、6期合刊。

陈守实:《我国历史上的义仓制度》,《解放日报》1961年7月7日。

郑昌淦、李华:《我国古代备荒的理论和措施》,《人民日报》1965年12月7日。

欠端实:《隋代の义仓について》,载《东方学》（第52辑）,1976年。

梁庚尧:《南宋的社仓》,《史学评论》1982年第4期。

[日]伊原弘介:《清代社仓制度研究》,《明代史研究》1983年第11期。

杜葆仁:《我国粮仓的起源和发展》,《农业考古》1984 年第 2 期。

陈桦:《雍正帝与社仓》,《清史研究通讯》1986 年第 4 期。

林化:《清代仓贮制度概述》,《清史研究通讯》1987 年第 3 期。

鲍晓娜:《略论清代常平仓与社仓(义仓)之政》,《光明日报》1987 年 11 月 11 日。

侯寿昌:《清代仓储制度》,载《平准学刊》第四辑(下),北京:光明日报出版社,1989 年。

[日]户田欲司:《黄震的广德军社仓改革——南宋社仓制度的再检讨》,《史林》1990 年第 73 卷第 1 期。

张大鹏:《朱子社仓法的基本内容及其社会保障功能》,《中国农史》1990 年第 3 期。

陈春声:《清代广东的社仓——清代广东粮食储备研究之二》,载汤明檖、黄启臣主编《纪念梁方仲教授学术讨论会论文集》,广州:中山大学出版社,1990 年。

陈春声:《清代广东社仓的组织与功能》,《学术研究》1990 年第 1 期。

牛敬忠:《清代常平仓、社仓的社会功能》,《内蒙古大学学报》1991 年第 1 期。

牛敬忠:《清代常平仓、社仓制度初探》,《内蒙古师范大学学报》1991 年第 2 期。

张全明:《社仓制与青苗法比较刍议》,《史学月刊》1994 年第 1 期。

张品端:《朱子社仓法的社会保障功能》,《福建论坛》1995 年第 6 期。

康沛竹:《清代仓储制度的衰败与饥荒》,《社会科学战线》1996 年第 3 期。

张品端:《从社仓法看朱熹的社会保障思想》,《徽州师专学报》1997 年第 2 期。

段自成:《明中后期社仓探析》,《中国史研究》1998 年第 2 期。

张岩:《论清代常平仓与相关类仓之关系》,《中国社会经济史研究》1998 年第 4 期。

赵新安:《雍正朝的社仓建设》,《史学集刊》1999 年第 3 期。

吴定安:《朱子社仓之法及其影响》,《江西社会科学》2000 年第 12 期。

吴洪琳:《论清代陕西社仓的区域性特征》,《中国历史地理论丛》2001 年第 1 期。

倪根金:《明代广东社仓义仓考》,《广东史志》2002 年第 2 期。

汪火根:《明代社仓的社会功能初探》,《湖北民族学院学报》2003 年第 4 期。

姚建平:《清代两湖地区社仓的管理及其与常平仓的关系》,《社会科学辑刊》2003 年第 4 期。

黄鸿山、王卫平:《清代社仓的兴废及其原因——以江南地区为中心的考察》,《学海》2004 年第 1 期。

吴洪琳:《清代陕西社仓的经营管理》,《陕西师范大学学报》2004 年第 2 期。

[美]田浩(Hoyt Cleveland Tillman):《所谓"朱子的社仓"与当代道学社群和政府里的士大夫的关系》,《黄山学院学报》2004 年第 4 期。

白丽萍:《清代两湖平原的社仓建设》,《武汉大学学报》2006 年第 1 期。

白丽萍:《清代两湖平原的社仓与农村社会》,载陈锋主编《明清以来长江流域社会发展史论》,武汉:武汉大学出版社,2006 年。

高王凌:《乾隆初年政府职能扩展的几个例证》,《故宫博物院院刊》2006 年第 3 期。

高王凌:《十八世纪,二十世纪的先声》,《史林》2006 年第 5 期。

夏明方:《十八世纪中国的"现代性建构"——"中国中心观"主导下的清史研究反思》,《史林》2006 年第 6 期。

杜玲:《雍正时期社仓的设立:皇帝、官僚与民间》,《北方论丛》2006 年第 6 期。

白丽萍:《试论清代社仓制度的演变》,《中南民族大学学报》2007 年第 1 期。

许秀文:《浅议南宋社仓制度》,《河北学刊》2007 年第 4 期。

穆崟臣:《试论乾隆朝社仓的管理与运行制度》,《满族研究》2008 年第 4 期。

刘永刚、饶赟:《浅论清代陕甘地区仓储制度及其流变》,《延安大学学报》2008 年第 3 期。

任吉东:《沿袭与嫁接:近代乡村社仓组织与管理——以直隶省获鹿县为例》,《南方论丛》2008 年第 3 期。

白丽萍:《清代长江中游地区义仓的设置、运营及与社仓的关系》,《江汉论坛》2008 年第 12 期。

和卫国:《中国政治史研究的反思》,《北方民族大学学报》2009 年第 2 期。

张品端:《朱熹社仓法的基本内容及其社会保障作用》,《中国社会科学院研究生院学报》2009 年第 3 期。

段建宏、岳秀芝:《明清晋东南社仓、义仓初探》,《唐都学刊》2010 年第 3 期。

高王凌:《乾隆皇帝"回向三代"的理想追求》,《中州学刊》2010 年第 4 期。

白丽萍:《康熙帝与社仓建设——以直隶为中心的考察》,《北京社会科学》2013 年第 5 期。

李德英、冯帆:《清末社仓经首选任与乡村社会——以四川新津县社济仓为例》,《四川大学学报》2014 年第 4 期。

陈建凯:《清代江西社仓的时空分布与运营》,《农业考古》2016 年第 3 期。

陈支平:《朱熹的社仓设计及其流变》,《中国经济史研究》2016 年第 6 期。

常建华:《清康雍时期试行社仓新考》,《史学集刊》2018 年第 1 期。

刘宗志:《从清代社仓与义仓之差异看民间社会救济之增长》,《中国农史》2018 年第 2 期。

后　记

本书系教育部人文社科研究规划基金项目"政以养民：十八世纪社仓积贮研究"（编号：20YJA770009）的结项成果。从收集资料到文稿撰就，历经十余载，今将付诸梨枣，虽算不上成熟精深的学术著作，但毕竟浸透着笔者的心血，蕴含着难以言清的复杂情感，此中治学的甘苦，也只能是寸心自知的个人体验。

欣慰之余，意觉言犹未尽，须对此书的相关问题再附言几语。

一、选题缘起

乙酉年（2005）秋九月，我考取了北京大学中国古代史的博士研究生。入学伊始，便与导师徐凯先生商量博士论文的选题。先生告诉我中国第一历史档案馆存有大量的华北地区的雨雪粮价档案，可以从中选题，最后我们商定以《制度、粮价与决策：清代山东"雨雪粮价"研究》作为论题。在档案馆收集资料过程中，意识到文中要探讨粮价与仓储的关联，故对有关山东仓储的档案进行摘抄。在此期间，发现有一批关于十八世纪社仓运营的档案文献，便将其一并誊录。寻后，对清代社仓问题做了一番学术梳理，发现此问题并非题无剩义，尚有较大的研究空间，至少这批档案就鲜有人问津，当时便产生了日后对此问题进行深入研究的趣向。先生时常建议我们要选些比较适中的题目，去收集史料，勤练笔头，进行写作训练，以达到文成于思、熟能生巧之目的。我便利用这些档案撰写了一些关于清代社仓的文章，然多数未及发表。但重要的是，通过这些文章的写作，大致搭建了十八世纪社仓研究的框架。

二、史料收集

"史学即史料学"是傅斯年先生的治史观，当然这是一个见仁见智的问题。但无论如何，史学研究是离不开坚实的史料基础的。在收集博士论文资料时，凡关于清代社仓的资料均一并摘录，按照司马光编撰《资治通鉴》之法，另辑有 30 余万字的史料长编，以备日后撰述。从一定意义上讲，此书是笔者博士论文的"副产品"。关于社仓资料的收集问题有两点需要说明：其一，在收集史料时，正值国家清史工程整理清代的《内阁题本》，不能借阅，所以未能辑到此类档案，但《宫中朱批奏折》、《军机处录副奏折》、《上谕档》、《清实录》等相对完备的资料足以补此之憾；其二，地方志书关于社仓的记载俯拾即是，清代的方志汗牛充栋，实非一人皓首穷经、殚精竭虑即可遍读一过的。但方志中有关社仓的记录多是社仓分布、皇帝晓谕、兴举时间等方面，且众所周知的社仓规约相对集中于几部方志之中。本书以国家的视角，从政府政策、国家政略的层面考察社仓制度的演进、社仓制度的运作等问题，如此便可一定程度上减轻不能遍检方志之缺失，但在讨论社仓社会功用时，亦不免捉襟见肘之情形。

三、致以谢忱

人类最好的品质莫过于懂得感恩。首先，感谢业师徐凯先生。先生孜孜不倦、锲而不舍的为学精神和"传道、授业、解惑"的为师风范激励着弟子与之前行；先生严谨的治学作风、宽广的学术视野、深邃的学术意识都是我受益无穷的精神财富。在此，谨借此寸纸支笔聊表对恩师的不尽感激。其次，感谢渤海大学崔向东先生。人是容易产生惰性的，所以时常需要鼓励。在构思、撰写本书过程中，他勤加督促，抑或更确切地说是一种学术鼓励，使我不敢懈怠，不顾风雨，毅然前行。最后，感谢我的妻子杨芷郁。在我漫长的求学生涯中和撰写本书的过程中，她承担了太多重任，这种无怨无悔的理解、信任与支持，甚至可以说是"容忍"，给予我源源不竭的治学动力，也免去了后顾之忧。当然，与此同时亦增添了我的无限愧疚。因此，我要将此书献给她，以表我无尽的感激。

时在辛丑年（2021）十月，感触良多，记于寓所博雅书屋。

2021 年 10 月